85명의 공부법
2

KB260488

85명의 공부법

공부습관, 시간 관리, 노트필기, 마인드 컨트롤, 꼼꼼한 시험 준비 전략까지
지금 가장 중요한 시기, 나만의 공부법을 만드는 법

작은 목표도 변화를 만드는 힘이 있다

학창시절 사용했던 문제집, 노트들을 버리지 못하고 있다. 목표를 위해 치열하게 노력했던 과정의 흔적들이 언젠가는 빛을 바라지 않을까 하는 생각에 보관했다. 그리고 재작년, 그 과정들이 한 권의 책으로 나왔다. 학창시절의 과정이 대학 합격증, 그 이상의 의미로 인정 받는 기분이었다. 이 소중한 경험을 다른 이들과 나누고 싶다는 목표를 가지고 이번 책을 기획하게 되었다.

감사하게도 84명의 학생들이 이 여정에 함께 해주었다. 덕분에 각자의 방식으로 치열하게 살아온 과정들이 이 책에 고스란히 담겨 있다. 나 역시 원고를 읽으면서 많은 것을 배웠고 자극을 받았다. 독자 분들도 이 책을 읽으면서 공부법, 그 이상을 얻어가길 바란다.

이 책의 내용을 효과적으로 전달하는 방법에 대해 고민하던 중 전체 원고를 분석하여 다섯 가지 핵심 키워드를 도출했다. 목표 설정, 학습 전략, 감정, 관계, 자아성찰이다.

단순히 '공부하는 방법'에만 초점을 맞추고 있는 것이 아닌 '공부'를 둘러싼 모든 것을 다룬다. 다섯 가지 키워드는 서로 독립적이면서도 긴밀하게 연결되어 있다. 독자들이 책을 읽으면서 다섯 가지 관점에서 각각의 이야기를 바라본다면 단순한 공부법을 넘어선 깊은 인사이트를 얻을 수 있을 것이다.

이 중에서도 특히 반복적으로 등장한 키워드는 목표 설정이다. 이 키워드는 나에게도 매우 의미 있는 단어이기에 내 경험을 빌려 이야기해보고자 한다.

˝ 목표 설정

중학교 때 전교 꼴등도 한 적이 있을 정도로 공부를 잘 하는 학생이 아니었다. 고등학교 입학 전 프랑스 파리 여행에서 이곳에 자주 오고 싶다라는 막연한 목표가 생겼고 그 단순한 목표가 나를 대학에 보내주었다.

그러나 2024년 초 나는 목표를 잃었다. 그것도 무려 내가 꿈꾸던 미국에서 말이다. 학교 프로젝트에 선정이 되어서 미국 탐방이라는 값진 기회를 얻었고 힘들지만 의미 있는 시간을 보냈다. 그러나 '무엇을 위해 이렇게 살고 있는가'라는 근본적인 의문이 들었다. 그래서 휴학을 결심했고 다시 한 번 삶의 목표를 돌아보는 시간을 가졌다. 생각하지 못한 환경에 나를 던져보기도 하고 새롭고 낯선 사람들을 만나보기도 했다. 그렇게 조금씩 나에 대해 알아가고 진정 하고 싶은 것을 찾을 수 있었다.

이처럼 목표 설정은 단순히 공부뿐만 아니라 삶의 여러 부분에 영향을 미친다고 생각한다. 꼭 거창한 목표가 아니어도 된다. 작은 목표도 변화를 만드는 힘이 있다.

이 책에 담긴 85개의 이야기 역시 각자의 목표와 방향을 따라가며 얻은 소중한 경험들이다. 누군가에게는 그 이야기가 새로운 자극이 되길, 또 누군가에게는 이미 걷고 있는 길의 동행이 되어주길 바란다.

두 번째 책이 나오기 까지 함께 힘써주신 84명의 학생 분들, 출판사께 진심으로 감사드립니다. 쉽지 않은 여정이었지만 함께해주신 덕분에 행복한 시간이었습니다.

이화여자대학교 교육공학과 김유진

2
공부의 본질을 다시 생각하다

포항공과대학교 반도체공학과 ☆ 김나령

나는 포항공과대학교 반도체공학과에 재학 중인 김나령이다. 브라질로의 이주와 새로운 환경에서의 적응 과정은 나에게 큰 도전이었지만, 이 경험은 나의 인생에서 중요한 전환점이 되었다. 새로운 환경에서의 어려움을 극복하고 학업에 대한 동기를 찾으면서 나는 단순히 공부를 잘하는 것을 넘어서, 진정한 의미에서의 '나만의 공부 동기'를 발견할 수 있었다. 이 경험을 통해 나는 자기주도적으로 학습하는 능력을 키웠고, 다양한 학습 방법을 통해 나만의 효율적인 공부법을 개발했다.

·· 공부에 대한 태도 변화

브라질로의 이주와 새로운 환경에서의 적응은 나에게 있어 인생의 큰 전환점이었다. 14살 때 아버지를 따라 브라질로 이주하게 되었고, 자연스럽게 국제학교에 입학하게 되었다. 그러나 당시 나의 영어 실력은 그야말로 미비한 수준이었다. 영어 문법조차 제대로 이해하지 못해 수업 내용을 따라가기가 힘들었고, 낯선 환경에서 어떻게 적응해야 할지 막막하기만 했다. 학교생활은 쉽지 않았고, 공부는 그저 해결하지 못한 숙제나 어깨를 짓누르는 짐처럼 느껴졌다.

당시 나는 공부에 대한 동기 자체가 부족했으며, 학업은 단순히 해야만 하는 의무로 여겨졌다. 하지만 시간이 흐르면서 주변 친구들의 모습을 보며 점차 변화하기 시작했다. 친구들은 각자 자신의 진로를 찾기 위해 꾸준히 노력했고, 그 모습을 보며 나 또한 자극을 받았다. '나도 내가 무엇을 좋아하고, 무엇을 잘하는지 알아야겠다'는 생각이 들기 시작했다. 이때부터 나의 공부에 대한 태도가 조금씩 변화했다.

·· 학업에 대한 동기와 흥미 발견

처음에는 그저 동기를 찾기 위해 각 과목 수업에 더 집중해보기로 마음먹었다. 물론 초기에는 많은 어려움이 있었다. 새로운 개념과 내용을 이해하는 데 시간이 걸렸고, 영어로 된 교재를 읽는 것도 쉽지 않았다. 하지만 조금씩 공부에 흥미를 느끼기 시작했다. 특히 다양한 방과 후 활동에 참여하면서 나의 관심사와 강점을 발견하게 되었다.

예를 들어, 과학 실험을 통해 과학적 사고에 흥미를 느꼈고, 역사 수업에서는 조별과제 발표 준비를 하며 같은 역사적 사건도 다른 관점으로 바라보는 새로움에 재미를 찾았다. 이러한 흥미는 곧 학업성취로 이어졌다. 처음에는 그저 무언가를 알아가는 재미로 시작했던 공부가, 성적표에서 상승곡선을 그리며 나의 발전을 눈으로 확인하게 되자 큰 희열을 느꼈다. 이러한 성취감은 내가 더 나아가 학업에 대한 열정을 불러일으키는 중요한 동기가 되었다.

이후 나의 학습 방식에도 변화가 생겼다. 단순히 책상에 앉아 있는 시간이 많아지는 것이 아니라, 효율적으로 공부하는 방법을 찾기 시작했다. 각 과목마다 나만의 학습전략을 세웠고, 이를 통해 학습의 질을 높이는 데 집중했다.

예를 들어, 수학에서는 개념을 철저히 이해한 후 다양한 문제를 풀어보며 실력을 다졌다. 뻔한 말이겠지만 수학은 개념의 이해가 무엇보다 중요하다는 것을 깨달았기 때문이다. 그래서 한 문제를 풀더라도 여러 접근법을 시도하며 개념의 본질을 파악하려고 노력했다. 개념을 한 번 습득하면 어떤 변형된 문제가 출제되어도 해결할 수 있다는 것을 깨달았기 때문이다. 반면, 영어 공부에서는 단순히 단어를 외우기보다 문장 속에서 단어를 이해하고 사용하는 연습을 했다. 영어는 실생활에서 활용하는 언어인 만큼, 실용적인 접근이 필요하다는 것을 알게 되었다. 이를 위해 영어로 된 책을 읽고, 영화를 보면서 새로운 표현을 익히고 이를 직접 사용해 보는 연습을 꾸준히 했다. 영단어와 영어 표현에 익숙해질 즈음, 글쓰기와 문학적 분석력을 강화하기 위해 친구들과의 스터디를 결성해 서로의 글을 읽고 피드백하거나, 책의 내용에 대한 각자의 의견을 말하며 토론하는 시간을 가졌다.

또한, 복습의 중요성을 깨닫고 매일 공부한 내용을 다시 정리하는 습관을 들였다. 이 과정에서 나만의 필기법도 개발하게 되었다. 각 장별로 나만의 소제목을 정하고, 교과서에 나온 도식과 그림을 캡처 후 노트에 붙여 넣었다. 이렇게 정리된 노트는 시험 기간에 매우 유용했다. 시험 준비를 할 때 이 노트들을 보면 내가 그동안 얼마나 많이 노력했는지 확인할 수 있었고, 이는 자신감으로 이어졌다.

·· 공부의 의미와 나만의 동기

시간이 지날수록 나의 공부 동기는 점점 더 구체화되었고, 단순히 성적을 잘 받기 위한 목적에서 벗어나 나의 미래를 준비하는 과정으로 인식하게 되었다. 궁극적으로는 대학교 진학이라는 목표로 이어졌지만, 단순히 대학교 입학만을 목표로 삼지 않았다. 나에게 공부란, 나의 가능성을 확인하고 성장하는 과정이며, 이를 통해 더 큰 꿈을 향해 나아갈 수 있는 발판이라고 생각했다. 이러한 사고방식 덕분에 나는 지치지 않고 꾸준히 학업에 매진할 수 있었다.

결국 중요한 것은 자기만의 동기를 찾는 것이다. 나에게는 성장하는 성적표와 새로운 것에 대한 호기심이 그 동기가 되었지만, 각자의 동기는 다를 수 있다. 자신만의 동기를 찾는 과정이 때로는 힘들고 시간이 걸릴 수 있지만, 그것이야말로 공부를 지속할 수 있는 원동력이 된다. 이 과정을 통해 나만의 학습법과 필기법을 개발하고, 공부에 대한 흥미를 잃지 않게 된 것이 나의 가장 큰 성과라고 생각한다.

"잘할 수 있어!"

"잘할 수 있어!"

서울시립대학교 경영학부 ☆ 남윤탁

나는 서울시립대학교 경영학부에 학생부종합전형으로 입학하여, 현재는 취업 준비 중이다. 나의 이야기를 쓰기 전 한참을 고민하였다. 이런 글을 내가 쓰는 게 맞을지부터, 진정 마음을 움직이는 내 이야기를 쓸지 혹은 진정성은 덜 하더라도 방법론적으로 도움이 되는 이야기를 쓸지 한참 생각했었다. 결론적으로 진정성 담긴 나의 이야기를 쓰고자 한다. 공부에 대한 방법론이든 진정성 담긴 스토리든지 읽고 마음이 동하여 공부를 열심히, 오래 하는 것은 결국 읽는 여러분께 달렸다고 판단하였기 때문이다. 부디 나의 글을 읽고 마음이 시켜서 하는 공부를 해 보았으면 좋겠다. 그리고 그 여운이 부디 오래 남아 공부는 물론, 나아가 인생에도 도움이 되기를 바란다.

·· 나의 공부 동기

나는 소위 말하는 '흙수저'이다. 초등학교 5학년 때 친구 같은 아버지를 여의고 훌륭하신 어머니 밑에서 자랐다. 어머니께서 부족하지 않게 뒤에서 묵묵히 노력해 주신 덕분에 중학교를 우수한 성적으로 마무리할 수 있었다. 고등학교 지원하던 때 친한 친구가 지역 자사고인 ○○고에 지원한다길래 아무것도 모르고 그냥 지원했었다. 친구 따라 강남 가서 무방비로 배치고사도 치르고, 3월 모의고사, 중간고사까지 말 그대로 죽 쒔던 기억이 있다. 그리고 나서 담임선생님과 어머니,

나 셋이 면담을 진행하였다. 국어, 영어, 수학의 1학기 내신 성적인 5, 4, 4등급인 성적표를 펼쳐 놓고 했던 면담에서 나는 할 말이 없었다. 어머니를 볼 면목도 없었다. 하지만 담임선생님께서는 "비록 지금 등급은 낮더라도 점점 올라가는 그래프를 만들어 보여주면 그것도 좋은 스토리가 되는 거야"라는 말씀으로 내게 진심 어린 조언을 해주며 용기를 불어넣어 주셨다. 면담 직후, 어머니께서도 힘들게 직장을 다니시느라 바쁘실 텐데도 불구하고 주변 학부모님들께 학업에 대한 것들을 여쭤보며 직접 학원에 가서 직접적인 도움을 청하시기도 하셨다.

용기를 북돋아 준 선생님과 교육 여건을 마련해주기 위해 발 벗고 나서서 노력해주시는 어머니를 보고 무언가로 머리를 크게 맞은 듯한 느낌이 들었다. 그래서 문득 무엇이라도 해야겠노라고 집에 있는 책 몇 권을 손에 잡히는 대로 읽었다. 《청소년을 위한 하버드 새벽 4시 반》, 《7번 읽기 공부법》이라는 책을 읽었으며 전자는 공부를 열심히 해야겠다는 의지를 더 타오르게 했고, 후자는 그에 대한 실질적인 방법을 제시해 주었다. 쉬는 시간이나 집과 학교를 오고 가는 잉여 시간에 두 책을 빠르게 정독한 뒤, 독한 마음을 품고 공부에 임하였다.

·· 힘들 때일수록 부모님을 떠올리자

냉정하게 들릴 수 있겠지만 '불안해한다고 해서 달라지는 것은 없다.' 고등학교에 다니는 동안 집-학교-학교 자습실 및 학원-독서실-집의 반복이었다. 시험 기간에는 야간 자율 학습이 10시에 끝나고 집과 15분 거리에 있는 독서실에서 1시까지 공부하다 귀가해 2시에 잠을 청하였다. 다음날 수업 시간에는 항상 졸음이 몰려와 자리에 서서 수업을 듣거나 교실 뒤 쪽으로 나가 수업을 들었다. 자율 학습 시간에는 시험 범위를 7번 이상 회독하는 것이 너무 지겨워 졸음이 몰려왔다. 이때도 자리에 서서 구부정하게 책상에 팔을 대고 공부하였다. 특히 이렇게 졸리고 힘들 때마다 '어머니'를 생각하며 마음을 다잡았다. '아, 어머니는 지금도 나를 위해 열심히 일하고 계시겠지.', '공부 열심히 해서 좋은 성적으로 보답해야지.', '내가 하는 공부는 어머니가 일하시는 것에 비하면 아무것도 아니겠지'라는 생각을 하며 다시 눈을 부릅뜨고 책을 빳빳이 펴고 펜을 잡았다.

이 글을 읽는 여러분들께서 힘든 일이 있을 때 부모님을 떠올려 보라. 내가 책상 앞에 앉아 졸 때도, 힘들다고 다른 생각을 하고 있을 때 부모님은 우리를 위해 일하고 계시고, 밥을 하고 계시고 우리를 기다리고 있을 것이다. 집에 돌아가면 하루 종일 사회에서 고된 노동을 하고도 힘든 내색하지 않고 우리를 위해 또 집안일을 하신다. 물론 청소년기인 여러분은 그 당시 가장 힘든 공부를 하고 있다는 것을 주변 사람 모두가 잘 알고 있다. 공부하는 것 자체가 고통의 연속이라는 것도 알고 있다. 하지만 공부가 힘들고 하기 싫을 때 조금만 시각을 넓히고 곁에 계신 부모님을 보고 잠잠히 생각해 보라. '행여 내 말 한마디에 기분 상하지는 않을까?', '돈이 없어도 우리 아들, 딸 남들보다 모자라지 않게 공부시켜야 하는데…'라는 생각을 하시며, 우리를 위해 일하고 계시는 부모님을 생각하며 마음을 다잡아 보기를 권한다.

공부할 때 가장 도움 되었던 누군가의 한마디

"비록 지금 등급은 낮더라도 점점 올라가는 그래프를 만들어 보여주면
그것도 좋은 스토리가 되는 거야."

앞서 말했듯, 여러분들께서 나의 이야기를 읽고 마음 한편이 시리는 경험을 해보았으면 좋겠다. 지금 나의 이야기를 읽고 잊어도 좋다. 언젠가 문득 생각이 나 다시 한번 읽어볼 수 있을 정도로만 기억에 남았으면 하는 바람이다. 나는 여러분들이 공부를 잘하는 것보다, 하기 싫은데 억지로 하는 공부보다, 진정 마음이 시켜서 하는 공부를 했으면 좋겠다. 마음이 시켜서 하는 공부가 훗날 좋은 성적으로 이어질 수도 있고, 어떤 깨달음을 주어 여러분들이 좋아하는 무언가를 일찍 발견해 그것에 몰두할 수 있는 경험으로 이어질 수 있을 것이라고 확신한다. 이 글을 읽는 여러분들의 삶을 진심으로 응원한다.

서울시립대학교 건축학부 ☆ 윤서정

현재 서울시립대학교 건축학부 재학 중인 윤서정이다. 시립대 건축학부는 건축학전공과 건축공학전공으로 나뉘는데 그중에서 5년제인 건축학전공을 다니고 있다. 나는 고등학교 입학이라는 이른 시기부터 건축으로 진로를 정한 편이라 학생부종합전형 면접형으로 서울시립대에 입학하게 되었다. 내 성격이 하나를 결정하면 쭉 밀어붙여 나가는 편이라 고등학교 3년 내내 생활기록부에 건축 내용만 가득했다. 정시 역시 고려하지 않고 수시 한 우물만 팠던 사례기도 하다. 그래서 나는 자신의 진로와 교과목을 연계하여 생활기록부, 특히 세특을 채우는 방법을 조언해 주고 싶다.

¨ 세특은 어떻게 채울까?

건축은 수시로만 보면 문과, 이과, 심지어 미술 입시를 준비하던 예체능 계열에서도 올 수 있는 학과이다. 그만큼 다양한 과목과 연계하여 생활기록부를 채울 수 있다. 하지만 그렇지 않은 경우도 많을 거로 생각한다. 나는 대학에 입학하고 나서 2년 정도 졸업한 고등학교에 가서 학생들을 대상으로 고등학교 공부와 대학 입학에 관련된 내용을 강의했다. 이 강의가 끝나고 항상 Q&A 시간을 보냈는데, 빠지지 않고 등장하는 질문이 "세특 어떻게 채워야 해요?"였다. 그만큼 학생들이 생활기록부, 특히 세특을 채우는 데 어려움을 겪는 것을 알고 있다.

그래서 다방면으로 조언하고자 한다.

　첫 번째 조언은 국어와 영어 과목의 본문, 지문 내용을 활용하는 것이다. 국어와 영어 과목에는 다양한 분야의 지문이 나온다. 국어 과목의 경우 문법과 문학을 배우기도 하지만 과학 지문이나 사회현상을 분석하며 문제를 풀어나가는 방법도 배운다. 자신의 진로가 국어와 영어와

　관련이 없어 보여 해당 과목의 세특을 채우기 힘들다면, 지문과 본문의 내용에서 힌트를 얻어 보고서를 작성하거나 실험, 발표하는 것도 좋다. 사회현상을 파고들어 심화 내용을 분석하고, 해결책을 제시해보는 활동도 좋은 활동이다.

　두 번째는 수학 과목에서 학문적 내용 대신 숫자만 생각해보는 것이다. 수학에서 배우는 내용은 그래프, 집합, 함수같이 실생활과 거리가 있어 보이는 내용이다. 하지만 숫자는 일상에서 안 쓰이는 곳이 없다. 공학을 사용하는 분야부터 마케팅의 확률, 디자인의 픽셀, 음악의 박자처럼 숫자에 집중해서 자신의 진로와 연관 지어 보자. 수학이 더 친근하게 느껴지고 생활기록부를 채우기도 쉬워진다.

　이해하기 쉽도록 본인의 생기부에 적힌 내용을 예로 들어볼까 한다. 먼저 독서 과목에서는 인공지능의 발달 관련된 지문과 연계시켰다. 인공지능이 발달하면 건축가를 대신할 수 있을 것인가, 건축가는 미래에 살아남을 수 있을 것인가를 주제로 보고서를 작성하였다. 인공

지능의 건축환경과 재료 등의 데이터분석을 바탕으로 효율적이고 안정적인 건축이 가능하다. 하지만 주변 환경과의 조화와 실거주자의 만족감을 파악하는 것은 인간이 더 뛰어나다. 그 때문에 이러한 인문학적 역량을 기르는 것이 건축가로서 경쟁력을 강화하는 것이라는 내용을 보고서에 담았다. 확률과 통계 과목에서는 국토부에서 통계자료를 선별하여 분석하고 선행된 연구를 정리하고 분석하여, 수도권보다 지방에 단독주택 비율이 높은 이유에 관해 보고서를 작성하였다. 실제 보고서는 수학 과목의 보고서라기보단 사회 과목과 가깝게 느껴지기도 하였다. 하지만 통계자료를 찾아보는 활동을 했고, 통계자료의 내용이 실제로 보고서에 들어갔기 때문에 확률과 통계 과목과도 충분히 연계할 수 있다.

¨ 나만의 공부법

나만의 공부 방법도 이야기하려고 한다. 나는 과목별 등급 편차가 심하지 않고 모든 과목에 고르게 시간을 쏟은 편이다. 그래서 나만의 공부 방법 이란 게 있는지 고민해 보았는데, 크게 두 가지 타입으로 나눌 수 있었다.

먼저 학원의 도움을 받은 과목이다. 나는 학원을 수학, 영어 두 가지 과목을 일주일에 3회, 2시간씩 다녔다. 이 두 과목이 내신에서만큼은 학원의 도움을 많이 받을 수 있다고 생각한다.

　내신 영어는 슬프지만, 회화와 다르게 언어보다 암기과목에 가깝다고 생각한다. 많은 양의 교과서 본문과 모의고사 추가 지문이 시험 범위가 되었을 땐 어디서부터 공부해야 할지 막막할 때, 학원의 도움이 컸다. 매시간 시험 범위 내의 단어로 단어 시험을 보며 어휘 실력을 키웠고, 본문을 해석해 가며 내용과 중요 문법을 공부했다. 그다음 빈칸 채우기와 몇 개의 단어만 보고, 문장 배열하기와 같은 단계로 넘어갔다. 이 과정에서 빈칸이 뚫리는 위치나 배열하는 문장을 바꾸어 가며 공부했다. 학원 선생님께서 매시간 숙제로 단어 위치나 문장이 달라진 학습지를 주었고, 이 학습지를 풀어본 후 학원에서는 어려운 부분을 복습하고 시험문제를 풀며 내신 대비를 했다. 이렇게 보면 학원을 안 다니고도 할 수 있는 과정인 것 같기도 하다. 하지만 내가 다닌 고등학교는 영어 시험이 유독 어려운 편이었고, 특히 서술형은 이런 훈련이 되어있지 않다면 한 글자도 쓰기 어려운 편이었다. 또한, 이 당시에는 아이패드, 갤럭시 탭 같은 태블릿을 사용한 공부도 활성화되지 않던 시절이라 혼자서 많은 양의 종이를 수정하고, 인쇄하기가 어려운 환경이었다. 이런 면에서 학원은 자신의 의지가 부족하더라도 계속해서 공부할 분량을 제시하고 확인하기 때문에 더 집중해서 공부할 수 있다. 위에서 예시를 든 단어 암기 → 본문 해석+문법 → 빈칸 채우기+문장 배열 → 문제풀이 순서의 공부방법은 학원에 다니지 않더라도 도움이 될만한 방법이니 학원에 가지 않고 스스로 영어 공부하는 학생들은 도움이 될 거로 생각한다.

°수학

수학의 경우는 모르는 부분에 대하여 많이 질문할 수 있고, 빠르게 답변받을 수 있는 부분이 학원의 큰 장점이라고 생각한다. 모교의 내신 수학은 전체적인 난도가 높거나 문제 스타일이 괴이하진 않았지만. 1등급을 가리기 위해 2~3문제의 경우, 문제 푸는 방법이 머릿속에 체계적으로 정리되어있지 않으면 푸는 데 어려운 난이도였다. 이를 대비하기 위해 보통 한 학기 분량을 방학 때 한 번, 개학하고 한 달 동안 한 번 더 공부하는 시험 대비 공부가 시작되었다. 이때 학원 선생님께서 다양한 문제집에서 문제를 추려 학습지로 만들어 풀어오라고 한 후, 학원에서 채점하고 문제풀이를 하는 방식으로 공부하였다. 가끔은 집중력을 올리기 위해 학원에서 정해진 시간 내에 20문제 정도를 풀고 채점한 후 1문제 틀릴 때마다 10분을 더 학원에서 공부하고 가야 하는 때도 있었다. 학원에 다니면 이른 시일 안에 자신이 어떤 유형을 어려워하는지, 어떻게 대비해야 하는지를 알 수 있다. 많은 과목을 공부해야 하는 고등학교 생활 동안 효율적인 시간관리 측면에서 학원의 도움을 많이 받을 수 있다.

°기타 과목

수학, 영어를 제외한 과목들은 모두 혼자서 공부했다. 보통 학원을 가지 않는 평일 이틀 동안은 3~4시간 정도 국어 지문 분석, 과학 문제 풀이, 학원 숙제를 하며 지냈다. 사회 과목이나 중국어, 역사 과목은 시험기간에만 공부 시간을 2시간가량 늘려 공부했다. 그중에서 다른 사람과 다른 공부 방법으로 효과를 본 과목이 있다. 바로 역사 과목이다. 역사 과목의 특징은 한 시기에 다양한 장소에서 사건이 일어나는 것을 배운다. 교과서 목차대로 배우게 되면 한 나라를 배우고 다른 나라를 배우게 된다. 이런 방식은 나라별 특징은 이해하기 쉽지만 동시간대 사건을 물어보면 헷갈릴 수가 있다. 예를 들어 삼국시대를 배우는 경우, 특정 시기의 백제를 배우고 그다음에 고구려, 신라 순으로 배우게 된다. 한 나라의 흐름을 배울 때는 이해하고 넘어갔다고 여길 수 있다. 하지만 전쟁이 발생하고, 교류가 생기며 각 나라는 계속해서 엮이게 된다. 복잡해진 역사의 흐름은 대충 이해하고 넘어가면 금방 헷갈리게 된다. 그래서 나는 직접 연도별 표를 만들어 보는 것을 추천한다. 연도별로 있었던 사건을 정리하다 보면 역사적 사건의 인과관계를 파악할 수 있게 된다. 표를 만들어보면 시기별 특징도 이해할 수 있다. 시간 순서를 물어보는 문제도 어려움 없이 풀 수 있게 된다. 종종 문제집에 이미 정리된 표가 나와 있어 직접 그려야 하나 고민이 될 수 있겠지만, 눈으로 보는 것과 자신만의 기준으로 표를 그려가며 정리하는 것은 큰 차이이다. 그리는 도구는 손이든, 아이패드든 상관없다. 직접 내용을 기록하는 활동은 사건을 시기별로 이해하고 기억에 오래 남게 해준다.

¨ 방학을 보내는 방법

마지막으로 방학을 어떻게 보내면 좋을지 이야기하려고 한다. 고등학생의 방학은 약 한 달 정도다. 길지 않은 시간이다. 대부분의 학생은 방학 동안 바쁘게 학원에 다닌다. 학원에 다니며 다음 학기나 학년을 준비하는 일은 중요하다. 여기에 더해 진로를 찾고, 구체화해가는 과정도 중요하다.

먼저 진로를 결정한 친구들에게는 책을 읽어보는 것을 추천한다. 성적을 올려 대학을 잘 가는 것은 중요하지만, 학과에 대한 흥미나 정보 없이 대학을 가게 된다면 대학생활이 힘들 수 있다. 고등학교 시절은 미래를 위해 고민해보는 시기이기도 하다. 방학은 학기 중보다 시간적 여유가 있으니 자신의 진로와 관련 있는 책을 읽으며 미래를 구체화해보는 것을 추천한다.

아직 진로가 정해지지 않았다면, 여러 가지 활동을 해보는 것도 좋다. 여러 전시회에 가보는 것도 좋고, 여러 전문가의 인터뷰를 모아둔 책도 좋다. 다큐멘터리나 영화같이 영상매체를 이용해봐도 좋다. 인풋이 많아야 자신이 무엇을 좋아하는지 찾을 확률이 높아진다. 2학년부터는 선택과목을 정해서 수업을 듣게 된다. 대학의 학과마다 고등학교 선택과목에서 꼭 들어야 하는 과목이 정해져 있다. 진로를 결정하고 선택과목을 정하면 원하는 학과를 가지 못하는 경우가 없다. 또한, 흥미를 느끼고 수업을 들을 수 있다.

어떤 활동을 해야 할지 모르겠다면 책을 먼저 읽어보자. 싫증 나게 들리겠지만 비교적 여유가 있는 방학 동안 공부 말고 인풋을 쌓을 수 있는 가장 쉬운 방법인 책과 가까이하다 보면 미래에 대해 그려나갈 수 있다.

고등학교 때 가장 인상 깊게 읽은 책은 《건축, 음악처럼 듣고 미술처럼 보다》이다. 고등학생이던 시절, 건축을 어렵지 않고 예술적으로 바라볼 수 있도록 도와주었다. 책 내용 중에 부석사를 다루는 부분이 있다. 부석사는 여러 건축가가 가장 뛰어난 한국 건축물로 뽑는 건물이다. 가장 높은 곳에 있는 무량수전까지 가는 길은 일직선이 아니다. 문과 계단을 오르며 높이가 변화하며 생기는 공간의 전환을 만날 수 있다 그때마다 부석사는 축의 변화를 주어 여러 공간을 한눈에 볼 수 있도록 한다. 그 때문에 공간이 지루하지 않고 다채롭게 느껴지고, 동시에 다음 공간에 대한 기대를 갖게 한다. 갑자기 건축의 아름다움에 대하여 전파하려고 이런 이야기를 꺼낸 것이 아니다. 부석사의 축에 관한 이야기는 책에서도 배울 수 있었지만, 나는 유사한 내용을 대학에 입학하여 한국건축사란 수업을 들으며 한 번 더 배우게 되었다. 고등학교 시절에 읽었던 내용을 대학에 입학하여 배울 줄은 상상도 못 했다. 나는 이 책을 수업뿐만 아니라 교수님과 면담 시간에도 만날 수 있었다. 대학을 입학하고 얼마 지나지 않아 건축에 대한 식견을 넓히고 싶어, 교수님께 어떤 책을 읽으면 좋을지 추천받았다. 놀랍게도 그때 추천받은 책 중의 하나가 이 책이었다. 이런 경험들 덕분에 나는 고등학생 친구들이 방학 때 어떤 활동을 할지 고민할 때 독서를 꼭 추천한다. 지금 당장은 책을 읽어도 시야가 넓어지는 것 같지도 않고 지루하게만 느껴질 수 있다. 하지만 책, 특히 자신의 진로와 관련된 책을 읽는 활동은 기억에 계속 남아 성인이 되어서도 꾸준히 도움을 준다.

공부할 때 가장 위로 되었던 한마디

> **"네가 해주는 설명이 가장 이해가 잘 돼."**

고등학교 시절 공부를 하다 보면 반복되는 생활에 지치기도 했었다. 이 당시 나에게 다시 공부 열정을 불러일으키는 데 도움을 준 한마디는 "네가 해주는 설명이 가장 이해가 잘 돼"라는 말이었다. 흔히 누군가에게 지식을 전달할 수 있어야 완벽히 이해한 것이라고 이야기한다. 하나의 지식을 공부하고 이해해서 나만의 언어로 정리하여 습득한 것은 쉽게 잊어버리지도 않고 응용하기도 좋다. 이 말을 들었을 때 나는 내가 공부한 시간이 헛되지 않았고 충분히 이해했다는 감정이 들었다. 또한, 누군가에게 도움이 되었다는 점도 뿌듯하고 앞으로 나아가게 하는 원동력이 되었다. 이런 점 때문에 고등학교 시절 또래 멘토링 활동을 꾸준히 했었다. 이해력과 배경지식의 수준이 다양한 친구들을 가르치며 여러 방면에서 지식을 습득할 수 있었고 때로는 이해했다고 생각했지만, 모르는 부분도 발견하여 내 공부도 더 보완할 수 있었다. 좋은 교우관계 유지도 가능했다

내 글을 읽게 될 친구들은 어떤 고민을 하고 있을지 궁금하다. 고등학교 생활이나 대학 진학일 수도 있고 성적이나 공부 방법일 수도 있다. 사실 이 책을 찾아봤다는 것만으로 자신의 고민을 해결하고 나아가기 위한 첫걸음을 내디딘 것으로 생각한다. 85명이나 되는 선배들의 진술한 이야기와 다양한 경험을 살펴본다면 큰 도움이 될 거라고 확신한다. 내 이야기는 너무 무거운 조언으로 받아들이기보단 아는 언니, 누나는 이렇게 고등학교 생활을 했구나, 이런 행동은 해봐도 좋겠다. 정도로 받아들이길 바란다.

고등학교 과정은 끝이 없는 마라톤처럼 느껴진다. 수시는 시험 하나하나가 중요하고, 정시는 수능까지 까마득해 보인다. 이 책은 마라톤을 하며 중간중간 마주치는 물이나 바나나와 같은 존재라고 생각한다. 마라톤의 목표가 되기보단 힘을 불어넣어 주는 에너지원, 잘 달리고 있다는 이정표가 되길 바라는 마음이다. 힘든 고등학교 생활 동안 자신의 체력, 정신력을 잘 관리해 원하는 대학에 가길 바란다.

고려대학교 물리학과 ☆ 윤승현

필자는 초등학교 2학년 때까지 구구단이나 시계 보는 법조차 제대로 익히지 못했고, 4학년이 되어서도 이를 헷갈리곤 했다. 중학교 시절에는 학원에서 수업을 따라가지 못해 퇴출당한 경험도 있다. 그만큼 학업에서 우수하지 않았고, 이해하는 속도도 느렸다. 그러나 고등학교에 입학한 후, 효과적인 공부법을 터득하고, 느리지만 꾸준히 공부하는 습관을 형성해 마침내 고려대학교 물리학과에 일반전형으로 합격할 수 있었다. 지금부터 이와 관련된 이야기를 전하고자 한다.

¨ 공부 효율과 시간관리 중요성

필자가 다녔던 학교에서는 "3시간 자면 합격하고, 4시간 자면 불합격한다"는 말이 돌 정도로, 공부 시간의 연장만이 강조했다. 고등학교 3학년을 준비한 학생이라면 한 번쯤 들어봤을 내용이다. 그러나 이러한 방식은 효율성을 고려하지 않은, 시대에 뒤떨어진 공부법이다. 어떤 일이든 그 성과는 "일의 효율"과 "투입 시간"의 곱으로 결정된다. 공부 역시 마찬가지다. 공부의 성과는 여러 요소가 복합적으로 얽혀 있지만, 기본적으로는 공부 효율과 공부 시간의 곱으로 평가할 수 있다. 예를 들어, 40%의 효율로 10시간을 공부하는 것과 80%의 효율로 5시간을 공부하는 것은 동일한 효과를 낸다. 필자가 추천하는 공부법은 바로 이 "공부 효율"을 최대화하는 것이다.

공부 효율을 극대화하기 위해서는 두 가지 핵심 전략이 필요하다. 하나는 최적의 공부 환경을 조성하는 것이고, 다른 하나는 자기주도적 학습법의 지속적인 개선이다. 먼저, 누구에게나 공부하기 전의 환경 조성은 매우 중요하다. 공부 환경에는 학습하는 사람들이 많은 면학 분위기나, 공부 방법과 진로에 대해 함께 고민할 수 있는 선생님 또는 친구와 같은 인적 자원이 포함된다. 주변에 공부하는 사람들이 많을수록 관련 대화를 많이 나누게 되고, 경쟁자들의 학습 모습을 자주 접하게 되므로 공부 환경을 잘 조성하면 공부 효율과 시간 모두를 동시에 높일 수 있다. 많은 사람들이 "대치동"과 같은 학습 환경을 선호하는 이유도 이와 무관하지 않다.

그러나 필자를 포함한 많은 학생들에게는 이러한 공부 환경을 조성하는 것이 쉽지 않다. 자신의 의지만으로 주변 친구들이 갑자기 학습에 몰두하는 환경을 만들기는 어렵다. 면학 분위기는 학교나 지역 사회의 분위기에 크게 좌우되기 때문에, 공부 환경을 조성하는 데는 한계가 있을 수밖에 없다. 따라서, 이러한 환경 속에서 중상위권 학생들은 '어떻게 공부해야 하는지', '어떤 공부법이 효과적인지'와 같은 효율적인 학습 방법보다는 전통적인 '공부 시간 늘리기'에 의존할 가능성이 크다. 물론, 현대 사회에서는 다양한 매체 덕분에 공부 효율을 높이는 방법에 대한 학생들의 관심이 커지고 있다. 그러나 이와 같은 인식이 주변에 널리 퍼져 있는지는 큰 차이를 만든다.

그렇다면 개인이 공부 효율을 높이는 방법은 무엇일까? 그것은 바로 개인적인 공부법의 변화를 추구하는 것이다. 앞서 언급했듯이, 필자는 학습 능력이 뛰어난 편은 아니었다. 고등학교에서 처음 본 모의고사에서도 대부분 3~5등급의 점수를 받았고, 이는 결코 높은 성적이라 할 수 없었다. 이런 상황에서 사람은 쉽게 공부의 유혹을 느끼기보다는, 현재의 즐거움에 빠져 공부를 회피하려는 경향이 있다. 필자도 마찬가지였다. 그러나 필자는 단순히 공부 시간을 늘리는 것에만 집중하지 않고, 공부 시간을 줄이면서도 성적을 향상시킬 방법을 찾아보았다.

많은 사람들은 공부 시간을 줄이면서도 성적을 올리는 방법을 찾으려 하지 않는다. 어린 시절부터 "공부에 지름길은 없다"라는 말을 들으며 우직하게 공부해야 한다는 교육을 받아왔기 때문이다. 그러나 필자는 실제로 유튜브나 칼럼 등을 통해 다양한 공부 방법을 연구했고, 이러한 노력이 필자의 공부에 결정적인 영향을 미쳤다.

·· 공부법을 개선하라

독자들은 "공부법을 개선하라"는 말이 막연하게 들릴 수 있다. 하지만 공부법의 개선은 철저히 자신에게 맞춘 변화여야 한다. 모든 사람은 사고방식도 다르고, 개개인의 장점과 약점도 다르다. 따라서 모든 사람에게 적용되는 정답이란 있을 수 없다. 이는 정해진 답이 없는 자신만의 서술형 시험과도 같다. 그렇다면 이 서술형 시험에서 최대한 높은 점수를 받기 위해서는 무엇을 해야 할까? 그 답은 "찾는 것"에 있다.

대부분의 학생들은 공부법을 개선하겠다고 다짐한 후, 실제로는 아무런 행동을 취하지 않고 시간이 해결해 줄 것이라고 믿는다. 그러나 이러한 생각은 평범한 70~80%의 학생들에게서 주로 나타나는 태도다. 만약 보통 학생이 되고 싶지 않다면, 지금 당장 행동으로 옮겨야 한다. 입시 커뮤니티, 인강 선생님의 칼럼, 유튜브 등을 통해 공부법에 대한 다양한 조언을 찾아보라. 필자도 대부분 이와 같은 출처에서 도움을 받았다.

먼저, 이와 같은 자료들을 검토하고, 자신에게 맞는 부분을 조금씩 개선해 나가라. 그리고 자신의 문제점을 명확히 파악한 후, 학교나 학원, 과외 선생님들께 이를 논리적으로 설명하고 개선 방법을 문의해라. 그들은 이러한 학생을 귀찮아하지 않으며, 오히려 반길 것이다. 물론, 모든 조언을 무비판적으로 받아들여서는 안 된다. 커뮤니티나 일반적인 인터넷 글에는 이유 없이 조언하는 경우가 많다. 예를 들어, "시간을 들이면 안 되는 것은 없다"거나 "평가원 기출문제가 가장 깔끔하던데 평가원 문제를 풀어봐라"와 같이 왜 시간을 들여야만 하는지, 왜 평가원 기출문제가 더 깔끔한지에 대한 구체적인 이유가 없는 조언은 오히려 학습의욕을 꺾을 수 있다. 이보다는 "영어 문제 속 글은 교수들이 문제를 위해 구조화한 글이므로, 글의 구조와 패러프레이징을 파악하는 것이 중요하다"거나 "화학 문제에서 고체 혹은 액체 상태가 등장할 때는 아보가드로 법칙이 적용되지 않으므로, 기체와 기체가 아닌 것을 구분하는 표를 만드는 방법이 효과적이다"와 같이 구체적이고 납득할 만한 이유가 있는 조언을 선별적으로 받아들여야 한다. 이러한 설명만으로는 여전히 추상적으로 느껴질 수 있으므로, 필자의 실제 경험을 통해 구체적인 예시를 들어보겠다.

¨ 어려웠던 국어 과목의 공부법을 개선하다

필자는 고등학교 시절, 특히 국어 과목에서 지속적으로 어려움을 겪었다. 고등학교 2학년까지 대부분의 모의고사에서 4등급에 가까운 점수를 받았고, 비문학 지문에서는 15문제 중 8문제를 틀리는 경우가 빈번했다. 그러나 2학년 여름방학을 기점으로, 필자는 국어 공부법을 근본적으로 개선하기로 결심했다.

우선, 유튜브 강의, 인강 선생님들의 칼럼, 그리고 입시 관련 사이트를 통해 비문학 공부법에 대해 철저히 조사했다. 비문학 선지 비교법, 글의 핵심 부분을 찾아내는 법, 글의 구조를 파악하는 법 등을 학습하며, 다음과 같은 핵심 조언들을 얻었다.

★비문학 글의 구조 파악 : 글의 구조를 이해하면 글의 흐름과 핵심 내용을 쉽게 파악할 수 있다. 따라서 기출 문제 해설 영상을 보면서 글의 구조를 파악하는 능력을 길러야 한다.

 비문학 지문을 읽을 때, 글의 주요 흐름과 맞지 않는 뜬금없는 부분이 있다. 이러한 부분은 체크만 해 두고, 문제를 풀 때 다시 확인하는 것이 좋다.

이러한 방법을 토대로 필자는 비문학 문제를 푸는 기본 틀을 확립하였다. 물론, 해당 틀은 급조된 것이기 때문에 일주일 동안 이 기본 틀을 체득하는 과정이 필요하였다. 필자는 일주일 동안 이 방법들을 적용하며 익숙해지는 시간을 가졌고, 그 후 자신의 학습 과정에서 나타난 문제점을 분석하였다. 필자가 인식한 주요 문제점은 다음과 같았다. 첫째, 글을 반복해서 읽는 경향 때문에 시간이 과도하게 소요되었다. 둘째, 이해도가 높은 지문과 낮은 지문 간에 정답률의 격차가 컸다. 셋째, 이전에 풀었던 문제들을 기억에 의존해 푸는 습관이 있었다.

이 문제들을 해결하기 위해 필자는 국어 선생님께 상담을 요청하였고, 다음과 같은 조언을 받았다.

★**시간 절약 :** 비문학에서 시간을 단축하려면, 글을 머리로 이해하는 시간을 줄여야 한다. 연필로 밑줄을 긋는 방법은 글을 도식화하는 데 유용하지만, 머릿속으로 정리하는 능력을 저해할 수 있으므로 연습할 때는 연필을 사용하지 않고 눈으로만 풀어보는 연습이 필요하다.

★**글의 이해 부족 :** 글이 머릿속에 잘 들어오지 않을 때는 첫 번째 문단

을 다시 읽어야 한다. 많은 지문이 첫 번째 문단에서 글의 구조를 간략하게 설명한 후, 다음 문단에서 이를 구체화하거나 패러프레이징하기 때문에, 첫 번째 문단을 재독하면 전체 글의 이해에 도움이 될 수 있다.

★**분석의 중요성** : 국어 공부에서 분석은 매우 중요하다. 기본기가 부족하다면, 하루에 그저 지문 3개를 푸는 것보다 1개의 지문을 정확히 분석하는 것이 더 효과적이다.

필자는 이 조언들 중 2번 조언은 이미 시도해 본 방법으로 자신에게 맞지 않는다고 판단하여 다른 접근법을 모색하였고, 1번과 3번을 적극적으로 수용하였다. 이를 바탕으로 하루에 비문학과 문학 각각 1지문만을 풀었으며, 최대한 연필 사용을 자제하였다. 문제를 다 푼 후에는 2개의 지문과 그에 따른 8~9문제에 대한 해설지와 강의 영상을 통해 최소 2시간 이상 분석하였다. 약 2달 정도 이러한 방식을 실천한 후, 필자의 모의고사 성적은 고정 2등급 이상으로 상승하였으며, 계속하여 공부법을 개선한 결과 고등학교 3학년 중순부터는 고정 1등급을 유지할 수 있었다.

이제까지의 글을 통해 눈치 빠른 독자라면 필자가 강조하고자 하는 것이 무엇인지 알았을 것이다. 필자가 강조하는 핵심은 바로 '실천'이다. 이 글의 주된 논점은 공부 효율을 높이는 것에 있으며 그 방법에는 공부 환경 조성과 공부법 개선이 있고 공부법 개선이 가장 현실적인 접근이라는 것이다. 그러나 이 글의 전반적인 내용과 기저에는 자기 분석에 기초한 '실천'이 자리 잡고 있다. 공부법 개선 방법을 찾아보는 것도 실천, 그 방법을 체득하는 과정도 실천, 이를 꾸준히 유지하는 것 또한 실천이다. 공부를 잘하는 사람은 결국 실천하는 사람일 뿐이다.

공부법 개선에 대해 어느 정도 감을 잡았는가? 누군가는 필자가 제시한 방법이 단순히 복습을 열심히 하라는 당연한 이야기라고 할 것이다. 또 누군가는 이 글을 통해 공부법 개선의 갈피를 잡지 못했는데, 이제는 그 느낌을 조금 이해했을 수도 있다. 이 글에서 언급한 내용이 거창해 보일 수 있으나 사실 이는 지루하고 재미없는 정론에 가깝다. 그러나 필자가 말한 거창한 공부법은 결국 정론을 심화시킨 것에 불과하다. 정확히 정론을 알고 공부하는 것과 어렴풋이 알고 공부하는 것에는 확연한 차이가 있다. 독자들은 이미 어떻게 공부해야 할지 어렴풋이 알고 있었을 것이다. 이 글은 그러한 독자에게 보다 자세하고 정확한 길을 제시했을 뿐이다. 결론이 길어졌지만 필자가 독자에게 당부하고 싶은 것은 단 한 가지이다. 필자는 독자들에게 거창한 것을 요구하지 않는다. 그저 실천하라.

충남대학교 사학과 ☆ 윤지환

대학생 시절 한국사 과외를 했다. 과외를 받는 학생들은 대부분 역사 공부를 어려워했다. 특히 암기를 너무 싫어했다. 그럼에도 모두 성적이 올랐다. 특히, 한 학생은 1학년 1학기 중간고사를 50점으로 시작해서, 1학년 2학기 기말고사를 96점으로 마무리했다. 이게 어떻게 가능했을까? 바로 역사를 이해하면서 공부했기 때문이다. 용어, 개념 하나하나를 완벽하게 이해했기 때문에, 1년 만에 고득점이 가능했다.

·· 첫째, 왕과 인물의 업적을 이해하는 방법

역사를 공부하다 보면 정어어어엉말 많은 인물이 등장한다. 특히 왕이 많다. 고려 왕만 34명, 조선 왕만 27명이다. 이 많은 왕의 업적을 다 외워야 하니 너무 부담스럽다. 그렇다면 왕의 업적은 어떻게 하면 쉽게 외울 수 있을까? 왕의 업적을 쉽게 외우는 방법은 왕이 살던 시대 배경을 이해하고, 왕의 입장에서 생각해 보는 것이다.

예를 들어보자. 고려 시대 말 공민왕이 있다. 수업 시간에 '공민왕이 반원자주정책을 펼쳤다'라고 들어봤을 거다. 한국사 시험에도 자주 출제된다. 그렇다면 공민왕은 왜 반원자주정책을 전개했을까? 공민왕이 살던 시대 배경부터 이해해야 한다. 공민왕이 살던 시기를 원 간섭기라고 한다. 고려가 원나라의 지배를 받고 있던 시기다. 원은 고려 정치·경제·사회·문화 모든 분야에 간섭했다. 고려는 원나라에 많은 공물(매, 여성)까지 보내야만 했다. 당연히 고려 왕들은 원의 지배를 불편해했다. 그럼 많은 고려 왕 중에서 왜 유독 공민왕만 반원자주정책을 전개했을까? 여기서 시대적 배경을 다시 살펴보자! 당시 원나라는 멸망해 가고 있었다. 대신 명나라라는 새로운 국가가 등장했다. 이 시기를 원명 교체기라고 한다. 공민왕은 원나라가 멸망해 가는 것을 봤다. 원나라가 멸망해 가니 원 간섭기를 끝내는 반원자주정책을 실시한 것이다. 공민왕이 살던 시대적 배경=원명 교체기를 이해한다면 공민왕의 업적을 쉽게 이해할 수 있다.

공민왕

　다음으로 공민왕의 입장에서 생각해 보겠다. 원 간섭기 고려는 원나라에 많은 것을 빼앗겼다. 원나라에 매, 여성, 공물, 군대 등을 보내야 했다. 당연히 고려의 재정 상황은 나빠졌다. 게다가 원나라는 고려의 정치에도 깊게 관여했다. 원나라는 고려 왕까지도 마음대로 바꾸었다. 자, 본인이 왕이면 어떨 것 같나? 원나라가 밉지 않을까? 그래서 공민왕은 원나라가 미워서 원나라의 간섭을 끝냈다. 공민왕의 입장에서 생각해 보니 공민왕의 업적이 더 쉽게 이해된다. 앞으로 인물을 공부할 때는 꼭 당사자의 입장에서 생각해 보자.

특정 역사적 현상은 '왜 이런 현상이 일어났을까?'라는 의문을 가지고 이해하면 된다. 세계사에서 달달 외워야 대표적인 단원이 '제국주의'다. 제국주의는 강대국들이 약소국들을 식민 지배하는 현상이다. 제국주의 현상은 강대국들이 아프리카와 동남아시아에서 어떤 식민지를 차지하는지가 시험에 출제된다. 즉, 강대국이 어떤 식민지를 차지하는지 짝을 지어서 외워야 한다.

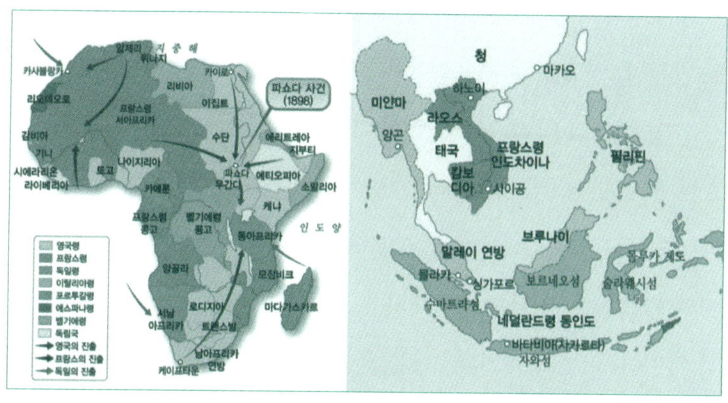

위 지도를 보자. 왼쪽은 강대국들의 아프리카 식민지를, 오른쪽은 동남아시아 식민지를 나타낸다. 제국주의 파트는 위 지도를 모두 외워야 한다. 학생들이 여기서 세계사 공부를 포기한다. 이 복잡한 지도를 그냥 외우려 하니⋯ 아주 부담스러울 거다. 나 같아도 포기할 것 같다. 하지만 걱정하지 마라. 강대국들이 약소국을 어떻게 식민지로 만들었는지 이해한다면 쉽게 외울 수 있다. 영국은 어떻게? 프랑스는 어떻게? 독일은 어떻게? 이탈리아는 어떻게? 식민지를 차지하게 되었는지 이해한다면 어떤 문제든 맞힐 수 있다.

대표적으로 영국의 사례를 보겠다. 영국의 대표적인 식민지로는 이집트, 남아공, 인도, 미얀마 등이 있다. 영국의 제국주의 정책에는 종단 정책과 3C 정책이 있다. 그럼, 영국이 어떻게 식민지를 차지했는지 살펴보겠다. 그리고 영국의 식민지와 제국주의 정책이 어떤 연관이 있는지도 살펴보자.

당시 영국에서 인도산 차가 유행했다. 그래서 영국은 인도를 식민지로 만든다. 인도를 접수한 영국은 인도에서 많은 차를 수입한다. 인도산 수입품이 더 빨리 영국으로 들어오기 위해서는 수에즈 운하가 필요했다. 당시 영국은 초강대국이었다. 필요한 게 있으면 다 뺏었다. 곧바로 영국은 이집트에서 수에즈 운하를 뺏었다. 그리고 이집트를 식민지로 만들었다. 영국은 이집트와 인도를 차지했다. 영국의 욕심은 끝이 없었다. 인도와 이집트 그리고 남아공을 연결해 동남아시아에 진출하려는 방어선을 만들고 싶어 했다. 그래서 이집트부터 남아공까지 아프리카 땅을 전부 식민지로 만든다. 이것이 영국의 종단 정책이다. 남아공까지 접수한 영국은 이집트의 카이로, 인도의 콜카타, 남아공의 케이프타운을 연결해 방어선을 만든다. 이것이 3C 정책이다.

지금까지 영국이 어떻게 식민지를 차지했는지 살펴봤다. 영국이 식민지는 영국의 제국주의 정책과도 연결된다. 이런 방식으로 제국주의를 이해한다면 많은 식민지와 제국주의 정책이 쉽게 외워질 것이다.

¨ 셋째, 순서를 이해하고 연도를 암기하는 방법

학생들이 역사 과목에서 제일 싫어하는 게 연도다. 학생들에게 연도를 외우자고 하면 눈물을 흘린다. 근데 나도 연도 잘 못 외운다. 숫자에 약하다. 그럼에도 학생들 가르치고, 전공 시험을 위해선 연도를 외워야만 했다. 숫자에 약한 나도 결국엔 필요한 연도는 암기했다.

연도는 어떻게 암기하면 좋을까? 사건의 순서를 이해한 다음 연도를 암기해야 한다. 사건의 순서는 배경, 전개 과정, 결과로 끊어서 이해해야 한다. 배경, 전개 과정, 결과를 이해하는 방법은 아래와 같다.

배경은 사건이 어떻게 시작되었는지, 전개 과정은 사건이 어떻게 진행되는지, 결과는 사건이 끝나고 어떤 일이 발생했는지를 파악해야 한다. 이 역시 말로만 하면 이해하기 어렵다. 대표적으로 순서를 암기해야 하는 파트가 전쟁이다. 조금 익숙한 6.25 전쟁을 배경, 전개 과정, 결과로 나누어서 살펴보자.

6.25 전쟁의 배경이 뭘까? 분단 자체가 배경이다. 광복 이후 한반도는 남과 북으로 쪼개졌다. 북한의 김일성과 남한의 이승만은 전쟁으로 통일할 생각이었다. 둘 중 먼저 실행에 옮긴 인물은 김일성이었다. 김일성은 전쟁 준비 과정에서 소련과 중국의 지원까지 받았

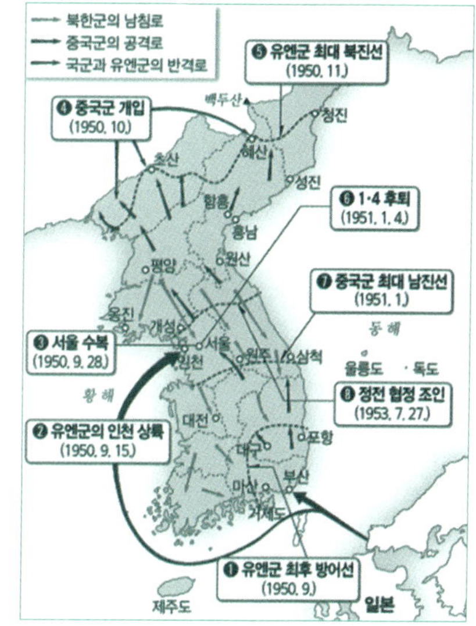

다. 모든 준비를 마친 북한은 1950년 6월 25일 새벽 남한을 공격한다.

본격적인 전개 과정을 살펴보겠다. 6.25 전개 과정은 크게 4단계로 구분한다. 1단계: 북한의 선제공격으로 남한이 밀린다. 밀린 남한은 낙동강에서 방어선을 형성한다. 2단계: UN이 남한을 돕고자 UN군을 파견한다. UN군과 국군(남한)이 불리한 상황을 뒤집으려고 인천상륙작전을 시도한다. 3단계: UN군이 인천상륙작전에 성공한다. UN군이 북쪽으로 쭉쭉 올라간다. 하지만 불리해진 북한이 중국군을 불러들인다. 4단계: 중국군이 오니깐 다시 UN군과 남한이 밀린다. 북한이 서울을 다시 차지한다. 이젠 남북한이 38도 선에서 왔다 갔다 한다. 전선이 38도 선에 머무른다.

결과는 어떨까? 이후 2년이나 전쟁을 지속했지만 결국 전쟁은 끝내지 못했다. UN군, 소련, 북한은 더 이상의 피해를 줄이기 위해 전쟁을 멈추기로 한다. 마침내 1953년 7월 27일 정전 협정이 체결된다. 순서는 이처럼 배경, 전개 과정, 결과를 끊어서 이해하면 된다. 여기까지가 6.25 전쟁의 배경, 전개 과정, 결과이다. 이렇게 순서를 파악한 후 연도를 외워야 한다. 순서를 이해했다면 연도 암기는 간단하다. 순서에 연도만 살짝 추가하면 된다. 6.25 전쟁 발발은 1950년, 인천 상륙작전은 1950년, 정전 협정은 1953년이다. 이렇게 공부한다면 연도 암기 부담이 훨씬 줄어들 거다.

내가 역사를 공부하던, 학생들을 가르치던 가장 먼저 이해를 강조한다. 개념을 이해한 다음 반복해서 암기하는 것이다. 하지만 가끔 학생들이 묻는다. "처음에 이해하면서 공부하면, 공부량이랑 암기량이 더 많아지는 것 아닌가요?"

여기서 중요한 포인트가 있다. 이해와 암기를 구분해야 한다. 이해하는 공부는 개념 공부 때 해야 한다. 즉, 처음 역사 공부를 할 때 완벽하게 이해하면서 공부해야 한다. 개념과 단어 하나하나 이해하면서 개념을 공부해야 한다. 완벽하게 이해하면서 공부한 개념은 절대 흔들리지 않는다. 개념을 이해하면서 공부한 다음엔 시험에 나올 포인트(요점)만 반복해서 암기하면 된다. 개념을 이해하면 훨씬 쉽게 외워진다. 처음부터 단순하게 달달 외우는 것보다 암기 시간이 훨씬 줄어들 거다. 암기할 때 헷갈리는 부분은 다시 개념을 찾아보면 된다.

암기 없는 공부는 없다. 국어, 영어, 수학, 과학, 사회 모든 과목에서 암기가 필요하다. 사람들이 역사 과목만 암기 과목이라고 싫어하는 이유는 역사를 이해하면서 공부하는 방법을 몰랐기 때문이다. 이 글을 읽고 역사를 공부하는 학생들은 이해하면서 공부하길 바란다. '역사는 흐름과 이해의 과목이다.' 꼭 기억해 주기 바란다.

공부할 때 가장 위로 되었던 한마디

> "인생은 무거운 짐을 지고 먼 길을 가는 나그네와 같다."

고등학교 3학년 때, 매일 열심히 노력하고 있는 것 같지만 성과가 도쿠가와 이에야스의 말이다. 수험생의 길은 길고 먼 길입니다. 매일 꾸준히 걸어 나가면 원하는 바를 이룰 수 있다.

포항공과대학교 무은재학부 ☆ 이건우

나는 포항공과대학교(POSTECH) 무은재학부에 재학 중인 24학번 이건우다. 무은재학부는 학과 소속 없이 입학하여 이공계열 학생들에게 필요한 기본 지식을 학습하고, 다양한 학과를 탐색하며 전공을 선택할 수 있는 특별한 학부다. 나는 학생부종합전형을 통해 합격했다.

¨ 나만의 필기법

필기를 꺼리거나 필기가 중요함을 알면서도 필기하는 모르는 학생들이 많다. 이런 학생들은 대부분 참고서에 적힌 내용을 그대로 옮겨 적기만 한다. 하지만 이렇게 필기하는 학생들은 나중에 필기한 내용이 머리에 남지 않게 되고, 대부분은 필기는 그저 시간 낭비라고 생각하게 되어 필기를 포기한다.

그러나 필기는 단순히 무언가를 그대로 옮겨 적는 것이 아니라, 배운 내용을 자신만의 방식으로 정리하는 것이다. 따라서 필기는 학습 초반이 아닌 중후반에 해야 하며, 필기할 내용을 전반적으로 파악하고 있는 것이 중요하다. 또한, 필기는 자신의 약점을 확인하고 보완하는 계기가 되어야 한다. 그래서 나는 반드시 기출문제를 푼 다음에 정리 노트를 만들었다. 문제를 풀면서 전반적인 개념의 틀을 잡을 수 있기 때문이다. 기출문제는 해당 개념에서 중요한 내용들을 중심으로 출제되기 때문에, 여러 문제를 풀고 출제된 개념 및 표현을 정리하다 보면 반복되는 핵심 개념과 표현이 드러난다. 이러한 과정에서 필기할 내용의 우선순위가 자연스럽게 정해진다. 그뿐만 아니라, 틀린 문제를 통해 자주 헷갈리는 개념을 확인할 수 있었다.

필기할 때 가장 중요한 것은 핵심 내용을 보기 좋게 정리하는 것이다. 먼저 목차를 적으며 필기할 순서와 강조할 개념들을 정리한다. 그런 다음, 다양한 자료를 비교하여 개념을 필기한다. 참고서 하나만을 보기보다는 수업 필기 내용을 포함한 여러 자료를 참조하면 강조할 방향을 잡기 쉽다. 마지막으로, 분석한 문제들을 참고하여 각 개념에서 자주 사용되는 표현과 자신의 약점을 추가로 표시한다. 이 과정을 통해 자신만의 필기를 완성할 수 있다.

고등학생 때 배운 미적분과 물리 같은 지식이 대학교에서 일부 도움이 되기도 했다. 하지만 대학교에 와서 처음 배우는 내용이 많았다. 그럼에도 고등학생 때 여러 시행착오를 통해 배운 공부 방법을 활용해 새로운 지식을 학습할 수 있었고, 중고등학교 때의 학습 성취 경험이 대학교 공부에서도 자신감을 갖고 공부하는 데 큰 도움이 되었다. 이처럼 고등학생 때의 학습 경험과 성취감이 대학교에서도 중요한 역할을 했다.

공부할 때 가장 위로 되었던 한마디

나는 항상 잘하고 싶은 욕심이 많고, 다른 사람들보다 멘탈이 약한 편이다. 그러다 보니 시험을 잘 보지 못했을 때 아쉬운 점만 보게 되었고, 그러한 성격 때문에 가끔은 공부가 부담스럽게 느껴졌다.

그럴 때 부모님과 선생님들께서 "괜찮아"라고 해주시던 말씀이 나를 안심시켜 주었다. "괜찮다"라는 말을 들을 때마다 누군가가 나를 믿어주고 독려해 준다는 생각과 아직 나에게 성장할 수 있는 기회가 많이 남아 있다는 생각이 들어, 다시 공부에 대한 부담감을 버리고 안정된 마음으로 공부에 집중할 수 있었다.

나는 누구보다도 잘하고 싶은 학생이었기에, 고등학생 때 공부나 시험에 대한 부담과 걱정이 많았다. 하지만 대학에 오고 나서 생각해 보니, 당시의 시절이 그리 엄청난 역경은 아니었음을 느꼈다. 돌이켜보면 고등학생이라는 시절도 언젠가는 겪어야 하며, 결국 지나가는 일이다. 그러니 부담과 걱정으로 인해 실수하고 너무 좌절하기보다는, 어려운 일을 겪을 때 그 역경을 딛고 계속 앞으로 도전해 나가는 용기를 가졌으면 좋겠다.

또, 공부하다 보면 가끔 혼자가 된 듯한 느낌이 들 때가 있다. '나만이 부분이 어려운 건가…'와 같은 생각이 들기도 하고, 주변의 친구들과 경쟁해야 한다는 사실이 마음 아프기도 하다. 하지만 전혀 혼자가 아니라는 것을 느꼈으면 좋겠다. 여러분 옆에는 여러분을 응원해주시는 가족들과 선생님, 그리고 함께 힘든 시절을 이겨내고 있는 친구들이 있다는 것을 기억하자.

연세대학교 간호학과 ☆ 이도연

나는 연세대학교 간호학과 24학번으로 재학 중인 이도연이다. 연세대학교 간호학과에는 학생부종합전형 활동우수형으로 합격했다. 내가 다니는 연세대학교 간호학과를 기준으로 보면, 대부분의 간호학과는 비슷한 커리큘럼을 통해 학생들을 교육한다. 1학년에는 '기초간호과학', '간호학의 이해' 같은 전공기초 과목을 배우며 기본적인 간호 지식과 마음가짐, 환자를 대하는 태도를 익힌다. 2학년부터는 '병태생리학', '약리학', '임상간호실습' 같은 전공필수 과목과 '국제간호의 이해', '환자안전', '노인간호학' 같은 전공선택 과목을 배우며 좀 더 전문적인 지식을 쌓는다. 3학년이 되면 병원 실습을 시작하면서 실제 임상 현장에서 배운 지식을 직접 적용하게 된다.

나는 어릴 때부터 간호학과나 교육학과 쪽이 잘 맞을 것 같다는 말을 자주 들었다. 중학교 3학년쯤부터는 어떤 일을 하더라도 다른 사람들에게 도움이 되고, 필요한 사람이 되고 싶다는 생각이 들었다. 여름방학 때 '슬기로운 의사생활'을 보면서 의료계로 진학하고 싶다는 막연한 꿈을 품기도 했다. 간호학과에 가야겠다고 결심한 건 고등학교 3학년 때였는데, 그만큼 간호학과의 장단점을 깊이 고민했기 때문이다. 결국 단점보다 장점이 훨씬 많다고 느껴서 이 길을 선택했다.

처음엔 간호학과 학생들의 진로가 대부분 병원에서 일하는 임상 간호사라고만 생각했다. 하지만 고등학교 3학년 때 입시설명회나 진학박람회에 다니면서 생각이 달라졌다. 교육에 관심이 있다면 교직 이수를 통해 보건교사가 될 수 있고, 연구에 흥미가 있다면 대학원에 진학해 연구 간호사나 교수가 될 수도 있다. 공무원이 될 수도 있고, 해외로 나가 국제 간호사로 일할 수도 있다는 것도 알게 됐다. 결국 간호학과는 내가 어떻게 하느냐에 따라 길이 무궁무진하게 열려 있는 학과다. '일체유심조(一切唯心造)', 모든 것은 마음먹기에 달렸다는 말처럼, 내 선택에 따라 기회와 가능성은 얼마든지 넓어질 수 있다. 자격증이 주어지는 전문직이라는 점, 취업이 어느 정도 보장된다는 점도 간호학과의 큰 매력이라고 생각한다.

¨ 공부를 열심히 하게 된 계기

대단한 이유는 아니지만, 지금 생각해보면 '낭만' 하나 때문에 공부를 시작했던 것 같다. 당시 연세대와 고려대 연합 유튜브 채널을 자주 보면서 연고전, 아카라카, 응원가 등을 접했는데, 그 모습이 너무 멋져 보였다. 나도 그중 하나가 되고 싶다는 생각이 강하게 들었다. 한때는 연·고대 외에는 다른 학교는 가고 싶지 않다는 마음으로, 연세대만 바라보며 고등학교 시절을 보냈던 것 같다.

의지는 동경으로부터 비롯된다고 한다. 사람들은 의지가 있어야 행동할 수 있다고 말하지만, 실제로는 행동이 의지를 만들어낸다. 공부가 잘 되지 않을 때는 가고 싶은 대학교를 직접 찾아가 보거나, 선배들과 이야기를 나누거나, 관련 영상을 보며 자극을 받는 것이 도움이 된다. 그런 자극을 받은 뒤 일단 의자에 앉아 책을 펴는 것이다. 공부를 시작하는 그 행동으로부터 열심히 하고 싶다는 의지가 생겨난다.

¨ 매력적인 생활기록부 만드는 법

내가 다닌 고등학교는 과학중점고등학교였다. 일반고 중에서는 이과에 특화된 학교였다. 나는 간호학과뿐 아니라 의료공학, 화학공학 등 이공계열 학과에도 관심이 있었기 때문에 고등학교 2학년부터 과학중점반에 들어가 2, 3학년 동안 물화생지 I·II, 미적분·기하·확률과통계, 생명과학실험 등을 모두 수강했다. 또한 공동교육과정 시스템을 통해 '고급생명과학'이라는 심화 수업도 찾아 들었다.

보통 진로 과목인 과학 II 과목이나 기하 과목은 어렵다는 인식이 있다. 그래서 본격적으로 진로 과목을 수강하게 되는 3학년이 되면 포기하고 과학중점반을 나가는 학생들이 많은 편이다. 그럼에도 나는 I, II 과목을 모두 수강했기 때문에 입학사정관의 시선에서는 열정적이고 도전적인 학생으로 보였을 것이라 생각한다.

공동교육과정은 수강 인원이 적어 개설되지 않는 과목을 여러 학교가 연합해 개설하고, 학생들이 듣고 싶은 과목을 선택해 수강할 수 있도록 하는 제도이다. 내가 들은 '고급생명과학'의 경우 전문 과목으로 분류되어 있었고, 우리 학교에서는 개설되지 않았던 과목이었다. 따라서 수업을 듣기 위해 다른 학교로 찾아가야 했고, 주말에 시간을 내서 수업을 듣고 공부하며 시험을 치렀다. 수행평가로 발표까지 해야 했기 때문에 상당히 부담이 큰 수업이기도 했다. 그럼에도 불구하고 이 과정을 감수하고 들은 것은 그만큼 해당 과목에 대한 관심과 열정을 보여줄 수 있는 좋은 기회였다고 생각한다. '이 과목을 꼭 듣고 싶다.', '더 배우고 싶다'라는 마음을 행동으로 증명할 수 있었다는 점에서 의미가 있었다.

따라서 나는 공동교육과정을 적극적으로 추천한다. 남들이 시도하지 않는 것을 해내야 차별점이 생긴다. 물론 그만큼 더 많은 시간과

에너지가 필요하지만, 나는 정말 배우고 싶은 것을 배웠기 때문에 힘들다는 생각보다 즐겁게 참여할 수 있었다. 다른 학교 학생들과 교류할 수 있었던 점도 큰 장점이었다. 공동교육과정은 관심 있는 분야의 전문적인 지식을 습득할 수 있을 뿐 아니라, 생활기록부의 세부능력 및 특기사항(세특)에 500자 분량이 추가되어 자신을 효과적으로 드러낼 수 있는 좋은 기회가 된다.

°학업에 지장이 가지 않는 선에서 최대한 많은 활동에 참여해보자

2024학년도 대입부터는 수상 이력이 입시에 반영되지 않는 것으로 알고 있다. 그럼에도 불구하고 대회, 대외활동, 각종 프로그램, 리더십 활동 등 다양한 경험을 해보는 것은 매우 중요하다고 생각한다. 나는 리더십을 강조할 수 있도록 학생회 과학부장, 3학년 반장, 3학년 정규 동아리 부장으로 활동했으며, 교과 수업에서 조별 활동을 할 때도 거의 항상 조장을 맡았다.

학생회 과학부장으로 활동하면서는 주체적으로 새로운 프로그램을 기획하고, 유치하고, 운영했다. 이를 통해 나만의 특색 있고 의미 있는 활동을 만들어내며 흔치 않은 생활기록부를 완성할 수 있었다. 과학중점학교였기 때문에 과학 계열 프로그램이 다양하게 운영되었고, 과학 토론 대회, 아이디어 대회, 발명 대회, 독서 토론 등 교내·외 활동에 적극적으로 참여했다. 2학년 때는 거의 모든 프로그램에 참여했다고 해도 과언이 아닐 정도였다. 이러한 활동은 학교 안팎에서 나보다 더 뛰어난 사람들을 만나고 배우는 기회가 되었으며, 스스로 무언가를 완성해내는 과정 속에서 큰 성취감을 느낄 수 있었다.

생활기록부를 작성할 때는 화학 I, 생명과학실험, 고급생명과학 등 지망 학과와 관련된 교과를 중심으로 하나의 흐름이 이어지도록 구성했다. 예를 들어, 화학 I에서 산화환원 반응을 배운 뒤 활성산소의 산화환원과 노화에 미치는 영향에 대해 보고서를 작성하고, DPPH 시험법으로 이를 실험해보고 싶다는 다짐을 기록했다. 이후 생명과학실험 과목에서는 시트러스계 식물의 항산화 물질을 추출하고, DPPH 시험법을 이용해 항산화 정도를 측정하는 실험을 직접 기획하고 수행했다. 마지막으로 고급생명과학에서는 노화와 암의 관계를 탐구하고, 이를 해결하기 위해 개발되고 있는 최신 과학 기술을 조사하는 활동으로 연결했다. 이러한 과정을 통해 계획적으로 생활기록부를 구성하며 학종에 최적화된 방향으로 발전해갔다.

또한 생활기록부 전반에 '열정적', '주체적 탐구', '배려', '협력' 등의 키워드가 일관되게 기록되어 있었기 때문에 입학사정관에게 신뢰를 줄 수 있었다고 생각한다. 2학년 때는 의예, 의료공학, 약학, 생명공학 등 관련 계열을 폭넓게 탐색했고, 3학년 때는 간호학과로 관심을 구체화했다. 이 부분이 다소 우려되기도 했지만, 최근에는 전공적합성보다 계열적합성을 중시하는 추세이기 때문에 무리가 없다고 판단했다.

¨ 슬럼프가 왔을 때 이겨내는 법

여러분, 〈인사이드 아웃 2〉를 보았는가. 나는 그 영화에서 '불안이'라는 캐릭터가 가장 인상 깊게 남았다. 불안이의 모습이 학창 시절의 나와 닮아 있다고 느꼈기 때문이다.

나는 한국에서 모든 과정을 밟은 것이 아니라, 해외 고등학교를 1년 다니다가 국내 지방 일반고로 2학년에 편입하였다. 그래서 나의 입시는 다른 친구들과는 많이 달랐다. 교과전형과 학생부종합전형 둘 다 지원하고 싶었으나, 중도 귀국으로 인해 교과전형 자격이 되지 않아 학생부종합전형만 가능하였다. 그러다 보니 선생님이나 도교육청에 상담을 받아도 확실한 답변을 얻기 어려웠다. 안 그래도 입시는 불확실한데, 반강제로 학종 여섯 곳을 써야 한다는 생각, 그마저도 합격을 장담할 수 없다는 생각이 들면서 고민과 불안이 점점 커져갔다. 모든 부분에서 완벽해야 한다는 강박으로 인해 에너지를 과하게 쏟다 보니 결국 번아웃이 왔고, 공부에 집중이 되지 않는 시간이 이어지면서 스스로가 초라하게 느껴졌다.

나는 혼자 생각이 많은 편이라 부정적인 생각 속에 갇히는 경우가 많았다. 그러나 친구들, 선생님, 부모님과 고민을 나누며 그런 부분들이 많이 해소되었다. 그리고 깨달았다. 나는 내가 생각했던 것보다 훨씬 괜찮은 아이였다. 열심히 하고, 뭐든 해보려는 추진력이 있는 아이였다. 해야 할 일만 바라보다 보니 정작 내 안의 좋은 모습들을 보지 못하고 있었다. 타인의 시선에서 나를 객관적으로 바라보게 되면서 자신감도 되찾았다. 결국 중요한 것은 내가 나를 믿어주는 마음이라는 것을 알게 되었다. 그래야 자신감 있게, 추진력 있게 공부할 수 있다고 생각한다.

¨ 가장 중요한 건 멘탈 챙기기

개인적으로 고3 때 힘든 일이 많았다. 다들 예민하다 보니 반 내 갈등도 잦았고, 인간관계도 쉽지 않았다. 불확실한 입시가 큰 스트레스로 다가왔다. 중도 귀국 합격 사례는 아무리 찾아도 없었고, 갑자기 수능에서 킬러 문항을 출제하지 않겠다는 발표가 나왔으며, 주변에서는 지방 일반고등학교에서 연세대를 가기가 어렵다는 말만 들려왔다. '내가 할 수 있을까? 내가 우리 학교에서 상위권이라 해도 결국 우물 안 개구리가 아닐까?'라는 생각이 끊임없이 떠올랐다. 나는 나 자신을 수없이 의심했다.

너무 잘하려고 하면 부담이 커지고, 그 부담이 커지면 자신을 믿지 못하게 된다. 결국 불안과 스트레스로 이어져 중요한 순간에 흔들리게 된다. 내가 나를 믿지 못하면 누가 나를 믿어주겠는가. 나는 뭐든 할 수 있다고 긍정적으로 생각해야 한다고 느꼈다. 너무 잘하려 하지 말고, 너무 부담 갖지도 말자. 무던하고 덤덤하게 자기 자리에서 할 수 있는 일을 작은 것부터 하나씩, 자신의 속도에 맞게 해나가면 된다고 생각한다. 그렇게 하루하루 쌓아가면 언젠가 반드시 좋은 결과로 보상받게 된다. 이 글을 읽는 모두가 좋은 결과를 얻기를 바란다.

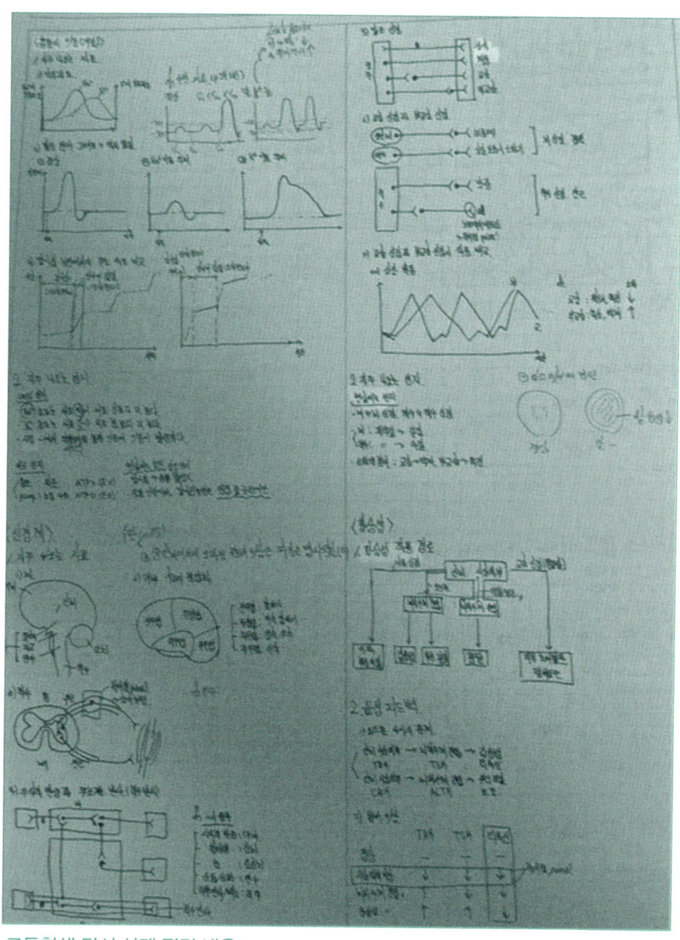

고등학생 당시 실제 필기 내용

숙명여자대학교 르꼬르동 블루 외식경영전공 ☆ 이서연

숙명여자대학교 르꼬르동 블루 외식경영 전공은 이름이 아주 생소할 수도 있다. 간단히 소개를 해보자면, 프랑스 르꼬르동 블루(프랑스어: Le Cordon Bleu: LCB)는 프랑스의 요리 학교이며, 숙명여자대학교에 한국의 유일한 분교인 르꼬르동 블루-숙명 아카데미와 학부의LCB Hospitality Management 학위 과정을 운영하고 있다. 주로 경영과 서비스 산업에 관한 수업뿐만 아니라 조리 실습수업도 진행하고 있어서 다양한 분야를 배우기가 좋은 학과다. 자기소개서도, 면접도 없는 학생부종합서류형으로 합격했다.

·· 생활기록부 관리 방법

고등학교 3년 내내 큰 틀 안에서 스토리텔링 하는 것에 초점을 맞췄다. 예를 들면 1학년 때는 사업계획서만 작성했던 프로젝트에서 2학년 때는 그 사업계획서를 바탕으로 웹사이트와 구체적인 사업을 구현해 냈고, 마지막으로 3학년 때는 이 사업을 어떻게 마케팅할 것인지와 같은 마케팅 방안에 대한 내용을 담은 프로젝트를 진행했다. 이 과정에서 배운 것도 많고, 실제로 대학교 수업을 들으며 이 프로젝트와 겹치는 내용들이 많아서 신기했다. 실제로 무언가를 해 본, 성취해 본 경험이 생활기록부에서는 가장 중요하다.

·· 가장 자신 있는 과목과 공부 방법

가장 자신 있는 과목은 사회탐구 과목 중에서 특히 사회문화와 생활과 윤리, 윤리와 사상과 같은 윤리 과목을 선호했다. 사회탐구 과목은 암기과목인 만큼 본격적인 시험공부에 들어가기 전 목차를 정리하고, 해당 단원에서 무엇을 알아야 하는지 키워드를 정리하는 것이 먼저였다. 그다음에는 컴퓨터 워드 프로그램을 활용하여 학교에서 나눠주는 학습지 형식으로 공부한 내용들을 정리했다. 시험이 다가온 시점에는 만들어 놓은 학습지에 빈칸을 만들어 혼자 채워 보기도 했고, 기출문제들을 정리하며 모든 선지가 왜 맞고 왜 틀렸는지 정리하는 것에 초점을 맞췄다.

·· 수험생활 중 슬럼프를 이겨낸 방법

항상 무기력하다고 느끼거나 슬럼프가 왔다고 느끼면 '나 자신에 잘 보이기 프로젝트'를 진행했다. 이름이 유치해 보일 수 있지만, 말 그대로 내가 나에게 떳떳해지는 것이다. 나 자신이 슬럼프에 빠지는 시기를 살펴보면 항상 공부 할당량을 채우지 못하거나, 아침에 잘 일어나지 못하는 나에게 실망하고, 모든 일에 부진한 나를 보며 무기력해지는 경우가 다반사였다. 이럴 때일수록 아침에 더 일찍 일어나고, 더 열심히 공부하고, 계획도 효율적으로 세워 지내다 보면 다시 활력을 찾고 내 페이스를 되찾을 수 있다.

¨ 중고등학교 공부가 과연 대학교에서도 도움이 될까

공부 내용은 잘 모르겠지만, 그걸 공부했던 내 습관은 정말 큰 도움이 된다. 대학교만 합격하면 모든 게 끝이고 행복할 줄 알았는데, 사실은 더 많은 시험들과 과제들이 기다리고 있었다. 그래도 중고등학교 때 엉덩이 붙이고 성실하게 공부하던 습관이 들어 있어서 학점도 포기하지 않고 잘 안고 가고 있는 거 같다. 그리고 중고등학교 시절 해봤던 여러 가지 활동에서 배운 경험들도 대학교에서 큰 도움이 된다. 학생회를 해봤던 경험, 반장을 해 본 성취 경험들이 쌓여서 도전할 원동력이 생기는 것이다. 그 원동력을 통해 새내기였던 1학년 시절 교내 리더십그룹의 임원진으로 활동하기도 했고, 현재는 미국 플로리다 월트 디즈니 월드에서 일 할 수 있는 기회가 생겨 대학교 프로그램을 통해 큰 경험을 하고 있다. 이 책을 읽고 있는 여러분도 열심히 살아가다 보면 많은 기회와 경험이 쌓여 결실을 꼭 이룰 것이다.

공부할 때 가장 위로 되었던 한마디

> "넌 뭘 해도 될 애다."

입시를 할 때는 자기 자신에게 믿음을 만들어주는 것이 가장 중요하다. 가장 기억나는 한마디는 누군가 지나가면서 말해준 "넌 뭘 해도 될 애다"라는 말이다. 그 사람에게는 그저 지나가는 말이었겠지만 나에게는 자신감을 주고, 무언가 해낼 수 있을 거 같은 기분을 느끼게 해준 한마디였다.

입시를 하다 보면 나 자신이 무너지는 순간도 정말 많고, 정말 공들여서 공부했던 시험을 망칠 수도 있고, 어떤 일이 일어날지 모른다. 그럴 때마다 충분히 쓰러질 수 있고, 슬퍼할 수 있지만 꼭 포기하지 말라고 말해주고 싶다. 거기서 포기해버리면 정말 끝이지만, 할 수 있는 걸 찾고 해결할 방법을 찾아서 포기하지 않으면 더 큰 길이 열린다. 아직 대학교를 졸업한 사회인은 아니지만, 대학이라는 곳은 학창 시절과 달리 정말 큰 사회이고, 많은 사람들을 만나며 정말 많은 것을 배울 수 있는 곳이다. 내가 원하는 공부를 할 수 있고 내 꿈과 더 가까워질 수 있는 발판이 될 수 있는 곳이라고 생각한다. 절대 포기하지 말고 끝까지 매듭짓는 사람이 이기는 게임이 입시인 거 같다. 이 책을 읽는 모든 학생에게 진부하지만 절대 포기하지 말고, 끝까지 달려보라고 말하고 싶다.

한양대 에리카 전자공학부 ☆ 이서희

나는 한양대 에리카 전자공학부에 재학 중이다. 내가 속해 있는 전자공학부는 총 6종류의 트랙으로 이루어져, 인재를 양성한다. 공대생이라는 틀 안에 선택할 수 있는 진로의 폭이 넓다고 생각했고, 학생부종합전형으로 지원하여 입학했다.

당시 나는 상위권 학생은 아니었기에, 공대 진학이 쉽지는 않았다. 원하는 과에 지원하기 위해서는 선택과 집중을 해야 했다. 그래서 난 탐구 과목보단 국·영·수에 집중하기로 했고 비교적 성적이 낮은 탐구 과목들은 관련 활동으로 생활기록부를 채워나갔다. 유용하고 다양한 공부법들에 대해서는 다른 글들을 통해 얻을 수 있을 것이라 생각해 입시 생활 2년 동안 몸소 겪은 슬럼프와 이를 극복한 방법들에 대해 알려주고자 한다. 덧붙여 사소하지만 쓸모 있는 간단한 공부 팁들도 곁들어 보았다.

¨ 그 흔한 슬럼프

보통의 이과생처럼 나는 과학과 수학을 좋아하고 자신도 있었다. 그러나 본격적으로 입시판에 뛰어들게 되면서 경쟁에 실패했고 성적과 흥미가 같이 떨어지기 시작했다. 나는 어느새 다른 학생들의 성적을 뒷받침해주는 푹신한 쿠션이 되어 정착했다.

여러분들이 인생에서 가장 오래 잠든 적은 언제인가?

고등학교 때 나는 인생에서 잘 잠의 10분의 1을 투자한 것 같다. 학교 수업 시간에는 졸고, 하교 이후의 시간은 기숙사에 가서 바로 잠에

드는 루틴이 생긴 것이다. 당연하게도 성적은 걷잡을 수 없이 떨어졌고 나는 무한 슬럼프에 갇히게 되었다. 결코 바람직한 고등학생의 삶은 아니었다.

미래에 대한 걱정은 뒤로 한 채 매일을 회피하며 지내던 중, 나는 학원에서 생긴 일을 계기로 생각이 많이 바뀌게 되었다.

¨ 타의 반 자의 반 슬럼프 극복

흔하고 뻔한 표현이지만 슬럼프를 겪을 때는 주위에 있는 사람들이 중요하다. 도움을 줄 사람이 없다면 스스로를 꺼낼 수 있도록 환경을 바꾸는 것을 추천한다. 인터넷이나 지역 센터의 도움을 받을 수 있다면 이를 활용하는 것도 좋고 스터디카페나 독서실처럼 의욕을 다질 수 있는 곳에 가는 것도 좋은 방법이다.

나의 경우에는 공부할 수밖에 없는 환경인 학원에 나를 던지는 걸 택했다. 숙제를 해가지 않는 것과 반대로 출석은 꾸준히 하는 바람에 매번 혼나기 일쑤였고 결국 선생님의 인내심 끝자락을 건드리게 되었다. 나도 스스로가 답답하던 상황이었으나 내 상태를 누군가가 따끔하게 집어준 적이 없었기에 선생님께서 진심을 다해 호통을 치셨을 때, 버티던 멘탈이 결국 완전히 무너져버렸다. 혼나고 선생님 옆에 앉힌 상태에서 밀린 숙제를 다 하도록, 문제마다 제대로 풀도록 하셨다. 이때 선생님이 도와주지 않으셨다면 난 아마 멘탈을 놓친 채 수학이라는 과목과 영영 멀어졌을 것이다.

이날을 계기로, 마음을 다잡으며 하교 이후 자습시간, 주말 자습시간 모두 출석하였고 집중이 안 될 때면 공부 장소를 바꿔주거나 중간에 산책을 하는 등 환기해주었다. 다행히도 내 성적은 점점 오르기 시작하였고, 긴 슬럼프를 극복하는 동시에 희망을 다시 가지게 되었다.

¨ 원리는 밥으로, 응용은 반찬으로

수학은 오히려 더 재밌어졌고 나는 더 업그레이드되어 나에게 맞춤형인 수학 공부법을 찾을 수 있었다. 비슷한 원리들이 많은 수학은 기본 원리를 정확하게 외우고 사소한 정보들로 이들을 구분할 수 있는 것이 중요하다. 같은 문제에도 다양한 풀이가 있을 수 있기에 여러 원리에 익숙해지면 익숙해질수록 좋다. 기본 원리들이 척하면 척하고 튀어나올 정도로 익숙해지면, 다음 단계에서는 어떠한 형식으로 응용될 수 있는가 집중하며 여러 문제들을 익힌다. 평소 집중력이 약하고, 쉽게 지루함을 느끼는 편인 나는 수학 문제와 그 풀이를 직접 종이에 쓰면서 전부 암기하곤 했다. 더하기 빼기까지 말 그대로 풀이 전체를 외웠다. 한 번 암기하여 익숙해진 식들이나 방식들은, 같은 유형의 문제를 풀 때 훨씬 수월하게 접근하도록 해줬다. 슬럼프 기간 동안 선생님 옆에서 제대로 익힌 원리들과 응용 방법들은 아직까지도 기억에 남아, 대학교에서 수학을 공부할 때도 도움을 받는 중이다.

˙˙ 생기부 활동

순수 이과생으로서 자부심을 부리며 물리와 화학을 선택했지만 그 명성을 지켜내지는 못했다. 성적은 좋지 않아도 전기전자나 컴퓨터 등 이과로 가는 것을 포기하지 못 했던 나는, 쉴 새 없이 활동을 하며 생활기록부를 일기장처럼 채워나가기로 선택했다. 우리 학교 같은 경우에는 코딩과 컴퓨터, 전자 분야를 다루기로 유명한 선생님께서 계셨고, 점심시간마다 선생님을 찾아가 친분을 쌓기도 하며 진로 관련된 질문을 던지곤 했다. 이 과정에서 생기부에 채울 수 있는 활동들에 대한 도움을 많이 받았다. 동아리나 창제 시간에 AI나 프로그래밍, 또는 물리와 관련된 주제를 선택하였고 학교에서 진행하는 설명회 등에 전부 참여하여, 내가 적극적이고 의욕이 넘치는 학생임을 어필했다.

실제 면접에서 가장 많이 질문받았던 활동은 인공지능 스피커를 만들었던 활동으로, 그 원리를 정확하게 이해하고 있는지, 사용된 공용 API와 부품, 전체적인 진행 과정에 대한 질문을 많이 받았다. 진로 관련해서 확실하게 짚고 가는 원리들과 경험들은, 추후 면접을 볼 때 큰 도움이 될 것이다.

˙˙ 막간 벼락치기

급하게 막간 벼락치기가 필요한 학생분들에게는 두 가지 방법을 알려주고자 한다. 일반적인 시험 기간에는 의욕이 넘치는 친구들 여러

명이 모여서 시험 문제를 예상하는 경우가 많다. 이때, 이 친구들이 하는 이야기를 잘 귀 기울여 듣거나 참가할 수 있다면 참가하여서 알아낸 것들 위주로 외우는 것도 나쁘지 않을 것이다. 나머지 방법은 수업시간에 선생님들이 강조한 것 위주로 외우는 것인데 이걸 지키기 위해서는 수업시간 동안에 열심히 집중하고 참여하는 걸 추천한다.

여기까지가 내가 피부로 겪어온 소소하지만 도움이 될 법한 경험담들이다. 당시 최선을 다했다고 생각했지만, 지금 생각해 봤을 때 후회와 아쉬움이 조금은 남아있는 입시 생활이었다. 여러분들은 후회라고는 한 톨도 남기질 않길 바라며 생기와 열정이 가장 넘치는, 또 앞으로의 미래를 멋지게 끌어나갈 학생분들을 응원한다!

공부할 때 가장 위로 되었던 한마디

"정신 차려! 지금 너보다 잘하는 저 친구는 과거에 탄탄하게 실력을 쌓고, 노력해 온 거야."

혼나면서 구시렁대던 나에게 일침을 날려주셨던 학원 선생님의 한마디였다. 그만 구시렁대고 더 노력해야겠다는 다짐을 하게 되었던 말이었다.

이화여자대학교 디자인학부 ☆ 이세은

나는 예술고등학교를 졸업한 후 정시 일반 전형으로 디자인학부에 입학하게 되었고, 미술대학(조형예술대학) 특성상 1차 수능 100%와 2차 수능+실기시험을 치르고 최초 합격으로 입학하게 되었다.
나는 이번 프로젝트에서 학생 여러분께 '시간'에 관하여 꼭 전달하고 싶은 메시지가 있어 참여하게 되었다. 그럼, 본격적으로 메시지를 전달하기에 앞서 나의 이야기를 조금 풀어보려고 한다.

어린 시절부터 미술에 관심이 많았던 나는 중학교를 마치고 예술고등학교로 진학하게 되었다. 그러나 마냥 자유롭게 실기에 몰두할 수 있을 것이라는 기대와 달리 대한민국 미술대학에서 '디자인' 전공은 꽤 높은 성적을 요구했다. 또 홍익대학교를 제외하고는 수시 비율이 많이 낮아져 목표로 하던 대학을 진학하기 위해서는 꼭 정시로 지원해야만 하는 상황이었다. 하지만 예술고등학교 특성상 실기 수업이 매우 많았기 때문에(일반고등학교에서의 야간 자율학습 시간을 예고의 실기 시간이라고 생각하면 편할 것 같다.) 실질적으로 제대로 공부를 시작하는 시간은 저녁 9시였고 실기 수업과 학업을 병행하는 것에 큰 어려움을 겪게 되었다. 따라서 나는 타 수능 응시생보다 너무 턱없이 부족한 공부 시간으로 성적을 만들어내야만 하는 상황이었기 때문에 오히려 '공부'란 무엇인가에 대해 더 탐구하게 되었던 것 같다. 그 결과 나는 공부하는 데에는 생각보다 하루 종일의 시간이 필요하지 않으며 '공부'란 무엇인가에 대한 나름의 결과를 얻게 되었다. 그렇다면 먼저 학생들이 가장 궁금해할 적은 시간으로 최대한 효과를 내는 공부 방법은 도대체 무엇일까?

위의 문구가 조금의 힌트가 될 수 있을 것 같다. 평소에도 굉장히 좋아하는 말이기도 한데, 그 방법은 바로 비유하자면 도끼를 가는 시간, 즉 수능 또는 내가 응시하는 시험의 본질에 대해 탐구해 보는 것이다.

나는 학창 시절 최대한 효율적인 성적 향상을 위하여 목동, 대치동, 개인과외에 소위 말하는 '일타 강사' 선생님들까지 전전긍긍하며 헤맸던 기간이 있다. 헤매고 헤맨 결과 높은 성적을 받았던 분들의 공통점을 발견하게 되었다. 그들은 모두 기초가 탄탄하다는 것이었다. 공부를 늦게 시작했다는 선배, 어렸을 때부터 선행을 하셨던 선배 모두 시작은 결국 기초였고 그것을 갈고 닦는 것에 집중했다는 것이었다. 그리고 여기서 내가 말하는 기초는 '개념 공부'와는 다른 말이며 그것은 결코 쉬운 것이 아니었다.

ˮ 공부 그리고 시험의 본질

그렇다면 그 본질이란 무엇인지, 공부와 시험의 본질에 대하여 먼저 이야기해보자. 학생들은 왜 공부를 하는 걸까? 그리고 수능공부는 과연 무슨 의미가 있을까?

답을 바로 말해보자면, 공부는 뇌를 발달시키기 위한 수단이다. 우리는 가장 젊고 뇌가 쉽게 발전하는 중요한 시기에 선생님과 교수님 같은 지식인들이 연구한 방법으로 가장 효율적이게 뇌를 발달시키기 위하여 공부하는 것이다. 우리가 공부하고 있는 과목들은 각각 다른 방향으로 우리의 뇌를 발전시키고 있으며 우리는 그것을 명백히 알고 공부해야 한다. 그리고 특히 '수능' 즉 대학 수학 능력 시험은 말 그대로 여러 방면 중에서도 대학에 들어와서 수학(생각하고 학습하는) 능력을 어느 정도까지 길렀는가를 평가하는 시험이다. 풀어 말해보자면 우리가 대학에 진학하여 어렵게 쓰인 전공서를 읽고 이해할 수 있으며 또 전공서의 내용을 토대로 나의 주장을 펼치고 다양한 언어를 사용하여 동기들과 소통할 수 있는지에 대한 능력을 평가하겠다는 것이다.

그리고 이 능력은 생각보다 쉽게 얻기 어렵고 중요하다. 만약 내 독해 실력이 아직 부족한데 갑자기 교수님께서 다음 시간까지 전공서를 읽고 요약해 오라고 하시면, 과연 그것이 즐거운 대학 생활이라 할 수 있을까? 결코 행복하기보다는 그저 막막한 대학 생활이 될 것이다. 그 때문에 대학에서 요구하는 능력과 그 능력의 정확한 평가는 행복한 대학 생활을 위하여 정말 중요한 것이고, 그 점에서 수능은 꽤 고마운 시험일지도 모른다.

이제 자연스럽게 시험의 본질에 관해서도 이야기해 보자. 시험은 수많은 공부 방법 중에서도 가장 빠르게 효과를 낼 수 있는 공부 방법이다. 즉 시험도 공부 방법의 일종이라는 것이다. 학창 시절 우리는 정말 많은 시험을 마주하게 된다. 하지만 아쉽게도 그 기간에 시험의 고마움을 느끼는 학생들은 약간 적은 것 같다. 시험이란 나의 과목별 공부 방법과 방향을 명확하게 보고 판단할 수 있는 아주 좋은 기회이다. 간단하게 RPG 게임을 생각해 보자. 우리가 나의 캐릭터를 무작정 훈련시키고 아이템을 장착시키며 키운다 한들 대전에 나가 몬스터들과 싸워보지 않으면 내가 지금 맞는 방향으로 캐릭터를 키우고 있는지 알기 어렵지 않은가! 시험은 그저 나를 깎아내리고 또는 누군가를 올려주고 그런 것이 아니라 지금 내가 활용하고 있는 방법이 과연 효과적인 방법인지 내가 어떠한 상황에 닥쳤을 때 어떠한 실수를 하는 사람인지 등 많은 것들을 깨달을 수 있게 해주는 것이다.

이렇게 본질을 찾아내면 더 수월하고 명확하게 앞으로 나아가야 할 방향을 찾을 수 있다. 공부의 본질이 뇌를 발전시키는 수단이라면 우리는 앞으로 어떤 과목이든 공부할 때 지금 어느 능력을 기르고 있는가? 지금 내가 하는 이 공부가 나의 어떤 능력을 기르는 데 도움을 주고 있는가?에 대해서 계속 의식하며 공부해야 하는 것이며, 또 시험의 본질이 나의 공부 방향을 평가하는 가장 효율적인 공부 방법이라는 점을 고려할 때, 앞으로 시험을 치를 때면 점수에 연연할 것이 아니라, 후에 어떤 문제를 틀렸는지, 왜 틀렸는지, 나의 공부 방법을 어떻게 수정해 나갈지에 대해 분석하는 식으로 시험을 활용해야 한다. 이처럼 본질을 탐구하는 것은 앞으로의 방향을 명확하게 해준다.

·· 과목별 공부의 본질

지금까지 공부와 시험의 본질에 대해서 알아보았으니, 이제는 더 구체적으로 과목별 본질이 무엇인지에 대해 이야기해 보자.

이 부분에서는 직접 과목별로 언급하기보다는 어떻게 하면 본질을 찾아내고 알 수 있는가에 대해 간단하고 명백하게 적어 보고자 한다. 이 글을 읽는 학생분들은 다양한 과목을 공부할 것이고, 교육과정은 계속해서 바뀌니까 말이다. 그리고 그 방법은 정말 어이없는 대답일지 몰라도, 교과서를 보면 된다. 학생들은 생각보다 교과서를 집필하는 분들이 광장히 똑똑한 분들이며 그분들께서 정말 몇 날 며칠을 고민해 교과서를 집필한다는 점을 꼭 알아야만 한다. 국어 교과서로 예를 들자면, 국어 교과서에 실려 있는 지문들은 그저 유명해서, 또는 우연히 실리게 된 것이 절대 아니다. 그 지문들은 이번 단원에서 학생들이 알아가야 하는 점을 가장 잘 이해시킬 수 있는 지문들로 엄선해 놓은 것이며, 교과서는 그 안에서 어떤 것들을 배우고 어떤 능력을 길러야 하는지도 명백하게 기술하고 있다. 수능 같은 경우에도 수능을 출제하는 평가원에서 과목별로 시험의 본질을 정확하게 기술하고 있다. 우리는 그 글들을 읽으며 본질을 충분히 찾아볼 수 있다.

이때 핵심은 본질을 찾을 때 절대 문제를 맞히는 것에 포커스를 두지 말고(ex. 문학 지문 출제 양상) 뇌를 어느 방향으로 발전시키는 것인지(ex. 한국 문학 교육은 학생들의 공감 능력을 키우는 데에 목적을 두고 있다.)에 포커스를 두는 것이다. 더 구체적으로 예를 들면 국어에서 문학의 본질을 탐구할 땐, 문학을 어떻게 하면 많이 맞을까?가 아닌 '문학을 통해서 내가 기를 수 있는 능력은 무엇인지, 왜 선생님들은 우리에게 문학이라는 배우게 했는지'에 초점을 맞추어 탐구하는 것이다. 그렇게 하다 보면, 명백한 답을 분명히 찾을 수 있다. 절대로 '그냥' 하는 공부는 없으니까.

˙˙ 본질로 공부하기

자 여기까지 이렇게 도끼를 갈고 닦아 보았다. 그리고 이제 날카로워진 도끼로 나무를 베는 일만 남은 것이다. 이젠 내가 지금 공부하는 과목의 명백한 의도를 파악하고 그것에 맞는 공부법을 세워보아야 한다. 물론 바로 그 공부법을 찾기는 어렵다. 이게 맞는 것인지도 모르겠고 두려울 수도 있다. 그리고 이때 필요한 것이 시험이다.

‘우리가 찾은 그 본질을 이 공부 방법을 통해 얻을 수 있는가?’를 스스로 시험을 통하여 평가해 보는 것이다.

좋은 예시로 나는 긴 지문의 구성과 주제를 파악하는 능력을 기르기 위하여 지문의 모든 문장을 해석하는 공부 방법을 택해본 적이 있다.

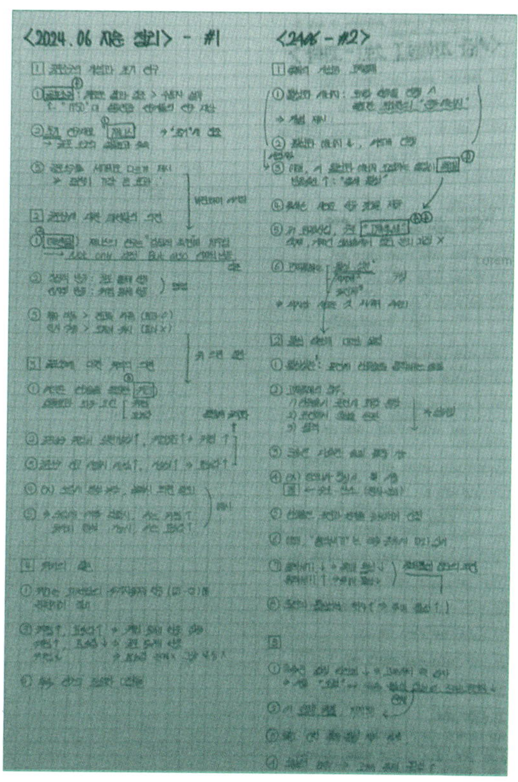

이렇게 본질을 파악하고 그 목적에 맞게 공부 방법을 세우는 방법은 필자가 시도해 본 그 어떤 방법보다 가장 빠르게 성적을 향상할 수 있도록 하는 방법이었으며, 내가 현재 무엇을 공부하고 있으며 당장 무엇

을 해야 하는 지가 확실해지기 때문에 의미 없이 독서실에서 낭비하는
시간을 확실하게 줄이는 방법이었다.

공부할 때 가장 위로 되었던 한마디

"세상의 기준으로, 세상의 시간에 맞춰, 살아가지 않기를
너의 뜻으로 너만의 시간을 살아가기를
항상 남을 배려하는 따뜻한 마음과 함께 살기를."

서울대학교 서어서문학과 ☆ 이수정

서어서문학과, 어문 계열에 관심이 없는 사람이라면 생소한 이름일 것이다. 기본적인 스페인어 문법, 회화뿐만 아니라 스페인의 역사, 예술에 대해서도 배우고 여기에 더해 스페인어권에 해당하는 라틴아메리카에 대해서도 배운다. 사실 원서를 지원할 때 이러한 문화와 밀접한 내용까지 상세히 다룰 것이라고는 생각하지 못했는데, 짧지만 한 학기나마 학교생활을 하면서 서어서문학과에 지원하기 잘했다는 소감이 들 정도로 만족스럽다. 원래도 역사와 문학을 좋아하는데 이러한 부분이 많이 강조되어서 내 성향에 잘 맞는 것 같다. 나는 외고 출신으로 수신 중 한 가지 유형인 학생부종합 일반전형을 통해 서울대에 진학했다.

서울대 학종 일반전형의 경우 제시문 면접을 진행한다. 그래서 1차 서류 제출과 2차 면접의 단계로 이루어져 있다. 그 때문에 3학년 2학기에는 면접 준비를 하느라 바빠 정시 준비는 거의 하지 못했고, 자연스레 수능은 수시 최저를 맞추는 용으로 보게 되었다. 즉 내 입시 생활은 수행평가와 중간·기말 고사, 그리고 면접 준비에 초점이 맞춰져 있는 셈이나 마찬가지였다. 물론 정시 공부도 병행했지만, 저 셋에 들인 노력만큼은 아니다.

이러한 이유로, 내 글은 주로 수시를 위주로 준비하며 수능도 어느 정도 챙기는 방법, 그리고 내신 공부는 어떻게 해야 하는지를 다루고, 여기에 더해 여러 가지 자잘한 팁을 제시하게 될 것 같다. 많은 분께 도움이 됐으면 하는 바람으로 이야기를 시작해보겠다.

·· 필기를 잘하자

나에게 있어 공부에서 가장 중요한 요소는 바로 '필기'이다. 사실 사람마다 본인에게 가장 잘 맞는 공부법이 전부 다르고, 그 공부법은 자기 자신이 시행착오를 겪어가며 찾아야 한다. 내 경우에는 필기의 양식을 바꿔보고, 필기를 간단하게도 해보고, 본격적으로도 해보고, 아예 안 해보기도 하면서 나에게 맞는 공부법을 찾아나갔다. 고등학교쯤에는 본격적으로 자세히 모든 것을 적는 필기가 나에게 가장 잘 어울리는 공부법이라는 것을 찾았고, 실제로도 이러한 방식으로 공부했다. 문제를 풀고 오답 정리를 하면서 개념을 파악하고 문제 풀이에 익숙해지는 친구들이 있지만, 이해가 선행되어야 암기가 되는 사람으로서 나에게 필기는 절대 빠뜨릴 수 없는 단계였다. 필기를 하면서 내용을 정리하고 이해를 완벽히 할 수 있기에 더욱 그렇다.

우선 명심해야 할 점은 바로 '시험 문제를 출제하는 것은 학교 선생님이다'라는 사실이다. 따라서 수업 시간에 선생님께서 하시는 말씀은 일단 무조건 받아적는 것이 좋다. 수업 시간 중에 이루어지는 필기가 여러분이 하는 공부의 밑바탕, 주춧돌이 될 예정이기에 이 필기를 제대로 하는 것이 매우 중요하다. 게다가 수업 시간에 필기하면서 기초적인 공부가 되기 때문에 이후에 복습할 때도 훨씬 수월하게 할 수 있다. 학원에 다닌다면 학원에서도 마찬가지로 열심히 필기한다. 이후 시험 기간에 본격적인 공부를 할 때면 두 필기를 합치고 정리하면서 최종 필기를 진행하는데, 여기서 학교와 학원에서 가르친 개념이 다른 경우가 발생할 수도 있다. 이 경우 반드시 학교 선생님께 가서 여쭤보아야 하는데, 본인이 필기를 잘못한 것이던, 선생님이 실수로 잘못 말씀하신 경우이든 간에 시험 문제에는 필기와 다르게 나올 수도 있기 때문에 확실하게 짚고 넘어가는 것이 중요하다. 생각보다 수업 중 필기하면서 이러한 일이 자주 일어나기 때문에 반드시 잘 확인해야 하고, 이 때문이라도 나는 주요 과목은 전부 학원에 다녔다.

필기를 가장 효과적으로 해내는 방법은 무엇일까? 다름이 아닌 '자신의 언어로 다시 정리하는 것'이다. 간단히 말해, 필기를 본인의 방식으로 다시 정리하는 과정에서 머릿속에 일종의 지도를 만드는 일이다. 이러한 효과가 가장 단적으로 드러나는 과목이 바로 역사이다. 특히나 한국사는 교과서를 보면 시대별로, 시간의 흐름대로 정리가 되어있는 것이 아니라 경제사, 정치·사회사, 문화·문학·예술사와 같이 분야별로 나뉘어서 나와 있다. 처음 공부할 때에는 좋지만 시간별 흐름이 중요한 시험에서는 다소 비효율적인 방식이다. 설령 분류사에 따라 공부하더라도, 본인이 명확하게 시간 순서대로 다시 정리할 필요가 있다. '본인의 언어로 재정립'이 가장 명백하게 필요한 과목이라고 볼 수 있다는 것이다.

내 필기를 한 번 예시로 들어보겠다. 아래 노트필기는 1학년 때 만들었던 필기본의 일부이다. 보면 알 수 있겠지만, 알아야 할 사건을 나열식으로 정리하고, 시간선의 왼편에는 일정 기간 지속된 사건들을 마치 수직선을 세로로 세운 것과 같은 형태로 만들어 정리했다. 이런 식으로 정리를 하다 보면 어디에 무슨 내용을 필기했는지까지도 외워져서, 시험을 보는 내내 필기본을 머릿속에 띄워놓고 보고 있다는 느낌을 받을 수가 있다. 모두가 나와 같이 필기하라는 것은 아니다. 다만, 나에게 있어서 가장 완벽하게 공부하는 방법을 공유해 드리고자 한 것이다. 이 방법이 모두에게 정답인 것은 아니니, 여러 가지 버전으로 필기를 해 보면서 본인에게 가장 잘 맞는 방법을 찾아보시길 바란다.

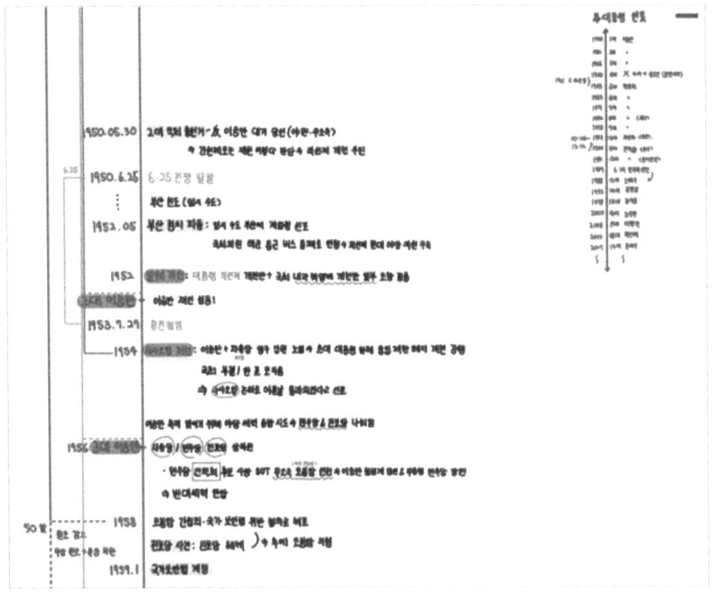

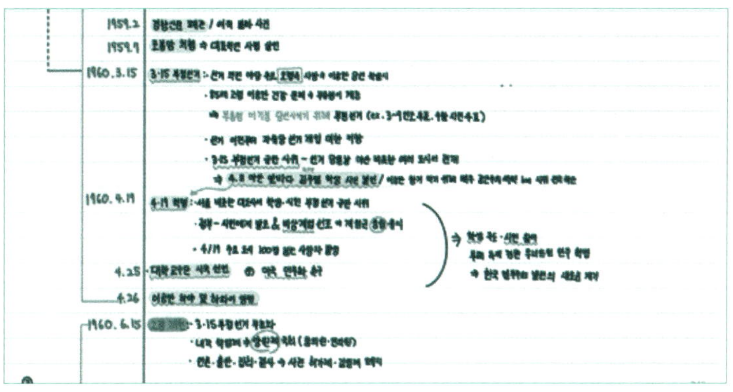

공부할 때 가장 도움 되었던 누군가의 한마디

사실 주변 사람들이 하는 말이 내게 아주 큰 영향을 준 것 같지는 않다. 하지만 나는 나 자신을 믿지 못하는 경향이 대단히 커 스트레스를 많이 받고 중요한 상황에서 크게 긴장하는 편인데, 그럴 때마다 부모님이 '하던 대로만 해라'라고 말씀해 주신 것이 기억에 남는다. 본인이 평소에 열과 성을 다해 노력해 왔다면, 실전 상황에서도 평소에 하던 정도는 해내고 올 수 있을 거라고 생각한다. 너무 긴장하거나 부담가지지 말고, '평소 하던 정도만 하자'라는 자세로 편안하게 시험이나 면접을 보면 된다. 긴장으로 인해 평소보다 못하는 것은 너무 억울한 일이니, 최선을 다해 후회 없는 선택을 만들어 가길 바란다.

연세대학교 체육교육학과 ☆ 이수호

나는 연세대학교 체육교육학과에 정시일반전형으로 입학하여 현재 재학 중인 이수호다. 어렸을 때부터 운동을 좋아했기에 항상 스포츠 분야에서 일하고 싶다는 생각을 해 왔다. 그래서 운동 관련 이론뿐만 아니라 육상교수법 등 교직과목에 대해서도 공부해 볼 수 있는 연세대학교 체육교육학과에 지원하여 입학하게 됐다.

¨ 수능 공부 vs 실기

나와 같이 예체능 대학 입시를 준비하는 사람이라면 누구나 맞닥트렸을 법한 고민에 대해서 얘기해 보려고 한다. 그 고민은 바로 "수능 공부와 실기 준비" 각각에 어느 정도 비율을 두어야 하는가"이다. 당연히 수능이 끝난 후에는 실기에 전념해야 한다는 것을 많이 알고 있을 것이다. 그러나 학기 중에는 부족한 실기 능력, 그리고 애매한 성적 사이에서 어떤 것에 집중해야 하는지 고민하는 친구들이 많을 것이다. 그렇다면 내가 수험생이던 시절, 내가 생각해 낸 수능 공부와 실기 준비의 비율을 정하는 간단한 방법을 2가지 이야기해 보겠다.

첫 번째로, 인터넷을 통해 학교 모집요강을 찾아보는 방법이다. 인터넷을 통해 지망하는 학교의 입학처에 들어가 보면, 모집요강이 있다. 그 모집요강에 들어가 보면 본인이 원하는 전공의 실기와 성적의 반영비율을 알 수 있고, 바로 그 비율을 토대로 시간을 분배하여 투자하는 방법이다. 예를 들어, 내가 지망했던 학교는 성적과 실기의 비율이 8 : 2였다. 만약 본인이 자유롭게 사용할 수 있는 시간이 10시간이라면, 수능 공부에 8시간, 실기 준비에 2시간씩 투자하며 하루하루를 보내면 된다. 물론, 이런 질문을 하는 친구가 있을 수 있다. "근데 학원 시간이 정해져 있어서 모집요강에 나와 있는 비율을 지키기가 힘든데 어떻게 하죠?" 이럴 때는 단순하게 생각하면 된다. 공부 시간이 부족하다면, 오답 노트를 하든, 개념을 한 번 더 보든 공부 시간을 늘리면 된다. 실기 준비 시간이 부족하다면, 따로 보강 운동을 하든, 곡을 한 번 더 연습해 보든 실기 준비 시간을 늘리면 된다. 여기서 꼭 명심할 부분은 "비율은 시간을 줄이는 것이 아니라 늘려서 맞추어야 한다"라는 것이다.

두 번째는, 본인이 공부와 실기 중 어느 부분이 더 부족한지 파악하는 방법이다. 이것을 가장 확실하게 파악할 수 있는 방법을 하나 알려주겠다. 만약 본인이 지망하는 학교에 불합격하게 된다면 그 원인이 실기 부족일지, 성적 부족일지 생각해 보는 것이다. 이렇게 생각해 보면, 본인이 공부와 실기 중 어떤 부분이 더 부족하고, 어떤 부분에 더 집중해야 할지 와닿을 것이다. 나는 수험생 시절에 실기 준비가 잘 되어있고, 실기에 나름대로 자신이 있었기에 실기보다는 공부 쪽에서 부족함을 크게 느꼈던 것 같다. 그렇기에 실기보다는 공부를 더 우선으로 두고 수험생활을 했던 것 같다. 나의 사례처럼, 본인의 실기와 공부 실력에 대해 객관적으로 생각을 해 보고 이를 통해 느낀 부족함을 토대로 공부와 실기에 각각 투자하면 된다.

¨ 남 신경 쓰지 않는 법

나는 지금이야 행복한 나날을 보내고 있지만, 학창 시절을 돌이켜 보면, 정말 다른 친구들에게 신경을 많이 쓰는 학생이었다. 나는 자꾸 다른 친구들의 성적을 나의 성적과 비교하거나, 연애하는 친구들을 보고 부러워하기도 하고, 공부 때문에 자주 만나지 못하는 친구들과 멀어지지는 않을까 걱정을 하는 등 가장 중요한 시기에 남을 의식하느라 소중하고 아까운 시간들을 낭비했던 것 같다. 여러분 중에도 나와 같은 친구들이 많을 것이라는 생각에, 이에 대한 해결책 2가지를 주려고 한다.

첫 번째 방법을 이야기하기 전에 먼저, 내가 생각하기에, 남을 신경 쓰는 근본적인 이유는 '나 자신에게 집중을 못 하기 때문'이라고 생각한다. 또, 나 자신에게 집중하지 못한다는 것은 남 신경 쓸 겨를이 없을 정도로 바쁘지 않다는 것이라 생각한다. 그래서 내가 생각해 낸 첫 번째 방법은, 단순하게 남과 접촉하는 시간을 줄이는 것이다. 더 죽을 듯이 공부하고, SNS 하는 시간을 줄이고, 인간관계에 집착하지 않는 등, 본인을 최대한 남과 겹치지 않는 동선에 두면 된다. 초반에는 이런 생활에 적응하기 힘들겠지만, 적응이 되면 어느 순간, 타인에게 신경쓰지 않는 본인을 발견할 수 있을 것이다. 하지만 이렇게 생활하는 와중에도 타인에게 신경쓰는 본인을 발견하게 될 수도 있는데, 그때에는 다른 잡다한 생각들은 모두 제쳐 두고, 본인이 가장 좋아하는 취미를 30분에서 1시간 정도 즐겨보는 방법을 추천한다. 아마 본인의 취미를 1시간 정도 최대한 열심히 즐기다 보면 지쳐서 남 신경 쓸 힘이 남지 않을 것이다.

두 번째 방법은 조금 극단적인 방법일 수 있지만, 나에게는 가장 큰 효과가 있던 방법이다. 학창 시절에 나는 남의 긍정적인 부분을 신경 쓰기보다는 부정적인 부분을 특히 더 신경 썼던 것 같다. 예를 들어, 친구가 열심히 공부하는 모습은 보지 않고 노는 모습만을 보고 한심하다고 생각한다든지, 다른 친구가 이쁘게 연애하는 모습을 보고 부러운 마음에 '고3이 무슨 연애야? 미친 거 아니야?'라는 생각을 하는 등 친구들의 부정적인 모습이 내 눈에 더 들어왔던 것 같다. 물론 이런 생각을 가지는 것 자체가 내가 부족하기 때문이지만, 나는 임시방편으로 남의 부정적인 모습들이 신경 쓰일 때마다, '나랑은 수준이 달라서 그래, 나는 나중에 다른 물에서 놀 것이니까~'라는 뉘앙스의 생각을 계속했다. 남에 대해서 어떤 생각을 하게 되든 이 마인드 하나면, 남의 모든 행동이 신경 쓰이지 않게 된다. 물론 "이런 마인드를 가지고, 본인이 열심히 공부하지 않는다면 말만 하는 사람이 되는 것이다"

라는 생각으로 나의 할 일에 더 집중했다. 이러한 2가지 방법을 참고하며 남 신경을 쓰지 않고 열심히 정진하다 보면 머지않아 모두가 부러워할 만한 멋있는 사람이 되어 있을 것이다.

¨ 안정적인 내 성적 만들기

나는 고3 때 수능을 심하게 망쳤다. 받아본 적도 없는 등급을 모든 과목에서 받게 되었다. 재수 시절에 고민하고 또 고민해 본 결과, 고3 수능을 망친 2가지 원인이 있었다. 바로 수시로 요동치는 성적과 그 요동치는 성적 그래프에서의 고점이 내 점수라고 생각했던 점이다. 그렇기에 여러분들은 나와 같은 실수를 해서 재수하는 일이 없기를 바라는 마음에 요동치는 성적을 잠재울 수 있는 2가지 팁을 알려주려고 한다.

첫 번째로, 요동치는 성적은 부족한 개념 실력에서 비롯된다. 예를 들어, A, B, C, D라는 개념이 있다고 치자. 내가 A, B라는 개념이 강한 상태에서, 시험에 A, B는 쉽게 C, D는 어렵게 나온다면 2문제까지 틀리게 되고, A, B는 어렵게 C, D는 쉽게 나오게 된다면 4문제를 모두 맞출 수도 있다. 이렇게 점수가 요동치는 현상을 막으려면 개념을 탄탄히 하는 것이 가장 먼저 해야 할 일이다. 부족한 개념을 가장 빨리 채울 수 있는 방법은 '스스로' 문제를 만들어보는 방법이다. 혼자 새로운 문제를 만들기에는 너무 어려우니, 시중에서 파는 문제를 풀고, 5지선다 문제라면 6번, 7번 선지를 만들어보고, ㄱㄴㄷㄹ 문제라면 ㅁ, ㅂ 선택지까지 만들어보는 것이다. 이런 식으로 '내가 출제자라면 어디서 어떤 식으로 문제를 낼까?'라는 생각을 가지고 공부하다 보면, 문제에 자주 나오는 개념에 익숙해지고, 어떤 개념이 나오든 가볍게 풀어낼 수 있는 힘을 기를 수 있을 것이다.

두 번째는, 지금까지도 내 인생 모토로 가져가고 있는 방법, 바로 최소 극대화 전략이다. 이 전략은 말 그대로 최소를 가장 크게 만드는 전략이다. 쉽게 설명하자면, 본인이 최악의 상황(최소)일 때, 손실을 최소화하는 방식으로 행동하는 것이다. 예를 들어 수학을 아무리 망해도, 2등급을 받고 싶다면, 얻어야 하는 점수, 혹은 반드시 맞추어야 하는 번호 대의 문제들이 있을 것이다. 이런 상황에서 최소 극대화 전략을 사용한다면, 그 번호 문제들을 빠른 시간 내에 정확하게 풀어내는 연습을 꾸준히 한다거나, 고난도의 문제들을 버리고 나머지 문제들 검토를 한 번 더하는 식으로 행동하면 될 것이다. 한 과목이 아니라 수능 전체로 본다면, 본인이 원하는 마지노선의 학교와 전공이 있다면, 수능을 망쳐도 그 학교에 입학할 수 있도록, 공부량과 비율을 조정하는 방법도 최소 극대화 전략 중 한 가지가 될 수 있을 것이다. 이렇게 2가지 팁을 가지고 수시로 요동치는 성적을 잠재우다 보면 가까운 시일 내에 나름대로 만족할 만한 본인의 안정적인 성적대가 형성될 것이다.

"너 자신을 믿지 못하면 누구를 믿을래? 자신 있게 밀어붙여!"

내게 수험 생활할 때 가장 도움 되었던 누군가의 한마디는 바로 "너 자신을 믿지 못하면 누구를 믿을래? 자신 있게 밀어붙여!"이다. 공부를 이런 식으로 하는 게 맞는지, 운동 준비는 이 정도면 충분한 건지 등 너무 많은 고민이 한 번에 몰려와 힘들던 시기에, 외할머니가 해 주신 말씀이었다. 이런 마인드를 가지고 수험 생활을 지내다 보니, 누군가의 조언 및 첨언에 휘둘리지 않으면서, 내 생각에 대해서도 확신이 생기고, 내 행동과 계획을 강하게 밀어붙일 힘도 생겼다. 이러한 내 경험에 기대어, 이 말은 지금 이 책을 읽는 독자들에게 내가 해 주고 싶은 말이기도 하다. 내 글은 읽은 이후부터는 꼭 본인의 생각과 행동에 대한 불안함을 확신으로 바꾸고, 강하게 밀어붙였으면 좋겠다.

서울대학교 원자핵공학과 ☆ 이승로

나는 서울대학교 원자핵공학과 24학번 이승로라고 한다. 서울대학교는 누구나 알지만 원자핵공학과는 생소하게 느껴질 것이다. 얼마 전 Youtube '전과자'에 소개된 학과이기도 한 곳으로, 원자핵공학과란 핵분열 반응으로 방출되는 막대한 에너지를 실용화하여 전력을 생산하는 원자력 발전과 에너지 고갈과 독립을 근본적으로 해결하기 위한 핵융합 발전과 같은 첨단 에너지 기반의 과학과 산업을 주축으로 하는 공학과이다. 나는 수시 기회 균형(농어촌)전형으로 지원하여 서류 기반 면접을 본 후 합격하였다.

ˮ 방학을 보내는 방법

방학은 학습을 쉬는 기간이 아니다. 잠시 학교에 가지 않고 집에서 스스로를 정비하고 다음 학습을 위해 준비하는 기간이다. 가장 역전이 많이 일어나는 이 기간을 어떻게 하면 효율적으로 사용할 수 있을지 고민한 끝에 내가 내린 결론은 '하던 대로 하자'이다.

우리는 학기 중에 정해진 시간표대로 1교시부터 7교시, 그리고 야간자율학습까지 하며 보낸다. 그런데 왜 방학에는 시간표를 다시 짜려고 하는가? 이미 검증되었고 수차례 지내면서 몸에 익숙해진 학교 시간표를 두고 다시 계획을 짤 이유가 없다. 그래서 나는 방학에도 학교 시간표를 활용해서 공부하길 권장한다. 우선 규칙적인 기상 시간과 식사 시간, 취침 시간을 확보할 수 있다는 점에서 매우 훌륭하다. 50분 학습과 10분 휴식이라는 인터벌도 잘 잡혀있다. 하지만 방학을 보낼 때 시간적인 측면이 아닌 질적으로 어떤 공부를 했는지, 어떤 성과를 이뤘는지가 더 중요하다. 그렇기에 기본적인 타임테이블은 학교 시간표를 활용하되 그 안에서 자기의 목표와 스타일에 맞게 조금씩 변화를 줘야 한다.

그럼 '어떤 공부를 해야 하는가?'에 대한 대답은 학생마다 필요한 공부의 과목은 다를 수 있지만 나의 경우엔 국어는 문학·독서·언매 중 하나를 선택적으로, 수학은 직전 학기 과목의 기출문제 풀이와 다음 학기 과목 예습, 영어 독해 연습이 필요하다고 답하겠다. 여기서 추가로 자신이 수능으로 볼 탐구 과목이 있다면 직전 학기의 탐구 과목 기출문제 풀이와 다음 학기의 탐구 과목 개념까지 해준다면 매우 훌륭하다. 그렇다면 각 과목 공부법은 어떻게 될까? 그에 대한 대답은 다음 챕터에서 다루도록 하겠다.

·· 학원 없이 기출문제만으로 수능에서 1등급을 받은 공부법

이제부터는 내가 학원도 없이 기출문제만으로 국어와 수학, 물리학 I에서 1등급까지 도달한 방법에 대해 알아보고자 한다. 차례는 크게 다섯 가지다.

°기출 분석이 가지는 의미

시작에 앞서 독자들에게 한 가지 질문을 던지겠다. "우리가 기출문제를 공부하시는 이유는 무엇일까?" 시중에 수많은 문제집과 인터넷 강사들이 만든 문제들이 있음에도 불구하고 하필 기출문제를 선택한 이유가 무엇인지 자신 있게 대답할 수 있는 사람은 많지 않을 것이다. 아마 "학교 선생님들이 그렇게 하라고 해서", "남들이 다 하니까"라고 공부하는 정확한 이유도 모른 상태에서 했다면 이번 챕터를 잘 읽어 보길 바란다.

우리가 공부하며 흔히 '기출 분석'이라는 말을 쓰곤 한다. 이미 수험판에서는 너무나 익숙하게 자리 잡은 단어이기에 별생각 없이 넘어 갔을 수 있지만 우리가 주목할 부분은 '분석'이라는 점이다.

표준국어대사전에 따르면 분석이란 '얽혀 있거나 복잡한 것을 풀어서 개별적인 요소나 성질로 나눔'이라고 정의되어 있다. 이는 '기출 분석'은 기출 문제를 정확히 이해하여 그 안에 얽혀 있고 복잡한 요소를 풀어 유용한 요소로 나눠 내는 것으로 이해할 수 있다는 사실을 알려준다.

하지만 대다수 학생은 기출을 공부한다고 하면 단순히 기출문제를 풀고 넘어가는 것에 그칠 뿐 특별히 그 이상의 무엇을 하지 않는다. 이렇게 분석 없이 단순히 문제를 풀기만 하는 공부는 '새로운 문제를 접한다.', '문제 해결력을 늘린다'라는 효과 이외의 기출이 가진 무궁무진한 학습 요소를 놓치게 된다. 이렇게 된다면 N제를 푸는 것과 다를 바가 없어지게 된다. 물론 N제 역시 학습 의의를 가지는 것은 사실이나 우선은 기출 학습에 먼저 집중하자.

★ 기출이 가지는 가장 큰 유용성은 바로 반복적으로 출제되는 아이디어에 대한 대비이다.

어쩌면 이거 하나만으로도 기출을 공부할 의미가 충분할지도 모르겠다. 일반적인 학교 내신 공부에서는 쎈이나 마플시너지 같은 문제집이 해당 단원에서 나올 수 있는 문제 유형을 정형화하여 쉽게 분류해 놓았기에 우리가 쉽게 지필평가를 대비한다.

내신에서 누구나 활용하는 유형 문제집의 역할을 수능에선 기출문제가 대신한다고 생각할 수 있다. 이를 설명하기 위해 예시를 살펴보자.

29. 함수

$$f(x)=\begin{cases} ax+b & (x<1) \\ cx^2+\dfrac{5}{2}x & (x \geq 1) \end{cases}$$

이 실수 전체의 집합에서 연속이고 역함수를 갖는다. 함수 $y=f(x)$의 그래프와 역함수 $y=f^{-1}(x)$의 그래프의 교점의 개수가 3이고, 그 교점의 x좌표가 각각 -1, 1, 2일 때, $2a+4b-10c$의 값을 구하시오. (단, a, b, c는 상수이다.) [4점]

30. 최고차항의 계수가 양수인 삼차함수 $f(x)$에 대하여 방정식

$$(f \circ f)(x)=x$$

의 모든 실근이 0, 1, a, 2, b이다.

$$f'(1)<0, \quad f'(2)<0, \quad f'(0)-f'(1)=6$$

일 때, $f(5)$의 값을 구하시오. (단, $1<a<2<b$) [4점]

    2019학년도 6월 평가원 나형 29번은 단순한 문제였으나 EBSi를 기준으로 93%라는 오답률을 기록하였다. 이 문제는 '원함수가 감소 함수일 때, 역함수와의 교점은 직선 $y=x$ 위가 아니어도 생길 수 있다'는 역함수에 대한 성질을 이용해 출제된 문제였다. 이런 성질을 이용한 문제가 지금까지 고난도 문항에서 중요시 다뤄진 적이 없었기 때문에 많은 학생들은 피를 볼 수밖에 없었다. 그리고 바로 3개월 뒤에 평가원은 학생들에게 보란 듯이 같은 성질을 이용한 문제를 출제하였다. 이처럼 평가원은 이미 출제한 아이디어를 이용하여 다시 출제한다는 것을 확인할 수 있다. 그럼 이번엔 조금 더 와닿는 예시를 들어보겠다.

29. 공차가 0이 아닌 등차수열 $\{a_n\}$이 있다. 수열 $\{b_n\}$은

$$b_1=a_1$$

이고, 2이상의 자연수 n에 대하여

$$b_n=\begin{cases} b_{n-1}+a_n & (n\text{이 3의 배수가 아닌 경우}) \\ b_{n-1}-a_n & (n\text{이 3의 배수인 경우}) \end{cases}$$

이다. $b_{10}=a_{10}$일 때, $\dfrac{b_8}{b_{10}}=\dfrac{q}{p}$이다. $p+q$의 값을 구하시오. (단, p와 q는 서로소인 자연수이다.) [4점]

19. 두 수열 $\{a_n\}$, $\{b_n\}$은 $a_1=a_2=1$, $b_1=k$이고, 모든 자연수 n에 대하여

$$a_{n+2}=(a_{n+1})^2-(a_n)^2, \qquad b_{n+1}=a_n-b_n+n$$

을 만족시킨다. $b_{20}=14$일 때, k의 값은? [4점]

수열의 귀납적 정의를 이용한 문제가 2018학년도 6월 평가원에서 처음으로 변별력을 갖춘 문항으로 출제되었고 아까와 마찬가지로 같은 아이디어가 9월 평가원에서 재출제 되었다. 그리고 한동안 출제되지 않아 사람들의 기억에서 잊혔을 즈음에 평가원은 또 보란 듯이 출제하였다.

21. 수열 $\{a_n\}$이 모든 자연수 n에 대하여 다음 조건을 만족시킨다.

(가) $a_{2n} = a_n - 1$

(나) $a_{2n+1} = 2a_n + 1$

$a_{20} = 1$일 때, $\displaystyle\sum_{n=1}^{63} a_n$의 값은? [4점]

2020학년도 수능 나형 21번

그리고 이를 기점으로 평가원은 해당 유형을 수능 빈출유형으로 자리 잡고 아예 해당 문항을 지금까지도 반복적으로 출제하고 있다.

21. 수열 $\{a_n\}$은 모든 자연수 n에 대하여

$$a_{n+2} = \begin{cases} 2a_n + a_{n+1} & (a_n \le a_{n+1}) \\ a_n + a_{n+1} & (a_n > a_{n+1}) \end{cases}$$

을 만족시킨다. $a_3 = 2$, $a_6 = 19$가 되도록 하는 모든 a_1의 값의 합은? [4점]

2021학년도 9월 평가원 나형 21번

21. 수열 $\{a_n\}$은 $0 < a_1 < 1$이고, 모든 자연수 n에 대하여 다음 조건을 만족시킨다.

(가) $a_{2n} = a_2 \times a_n + 1$

(나) $a_{2n+1} = a_2 \times a_n - 2$

$a_7 = 2$일 때, a_{25}의 값은? [4점]

2021학년도 수능 가/나형 21번

15. 수열 $\{a_n\}$은 $|a_1| \le 1$이고, 모든 자연수 n에 대하여

$$a_{n+1} = \begin{cases} -2a_n - 2 & \left(-1 \le a_n < -\dfrac{1}{2}\right) \\[2mm] 2a_n & \left(-\dfrac{1}{2} \le a_n \le \dfrac{1}{2}\right) \\[2mm] -2a_n + 2 & \left(\dfrac{1}{2} < a_n \le 1\right) \end{cases}$$

을 만족시킨다. $a_5 + a_6 = 0$이고 $\displaystyle\sum_{k=1}^{5} a_k > 0$이 되도록 하는 모든 a_1의 값의 합은? [4점]

15. 자연수 k에 대하여 다음 조건을 만족시키는 수열 $\{a_n\}$이 있다.

> $a_1 = 0$이고, 모든 자연수 n에 대하여
>
> $$a_{n+1} = \begin{cases} a_n + \dfrac{1}{k+1} & (a_n \le 0) \\[2mm] a_n - \dfrac{1}{k} & (a_n > 0) \end{cases}$$
>
> 이다.

$a_{22} = 0$이 되도록 하는 모든 k의 값의 합은? [4점]

그리고 마지막으로 수능 역사상 다신 없을 악마의 문제라고 불리는 문제를 살펴보자.

30. $x > a$에서 정의된 함수 $f(x)$와 최고차항의 계수가 -1인 사차함수 $g(x)$가 다음 조건을 만족시킨다. (단, a는 상수이다.)

> (가) $x > a$인 모든 실수 x에 대하여 $(x-a)f(x) = g(x)$이다.
>
> (나) 서로 다른 두 실수 α, β에 대하여 함수 $f(x)$는 $x = \alpha$와 $x = \beta$에서 동일한 극댓값 M을 갖는다. (단, $M > 0$)
>
> (다) 함수 $f(x)$가 극대 또는 극소가 되는 x의 개수는 함수 $g(x)$가 극대 또는 극소가 되는 x의 개수보다 많다.

$\beta - \alpha = 6\sqrt{3}$일 때, M의 최솟값을 구하시오. [4점]

22. 최고차항의 계수가 1인 삼차함수 $f(x)$와 실수 전체의 집합에서 연속인 함수 $g(x)$가 다음 조건을 만족시킬 때, $f(4)$의 값을 구하시오. [4점]

> (가) 모든 실수 x에 대하여 $f(x) = f(1) + (x-1)f'(g(x))$이다.
>
> (나) 함수 $g(x)$의 최솟값은 $\dfrac{5}{2}$이다.
>
> (다) $f(0) = -3$, $f(g(1)) = 6$

필자가 생각하기에 2017학년도 수능 가형 30번은 수능 모든 문제를 통틀어 가장 어려우면서도 아름답다고 생각되는 문제다. 핵심은 바로 (가) 조건을 기울기 함수로 해석하는 것이었는데, 이런 아이디어는

지금까지 단 한 번도 고난도 문제에서 사용된 적이 없었고, 이런 표현은 고작 함수의 극한이 미분가능성을 묻는 기본 예제 수준에서나 등장하던 표현이었다. 덕분에 조건 해석에 실패하고 f(x)를 미지수를 포함한 삼차함수 형태로 표현하려던 학생들은 모두 장렬히 전사하게 되었다. 이 문제가 출제된 이후 N제에서 기울기 함수로 조건을 해석하는 유형이 쏟아지기 시작했을 정도로 그 파급력은 엄청났다. 그리고 평가원은 2023학년도 수능에서 이 아이디어를 다시 들고 돌아왔다. 2017학년도 가형 30번을 겪은 덕분에 (가) 조건을 기울기 함수로 쉽게 해석할 수 있었고 충분히 어려운 문제였음에도 불구하고 EBSi 기준 5.5%라는 정답률을 기록했다.

우리는 이처럼 기출에서 특정 아이디어가 반복적으로 사용되어 출제될 수 있다는 것을 확인할 수 있다. 하지만 이는 수학에 한정된 이야기는 아니다. 물리학I을 통해 봐도 이를 명확히 확인해 볼 수 있다. 단순히 9월 평가원과 수능만 살펴보더라도 그 유사성이 너무나도 잘 드러난다.

17. 그림 (가)와 같이 마찰이 없는 수평면에서 물체 A와 B 사이에 용수철을 넣어 압축시킨 후 A와 B를 동시에 가만히 놓았더니, 정지해 있던 A와 B가 분리되어 등속도 운동을 하는 물체 C, D를 향해 등속도 운동을 한다. 이때 C, D의 속력은 각각 $2v$, v이고, 운동 에너지는 C가 B의 2배이다. 그림 (나)는 (가)에서 물체가 충돌하여 A와 C는 정지하고, B와 D는 한 덩어리가 되어 속력 $\frac{1}{3}v$로 등속도 운동을 하는 모습을 나타낸 것이다.

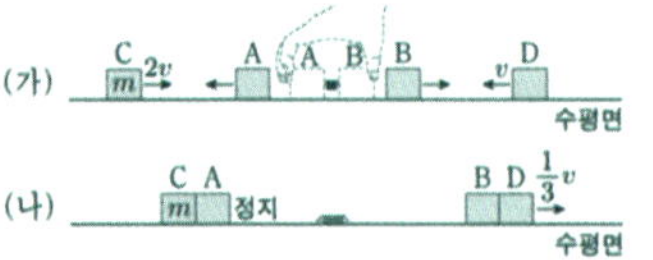

C의 질량이 m일 때, D의 질량은? (단, 물체는 동일 직선상에서 운동하고, 용수철의 질량은 무시한다.) [3점]

2024학년도 9월 평가원 17번

8. 그림 (가)는 마찰이 없는 수평면에서 정지한 물체 A 위에 물체 D와 용수철을 넣어 압축시킨 물체 B, C를 올려놓고 B와 C를 동시에 가만히 놓았더니, 정지해 있던 B와 C가 분리되어 각각 등속도 운동을 하는 모습을 나타낸 것이다. 그림 (나)는 (가)에서 먼저 C가 D와 충돌하여 한 덩어리가 되어 속력 v로 등속도 운동을 하고, 이후 B가 A와 충돌하여 한 덩어리가 되어 등속도 운동을 하는 모습을 나타낸 것이다. A, B, C, D의 질량은 각각 $5m$, $2m$, m, m이다.

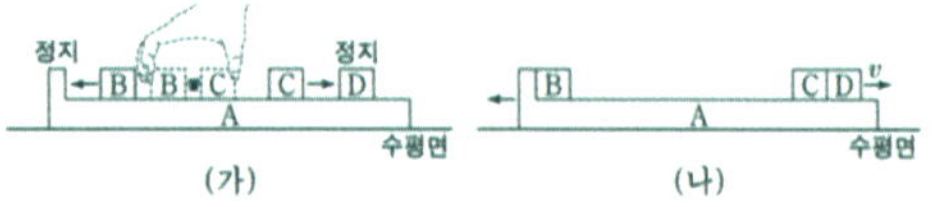

이에 대한 설명으로 옳은 것만을 <보기>에서 있는 대로 고른 것은? (단, 물체는 동일 연직면상에서 운동하고, 용수철의 질량은 무시하며, A의 윗면은 마찰이 없고 수평면과 나란하다.) [3점]

2024학년도 수능 8번

‘용수철을 양 끝에서 압축시켰을 때 각 물체가 받는 충격량은 같다’
는 아이디어가 동일하게 사용되었다. 이런 아이디어는 9월 평가원 이
전에도 많이 등장했지만, 수능 전 마지막 평가원 모의고사에서 한 번
더 강조되었다는 점에서 의미가 있다. 이렇게 9월 평가원 모의고사의
아이디어가 수능에 등장한 것은 이뿐만이 아니다.

18. 그림 (가)는 점전하 A, B, C를 x축상에 고정시킨 것을, (나)는 (가)에서 B의 위치만 $x=3d$로 옮겨 고정시킨 것을 나타낸 것이다. (가)와 (나)에서 양(+)전하인 A에 작용하는 전기력의 방향은 $+x$방향으로 같고, C에 작용하는 전기력의 크기는 (가)에서가 (나)에서보다 크다.

이에 대한 설명으로 옳은 것만을 <보기>에서 있는 대로 고른 것은? [3점]

2024학년도 9월 평가원 18번

15. 그림과 같이 x축상에 점전하 A, B, C를 고정하고, 양(+)전하인 점전하 P를 옮기며 고정한다. P가 $x=2d$에 있을 때, P에 작용하는 전기력의 방향은 $+x$방향이다. B, C는 각각 양(+)전하, 음(−)전하이고, A, B, C의 전하량의 크기는 같다.

이에 대한 설명으로 옳은 것만을 <보기>에서 있는 대로 고른 것은? [3점]

2024학년도 수능 15번

‘점 전하’ 문제는 이전까지 15학년도 교육과정 개정 이후 쿨롱 법칙
으로 엄밀하게 해결하는 고난도 문항에 속했지만, 9월 평가원에서는
쿨롱 법칙 공식을 사용하지 않고 전기력의 방향과 비례, 반비례라는
논리만으로 해결할 수 있었던 과거 유형으로 돌아와 출제되었고 이런
유형이 수능에서도 여전히 유지되었다.

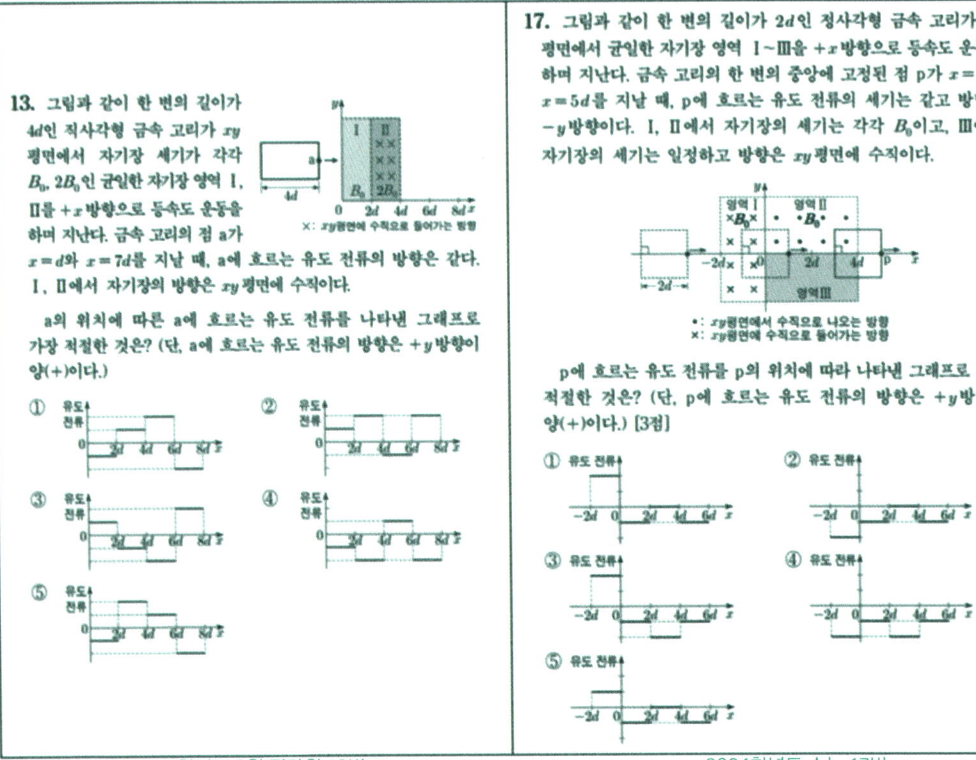

2024학년도 9월 평가원 13번
2024학년도 수능 17번

하나만 더 살펴보자면 유도 전류를 나타낸 그래프를 찾는 유형도 9월 평가원에서 사용한 '자기장 방향과 유도 전류의 세기는 기준을 정해서 상대적으로 셈하기'라는 동일한 논리, 동일한 유형으로 수능에서 출제되었다.

다 살펴보지는 않았지만, 이외의 개념형 문제 역시 9월 평가원은 물론 기출에서 지속해서 출제되던 유형들만 출제되어 '신유형'이라 부를만한 문항이 존재하지 않았고, 기출 분석을 정확히 한 학생들은 손쉽게 고득점을 얻을 수 있었을 것이다.

위 이야기와 예시들을 종합하여 얻을 수 있는 결론은 결국 아래와 같이 크게 2가지를 제시할 수 있다. 우선 하나는 기출의 출제 요소는 반복되고, 이 아이디어를 얻어내는 것이 기출 학습의 본질이다.

앞선 예시를 통해 볼 때 수학이나 물리에서 아이디어를 얻고 이를 가지고 다음 시험을 대비한다는 점에서 이를 손쉽게 이해할 수 있다. 기출을 통해 얻을 수 있는 다른 하나의 결론은 바로 앞으로 출제될 시험의 전체적인 경향성을 보여준다.

앞에서 살펴본 물리학I에서도 시험의 유형이 9월에서 수능까지 이어진다는 것을 확인할 수 있다. 이런 경향은 국어와 영어에서도 찾을 수 있다. 국어는 대략 2번의 변천사를 겪었다고 할 수 있다. 2017학년도 이전까지의 국어는 1등급 컷이 90점대 중반을 배회하는 평화로운 시험이라고 할 수 있었다. 2017학년도 6월 평가원 모의고사를 치르기 전까지 말이다.

이 시험지에선 갑자기 '음악적 아름다움'을 주제로 하는 지문이 등장하였는데 당시 누구도 경험해 보지 못한 충격이었다. 이전과 비교도 되지 않게 비문학 지문의 길이를 늘이고 내용적인 측면에서도 난도를 높였다. 그 결과 1등급 컷 90점과 오답률 높은 문항이라는 무시무시한 결과를 쏟아내게 되었다. 그리고 이러한 기조는 9월 평가원과 수능까지 이어져 '콘크리트', '포퍼콰인', '보험', '반추위' 지문을 낳게 되었다.

이 시험을 기점으로 이전까지 발췌독으로도 고득점이 가능하던 국어 시험은 점차 저물어 갔고, 정보를 이해하고 적용하도록 하는 문항이 본격적으로 출제되기 시작했다. 그렇게 평가원은 2018학년도 수능 '오버슈팅' 지문에 이어 2019학년도부터 'LFIA 키트', '계약', '만유인력' 지문을 출제하게 되었다.

이를 겪은 학생들은 평가원이 국어 시험의 기조가 단순 정보의 조합을 넘어 이해와 추론을 요구하도록 변화함을 분명하게 느꼈을 것이다. 그리고 이러한 경향은 선택과목이 도입되는 2022학년도부터 폭발하고 말았다. 선택과목 사이의 유불리를 줄이기 위해 공통과목인 독서의 난이도를 미친 듯이 올려버렸으니 말이다.

하지만 이것도 얼마 가지 않았고 2023년, 정부에서 충격적인 발표를 하게 된다. 바로 '킬러문항 배제' 요구다. 결국 평가원은 새로운 기조의 국어 시험지를 만들 수밖에 없게 되었다. 그 결과 정부의 지적을 받은 독서는 EBS 교재와의 연계를 대놓고 높였으며 문학에서 불을 지르는 시험지를 9월 모의고사에 들고 왔다. 이미 기출을 통해 국어에서 평가원이 새로운 시도를 한다면 이 기조가 수능에 반영된다는 것을 학습한 학생들은 9월 평가원 시험지를 기반으로 준비하여 대비했을 것이다. 그리고 이러한 국어 기조는 올해 평가원 모의고사에서도 여전히 유지되는 모습을 볼 수 있다.

영어라고 해도 크게 다르지 않았다. 영어에서 가장 크게 바뀐 지점은 '지문의 내용은 쉽게, 선지 내용은 추상적이고 재진술로'라는 점이다.

국어는 선택과목이 들어오기 전후가 크게 다를 것 없이 세 가지 영역으로 나눌 수 있다. 문학, 독서, 화작·언매이다. 하지만 국어는 언매를 제외한다면 수학이나 탐구 과목에 비해 개념의 양이 거의 없어 같은 방식으로 학습할 수 있다. 국어 기출 학습은 오로지 한 가지 원리로 이루어진다. 바로 나의 사고 과정을 평가원에 맞춰가는 것. 나는 공부할 때 오로지 이 하나를 위해 정통법으로 파훼하고자 했다. 그래서 시간을 재고 줄이기 위한 연습도 딱히 하지 않았다. 글을 제대로 읽으면 문제 풀이 속도가 빨라지고 자연스럽게 시간이 줄게 되어있으니 말이다.

그렇다면 국어 기출은 몇 년도까지 풀어야 할까? 난 '적어도 09학년도까지'라고 대답한다. 아무리 경향성이 바뀌고 난이도가 달라졌을지라도 평가원이 만든 글을 읽는 것 자체만으로 매우 큰 도움을 줄 수 있다. 이제 우선 모의고사 한 세트를 기준으로 푸는 것이 아닌, 한 지문에서 최대 서너 지문까지 끊어서 학습한다. 보통 세부 과목인 문학, 독서, 화작·언매가 출제되는 양이 각각 서너 지문 정도이다. 이렇게 하는 이유는 자신이 풀었던 사고 과정을 최대한 잊기 전에 다시 돌아보기 위해서다.

이렇게 다 풀고 나면 채점하기 전에 처음으로 돌아와 지문의 내용을 문단별로 요약하고 문단 사이의 관계를 정리하고 문제별로 선지별 정오의 근거를 적는다. 선지를 선택한 이유와 다른 선지를 선택하지 않은 이유를 적는 과정에서 지문을 더 꼼꼼하게 읽게 되고 스스로를 납득시킬 만한 논리성이 길러진다.

하나의 시험지에는 11개의 지문과 45개의 문항이 들어있다. 한 문항에 5개의 선지가 있으니 1회분의 시험만 풀어도 11개의 지문을 정리하고 225개의 선지를 판단하게 된다. 평가원 시험은 1년에 3회분이고 09학년도 시험까지 학습한다면 어마어마한 양으로 학습할 수 있다.

이제 채점을 하면서 어려웠거나 틀린 문제, 자신의 해설이 빈약하다고 느껴지는 문제에 따로 표시해 둔다. 그리고 자신이 작성한 선지 판단 근거와 EBS 해설을 비교하여 나의 해설이 맞는지, 틀렸다면 어떻게 판단하는 게 옳은지 다시 적으면서 공부한다.

마지막으로 지문의 서술 방식, 문제의 유형, 선지의 구성 등을 분석하면서 어떤 경향성을 띠고 있는지 정리한다. 시험지가 A라는 구성을 가질 때, 어떻게 글을 읽고 정보를 처리할지 자신만의 행동 강령을 약속하고 이를 따로 모아두어 효과적인 방법을 기록해 두고 공부할 때 참고하면서 꺼내쓸 수 있도록 한다.

그리고 위의 과정을 모든 평가원 문제에 대해 반복하면서 공부하면 어느새 실력이 올라와 있을 것이다.

°기출 분석을 하는 올바른 방법 – 수학편

수학도 국어와 마찬가지로 과목이 수I, 수II, 미적·확통·기하로 나누어져 있으나 학습 방법이 세부 과목에 따라 다르지 않다. 수학은 국어에 비해 취해야 하는 행동 강령이 매우 명확하다. 기본적으로 주어진 조건을 통해 추론하는 형태이기 때문에 어떤 조건이 나오냐에 따라 어떻게 해석해야 하는지 이미 정해진 경우가 많다.

물론 처음에는 이런 조건 해석을 어떻게 해야 하는지 잘 모를 수 있는데, 조건을 해석하는 방법을 배우기 위해 기출문제를 푸는 것이니 전혀 걱정하지 않아도 된다. 우리는 기출문제에서 우리가 원하는 "실전적 태도"를 쌓아가는 것이다.

우선 기출문제를 풀어내자. 맞추나 그렇지 못하나 상관없다. 우리의 목적은 문제를 푸는 데에 있지 않다. 문제를 다 풀었다면 답안을 확인하고 이제부터 문제를 뜯어보자. 스스로 문제의 풀이과정을 돌아보면서 어떤 조건이 있어서 어떻게 해석하고 풀이 과정을 세웠는지, 왜 이렇게 해석해야만 하는지 스스로 당위성을 부여하는 과정이다. 예를 들어 아래 같은 문제가 있다고 해보자.

---

21. 수열 $\{a_n\}$ 은 모든 자연수 n에 대하여

$$a_{n+2} = \begin{cases} 2a_n + a_{n+1} & (a_n \leq a_{n+1}) \\ a_n + a_{n+1} & (a_n > a_{n+1}) \end{cases}$$

을 만족시킨다. $a_3 = 2$, $a_6 = 19$가 되도록 하는 모든 a_1의 값의 합은? [4점]

일반적인 수열의 귀납적 정의로 출제된 문제에서 a_n과 a_{n+1}의 관계가 주어진 쉬운 경우라면 $n = 1, 2, 3 \cdots$ 이렇게 대입하여 풀었겠지만

이 경우는 항을 순서대로 관찰하기가 어렵다. 때문에 이미 a_3의 값이 주어진 점, 수열을 정의할 때 a_n과 a_{n+1} 사이의 대소 비교가 쓰인다는 점에서 $a_2 = k$라 하고 k와 a_3사이의 대소관계에 따른 케이스 분류로 문제를 해결해 나갔다.

이 문제에서는 '수열의 귀납적 정의에서 주어진 항이 있을 때, 주변 항을 미지수로 두고 관계를 따져가며 진행'하는 것이 문제 해결의 핵심임을 확인할 수 있었다. 그리고 이렇게 판단한 내용을 문제를 해결할 때마다 포스트잇 등에 적어두고 다음에 비슷한 문제가 나오면 같은 방식으로 해결하려 하면 된다. 실제로 저 문제 이후 2년 뒤 수능에서 아래 문제가 출제되었다.

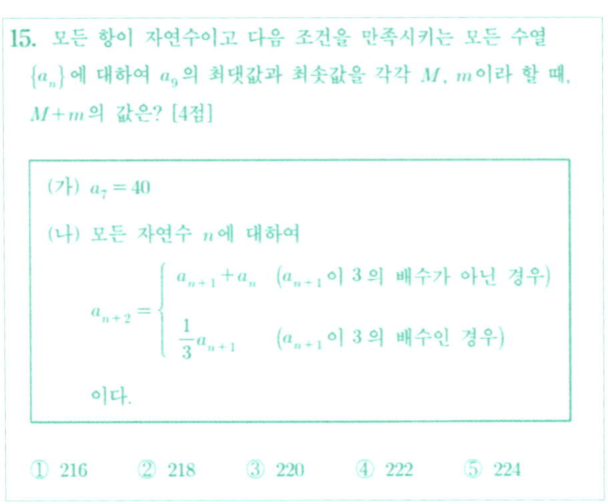

이 문제 역시 마찬가지로 a_7이라는 항이 주어졌고 주변 항 사이의 관계를 이용하기 위해 a_6를 미지수로 두어 해결하는 문항으로, 같은 논리가 동일하게 출제되고 있어 처음 문항을 공부했다면 다음 문항을 실전에서 마주했을 때 더 수월하게 해결했을 것이다.

그렇다면 문제를 해결하지 못한 때에는 어떻게 하는가? 이번에는 자신이 풀이하고 해당 문제에 대해 고안한 내용까지 서술한 다음, 답안지를 가리고 위에서부터 내리면서 자신의 풀이로부터 바로 직후의 풀이 방향까지만 참고한다. 이는 문제를 해결하기 위해 어디까지 접근했고, 그다음 어떻게 풀이를 고안해야 하는지 최대한 답지에 덜 의존하면서 해결하는 방법이다.

만약 힌트를 통해 잘 풀었다면 좋고, 그래도 해결하지 못했다면 답지를 확인한다. 이제 자기가 문제의 어느 부분에서 막혔고, 어떤 발상을 해야 했으나 하지 못했는지 오답 노트를 적어라. 오답 노트는 자신이 틀렸던 문제, 자기가 풀었던 풀이, 답안의 올바른 풀이, 두 풀이 사이의 비교와 자기가 해야 했던 발상이나 행동 강령을 적어주면 된다. 특히 모범답안이 자기의 풀이와 다르고 배울 점이 있다면 이 경우에도 오답 노트를 적을 것을 추천한다.

다음 그림은 2025학년도 6월 평가원 문항을 이용해 만든 오답 노트 예시이다. 각자 자기만의 오답 노트를 만들자.

2025학년도 6월 평가원 12번

12. 그림과 같이 곡선 $y=1-2^{-x}$ 위의 제1사분면에 있는 점 A를 지나고 y축에 평행한 직선이 곡선 $y=2^x$ 과 만나는 점을 B라 하자. 점 A를 지나고 x축에 평행한 직선이 곡선 $y=2^x$ 과 만나는 점을 C, 점 C를 지나고 y축에 평행한 직선이 곡선 $y=1-2^{-x}$ 과 만나는 점을 D라 하자. $\overline{AB}=2\overline{CD}$ 일 때, 사각형 ABCD의 넓이는? [4점]

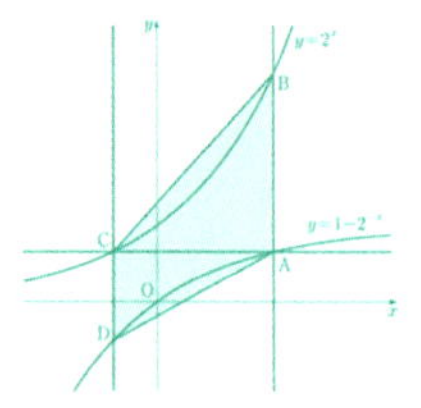

① $\dfrac{5}{2}\log_2 3 - \dfrac{5}{4}$ ② $3\log_2 3 - \dfrac{3}{2}$ ③ $\dfrac{7}{2}\log_2 3 - \dfrac{7}{4}$

④ $4\log_2 3 - 2$ ⑤ $\dfrac{9}{2}\log_2 3 - \dfrac{9}{4}$

[발상 정리]

1. 미지수로 너무 많이 도입할수록 계산이 높아져서 지친다.

2. 지수함수와 로그함수에서 역함수 관계를 찾는 것에서 그치지 않고 두 지수함수 사이에서 점대칭 관계를 찾을 수 있어야 한다. 한 쪽 함수로 몰아주고 계산하면 훨씬 계산이 쉽다.

[나의 풀이]

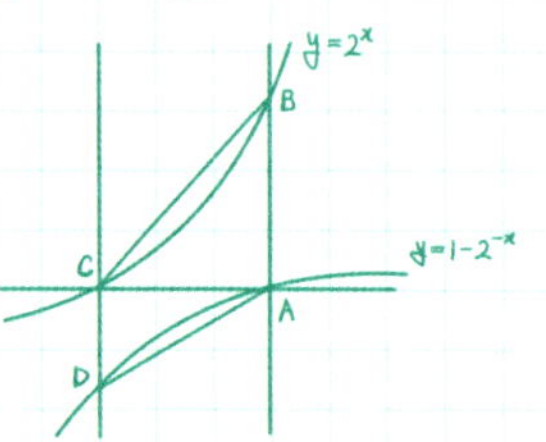

A의 좌표를 α 라 할 때, $2^\alpha=t$ 라 하자.

$A\left(\alpha,\ 1-\dfrac{1}{t}\right),\ B(\alpha,t)$

C의 좌표를 β 라 할 때, $2^\beta=k$ 라 하자.

$C(\beta,k),\ D\left(\beta,\ 1-\dfrac{1}{k}\right)$

이때, A, C y좌표가 같으므로 $k=1-\dfrac{1}{t}$

$\overline{AB}=2\overline{CD}$ 이므로 $t-1+\dfrac{1}{t}=2\left(k-1+\dfrac{1}{k}\right)$

[상위 풀이]

비교

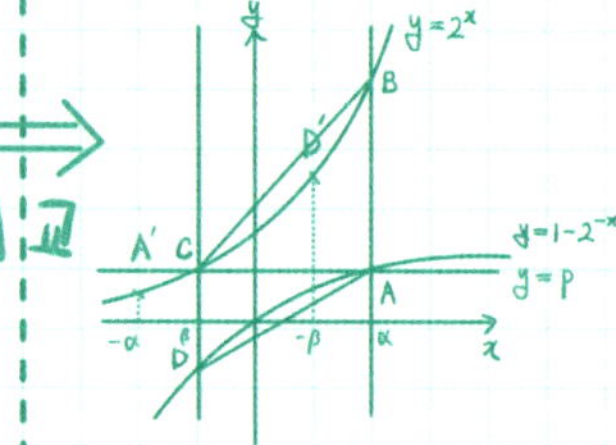

두 지수함수는 $\left(0,\ \dfrac{1}{2}\right)$ 에 점대칭 관계를 갖는다.

이를 이용하면 $y=2^x$ 내에서 계산할 수 있어 쉬워진다.

이러면 자연스럽게 $\beta+\alpha=1$

α 와 β 의 차이를 ℓ 이라 하면 $2\cdot(2^{\beta+\ell}-2^\alpha)=2^{\alpha+\ell}-2^\beta$

$P=2(1-P)$ $\qquad$ $\therefore\ P=\dfrac{2}{3}$

마지막으로 알아볼 것은 물리학I이다. 흔히 과학탐구 과목 중에서 가장 진입장벽이 높기로 유명하다. 생명이나 지구과학과 달리 1단원에서 가장 어려운 내용이 나오고 많은 학생이 여기서 지쳐서 후반부까지 공부하지 못하는 경우가 태반이다. 반대로 말하면 끝까지 기출문제를 풀기만 해도 충분한 점수를 얻는다고 해석할 수 있다.

물리학I, 그중에서도 역학을 어려워하는 또 다른 이유 중 하나는 어떤 공식을 사용해야 하는지 모르는 경우가 많기 때문이다. 분명 $F=ma$도 알고 운동량 보존 법칙도 알지만 이게 어떤 상황에서 사용되는지 구분하는 연습이 부족해서 그렇다.

우선 물리학I은 에너지보존법칙까지를 다루는 고전역학과 상대론과 열역학, 그리고 비역학으로 나눌 수 있다. 하지만 근본적인 공부 방법은 크게 다르지 않다. 그 이유는 물리학이라는 과목의 특성에서 나온다.

물리학이란 자연현상을 해석하기 위해서 만들어진 학문이다. 그렇기에 기본적인 법칙과 약간의 수식으로 우리 주변에서 일어나는 현상을 설명하게 된다. 그렇기에 물리량 사이의 긴밀한 관계가 형성되어 있어 서로가 서로를 표현하는 언어가 될 수 있다. 예를 들어 $F=ma$에서 힘은 '물체의 질량과 가속도의 곱'으로 해석할 수도 있지만, $a=\dfrac{F}{m}$로 두고 가속도를 '물체의 단위 질량 가속에 필요한 힘의 크기'로 볼 수 있는 것처럼 말이다.

심지어 물리학I은 이미 나올 수 있는 상황이나 조건이 다 출제된 과목이다. 특별히 무언가 새로운 상황이 출제되는 경우는 극히 드물다. 그렇기에 물리학은 기출 분석이 가장 유리한 과목이고 일정한 수준에 오르면 점수가 잘 떨어지지 않는다.

그렇다면 물리학I의 기출 분석을 하는 방법은 아주 간단하다. 문제에 필요한 모든 요소를 전부 미지수로 두고 관계식을 찾는 것이다. 특정한 상황에서 가속도를 구하기 위해서 어떤 물리량을 사용해야 하는지, 이런 상황에서 이 물리량은 필요한지 아닌지 등을 구분하고 훈련하기에 아주 적합하고 이런 과정이 쌓이다 보면 자연스럽게 주어진 조건을 통해 문제의 답을 구하기 위해서 어떤 물리량이 필요한지 터득할 수 있다.

예시로 다음과 같은 문제가 있다.

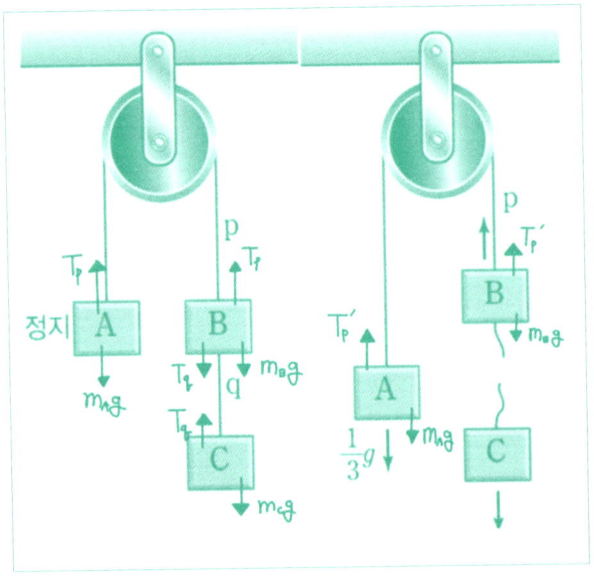

이렇게 도르래에 물체가 매달린 상황에서는 문제를 어떻게 분석해야 할까? 주어진 상황에서 물체가 받는 힘을 모두 표시한 다음 물리적인 관계식을 세우고 정리하는 과정을 반복하면 된다.

왼쪽 그림과 같이 힘을 표기하고 이를 토대로 운동방정식을 세우면 $m_A g - T_p = (-T_p + m_B g + T_q) + (m_c g - T_q)$ 이 되고 위를 정리하면 $m_A = m_B + m_C$ 이다. 이제 두 번째 상황을 분석하면, 힘을 모두 표시하고 이에 따라 운동방정식을 세우면 $(m_A - m_B)g = \frac{1}{3}g(m_A + m_B)$ 이 된다.

정리하면 $m_A = 2m_B$ 를 얻을 수 있다.

여기까지 했다면 〈보기〉를 판단하는 것은 어렵지 않다. 아주 간단한 계산만이 남았으니 말이다. 하지만 문제를 푸는 것에서 그치지 말아야 한다는 것이 바로 기출 분석의 핵심이다.

이런 도르래에서 두 물체가 매달려서 운동하는 경우가 상당히 자주 나오는 걸 봤을 것이다. 문제에선 가속도가 g의 $\frac{1}{3}$배였지만 이번엔 일반화를 하여 g의 a라고 하자.

그럼 수식을 $(m_A - m_B)g = ag(m_A + m_B)$ 으로 고쳐 쓸 수 있고 이를 a에 대해 정리하면 $a = \frac{m_A - m_B}{m_A + m_B}$ 임을 알 수 있다. 즉, 도르래에 연결된 두 물체의 운동에서 가속도의 비율은 중력가속도 에 대해 '두 물체의 질량의 합과 차의 비율로 갖는다'는 결론까지 얻을 수 있다. 이렇게 문제 풀이만 하는 것이 아니라 문제에서 스스로 물리량 사이의 관계들을 유추해보는 활동까지 한다면 금새 실력이 늘게 될 것이다.

일반적으로 학습을 하는 순서는 기출 → N제 → 모의고사의 순서가 된다. 이런 학습 순서에서 N제는 기출을 넘어 새로운 문제에 대한 풀이로 훈련을 위한 간이역, 모의고사는 일종의 종착역과 같은 역할을 하게 됩니다.

N제란 기출을 웬만큼 반복적으로 학습을 끝낸 학생들이 새로운 문제를 접하고 문제 해결력을 기르기 위해 푸는 부록과 같은 역할을 한다. 교과서나 개념서에서 개념을 모두 배우고 나면 더 어려운 난이도의 문제집으로 넘어가는 것과 일치한다. 하지만 개념서를 학습하고 나서도 풀리지 않는 몇몇 문제들이 있을 것이다. 이런 경우 해당 단원 개념에 대한 이해가 다소 부족한 것이므로 개념서에서 공부를 하고 돌아와 다시 풀곤 한다. 기출과 N제가 정확히 이 관계에 대응될 수 있다. 기출을 통해 아이디어와 실전적 개념에 대해 학습한 이후 N제를 통해 문제를 풀어보고, 잘 풀리지 않는다면 비슷한 아이디어가 있던 기출을 돌아보며 복습하는 방식이 우리가 처음 교과서와 유형문제집을 공부했던 것과 완전히 동일하다.

한편 모의고사는 그동안 기출과 N제를 통해 갈고닦은 본인의 실력을 실전적으로 얼마나 발휘할 수 있는지에 관한 부분이다. 모의고사 학습의 단계에 도달하기까지 N제나 기출을 정확히 풀지 않았다면 그

의미가 상당히 퇴색될 수밖에 없다. 그러니 자신의 실력을 충분히 올린 후에 연습과 실전 사이의 격차를 줄이기 위한 방안으로 활용되어야 한다. 실력도 오르지 않았는데 무작정 풀어버린다면 소중한 학습 자료를 낭비하게 된다. N제와 같이 시간을 무제한으로 주고 풀게 한들 실전에서 제한 시간 안에 풀어내지 못한다면 이는 말짱 도루묵이다. 때문에 많은 학생들이 모의고사를 통해 자신이 공부한 내용을 정해진 시간 내에서 운영할 수 있도록 실전 상황에 대비한 연습을 한다.

특히 난이도적인 측면에서 일반적으로 사설 모의고사가 수능보다 조금 어렵다는 평가를 받는 경우가 많은데, 객관적인 난이도와 별개로 실전에 마주하게 되면 긴장하여 더 어렵게 느껴지는 것을 반영한 결과이기도 하다. 가끔은 실험적이거나 처음 보는 유형을 만나 '평가원스럽지 못하다'라는 말이 나오기도 한다. 하지만 이 역시 수능 날 마주할 수 있는 다양한 상황 중 하나를 대비하기 위한 것 볼 수 있다.

모의고사의 유용성은 이뿐만이 아니다. 다들 시험이 끝나고 '아, 이거 알았던 건데 왜 생각이 안 났지?' 싶은 부분들이 있을 것이다. 분명 공부했던 내용인데 시험에서 곧바로 떠올리지 못해 아쉽게 틀렸던 경험 말이다. 모의고사는 이렇게 추가적인 학습이 필요한 내용을 식별하도록 돕는 역할도 한다.

한편 필자는 섣부른 N제 학습에 굉장히 부정적인 편이다. 대부분은 기출조차 제대로 끝내지 못했는데 남들에게 불안감을 느껴 이르게 시작하는 경우가 너무나 많기 때문입니다. 그럼에도 불구하고 만약 N제를 시작하고자 하는 학생들에겐 EBS 교재를 먼저 풀어보라고 이야기한다. 이는 EBS 연계라는 구조적인 설계와 지난 수능을 돌아볼 때 EBS 교재가 가지는 적중률이 상당하기 때문이다. 당장 수학과 물리학Ⅰ에서 한 문항씩만 살펴보더라도 그 효과가 곧바로 드러난다.

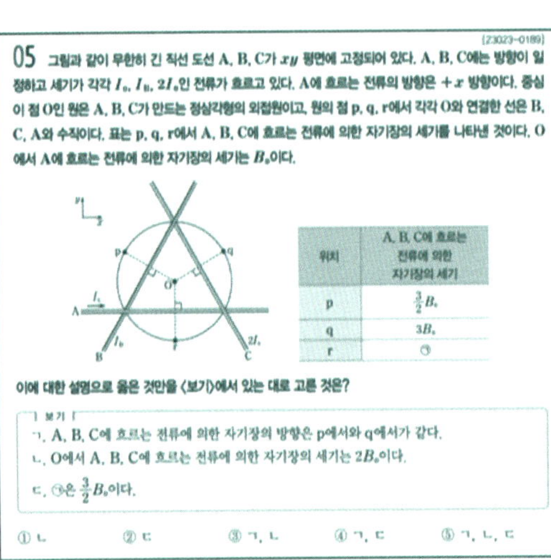

05 그림과 같이 무한히 긴 직선 도선 A, B, C가 xy 평면에 고정되어 있다. A, B, C에는 방향이 일정하고 세기가 각각 I_0, I_0, $2I_0$인 전류가 흐르고 있다. A에 흐르는 전류의 방향은 $+x$ 방향이다. 중심이 점 O인 원은 A, B, C가 만드는 정삼각형의 외접원이고, 원의 점 p, q, r에서 각각 O와 연결한 선은 B, C, A와 수직이다. 표는 p, q, r에서 A, B, C에 흐르는 전류에 의한 자기장의 세기를 나타낸 것이다. O에서 A에 흐르는 전류에 의한 자기장의 세기는 B_0이다.

위치	A, B, C에 흐르는 전류에 의한 자기장의 세기
p	$\frac{3}{2}B_0$
q	$3B_0$
r	㉠

이에 대한 설명으로 옳은 것만을 〈보기〉에서 있는 대로 고른 것은?

보기
ㄱ. A, B, C에 흐르는 전류에 의한 자기장의 방향은 p에서와 q에서가 같다.
ㄴ. O에서 A, B, C에 흐르는 전류에 의한 자기장의 세기는 $2B_0$이다.
ㄷ. ㉠은 $\frac{3}{2}B_0$이다.

① ㄴ ② ㄷ ③ ㄱ, ㄴ ④ ㄱ, ㄷ ⑤ ㄱ, ㄴ, ㄷ

2024학년도 수능특강 [23023-0189]

---

18. 그림과 같이 가늘고 무한히 긴 직선 도선 A, B, C가 정삼각형을 이루며 xy 평면에 고정되어 있다. A, B, C에는 방향이 일정하고 세기가 각각 I_0, I_0, I_C인 전류가 흐른다. A에 흐르는 전류의 방향은 $+x$ 방향이다. 점 O는 A, B, C가 교차하는 점을 지나는 반지름이

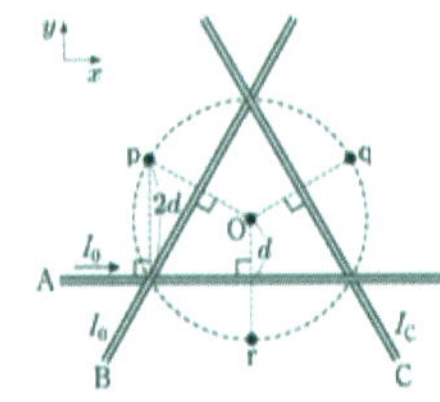

$2d$인 원의 중심이고, 점 p, q, r는 원 위의 점이다. O에서 A에 흐르는 전류에 의한 자기장의 세기는 B_0이고, p, q에서 A, B, C에 흐르는 전류에 의한 자기장의 세기는 각각 0, $3B_0$이다.

r에서 A, B, C에 흐르는 전류에 의한 자기장의 세기는? [3점]

① 0 ② $\frac{1}{2}B_0$ ③ B_0 ④ $2B_0$ ⑤ $3B_0$

2024학년도 수능 18번

---

29. 첫째항과 공비가 각각 0이 아닌 두 등비수열 $\{a_n\}$, $\{b_n\}$에 대하여 두 급수 $\sum\limits_{n=1}^{\infty} a_n$, $\sum\limits_{n=1}^{\infty} b_n$이 각각 수렴하고

$$\sum_{n=1}^{\infty} a_n b_n = \left(\sum_{n=1}^{\infty} a_n\right) \times \left(\sum_{n=1}^{\infty} b_n\right),$$

$$3 \times \sum_{n=1}^{\infty} |a_{2n}| = 7 \times \sum_{n=1}^{\infty} |a_{3n}|$$

---

19 ▸ 23055-0209

첫째항과 공비가 각각 0이 아닌 두 등비수열 $\{a_n\}$, $\{b_n\}$에 대하여 두 급수 $\sum\limits_{n=1}^{\infty} a_n$, $\sum\limits_{n=1}^{\infty} b_n$이 각각 수렴하고, $\sum\limits_{n=1}^{\infty} a_n b_n = \sum\limits_{n=1}^{\infty} a_n \times \sum\limits_{n=1}^{\infty} b_n$이 성립할 때, $\left(\frac{1}{2} - \frac{a_2}{a_1}\right) \times \left(\frac{1}{2} - \frac{b_2}{b_1}\right)$의 값은?

① $\frac{1}{4}$ ② $\frac{1}{2}$ ③ $\frac{3}{4}$
④ 1 ⑤ $\frac{5}{4}$

21 ▸ 23055-0211

첫째항과 공비가 각각 0이 아닌 등비수열 $\{a_n\}$이 다음 조건을 만족시킨다.

이 성립한다. $\displaystyle\sum_{n=1}^{\infty} \dfrac{b_{2n-1} + b_{3n+1}}{b_n} = S$ 일 때, $120S$ 의 값을 구하시오. [4점]

(가) 급수 $\displaystyle\sum_{n=1}^{\infty} a_n$ 은 수렴한다.

(나) $\displaystyle\sum_{n=1}^{\infty} (a_n + |a_n|) = 0$

(다) $3 \times \displaystyle\sum_{n=1}^{\infty} |a_{2n}| = 7 \times \displaystyle\sum_{n=1}^{\infty} |a_{3n}|$

$\dfrac{|a_1| + a_2}{a_1} = k$ 일 때, $16k^2$ 의 값을 구하시오.

2024학년도 수능 미적분 29번

2024학년도 수능완성 미적분 [23055-0209]
2024학년도 수능완성 미적분 [23055-0211]

EBS 문제의 주요한 상황이나 조건이 곧바로 수능에서도 쓰이는 것을 확인할 수 있다. 물리학I과 수학뿐만 아니라 국어의 문학 작품 연계, 독서의 소재 연계는 이미 너무나도 유명하다. 게다가 이런 연계는 한 두 문항에 그치는 것이 아니라 한 시험지에서 적어도 10문항은 들어있으니 다른 N제에 비해 효과가 직접적이고 적중할 확률도 높다는 점이 EBS 교재의 장점이다. 이것이 제가 N제 학습을 원하는 학생들에게 EBS를 우선으로 추천하는 이유이다.

이전 챕터에서 말했다시피 난 EBS와 기출 이외에 다른 콘텐츠로 학습한 경험이 없다. 오로지 기초, 기본에 충실하게 공부했고 수능에서도 좋은 성과를 거두었다. 그래서 학생들에게 딱히 N제나 사설 모의고사를 강요하진 않는다. 우선 열심히 기출문제와 EBS에 집중하고 본인의 학습 수준과 필요성에 맞추어 선택하도록 하자.

¨ 중고등학교 공부가 대학교에서 도움이 되었는가

이건 당연히 도움이 된다. 중고등학교에서 배우는 모든 내용은 대학교뿐만 아니라 살면서 언젠가 도움이 된다. 특히 이공계열 학생들은 입학하자마자 대학교 미적분학과 일반물리학, 일반화학 등을 배워야 하는데 이 내용들은 모두 고등학교 내용을 기반으로 쓰여 있다. 그렇기 때문에 중고등학교 공부를 반드시 열심히 해야 한다. 수능을 보고 정시 전형으로 들어온 학생 중에 수능 선택과목으로 물리를 선택하지 않아서 1학년 때부터 힘들어하는 경우가 많다.

¨ 벼락치기 성공 방법

중고등학교까지는 철저한 시간 관리를 통해 벼락치기를 해본 경험이 없다. 그러나 대학교에 진학하고 처음으로 벼락치기를 해보았는데, 성공하였다. 그 비결은 바로 공부 순서를 뒤집는 것이다. 일반적으로 '개념 학습 - 문제 풀이'의 순으로 공부하는 것을 뒤집어 먼저 문제를 읽고 풀어보면서 어떤 개념이 문제에 나오는지 확인하고 해당 유형에 필요한 내용을 암기하는 형식으로 벼락치기에 성공하였다.

"선생님은 언제나 승로를 응원해."

저는 본래 공부를 못하던 학생이었다. 고등학교 입학 후 치렀던 첫 3월 모의고사에서 국어, 수학, 영어 모두 3~4등급을 받았을 정도였으니 말이다. 이런 나에게도 꿈이 하나 생기게 되는데 바로 수학 교사가 되어 아이들을 가르치는 일이다. 하지만 스스로도 성적이 턱없이 모자란다는 것을 잘 알고 있었고 원하는 미래를 그리기 위해 지독하게 노력하기 시작했다. 이때 내가 포기하지 않고 끈질기게 노력할 수 있도록 도와준 것은 고등학교 1학년 담임 선생님께서 해주신 말씀이었다. "선생님은 언제나 승로를 응원해." 누구나 할 수 있는 말일 수도 있지만 말에 그치지 않고 행동으로 몸소 보여주셨고, 덕분에 늘 내가 다시 일어설 수 있도록 힘이 되었다.

앞에서 말했듯이 나는 공부를 못하던 그저 그런 학생이었다. 학원에 다니지 않았고, 그 흔한 선행학습도 받지 못했다. 그럼에도 불구하고, 짧은 기간 안에 성장하여 서울대학교에 진학할 수 있었다. 여러분도 늦었다고 생각할 때가 아닌 지금이라도 다시 일어서서 목표를 향한 발걸음을 뗄 시간이라 생각한다.

이화여자대학교 음악대학 한국음악과 ☆ 이예지

나는 국립국악중학교와 국립국악고등학교를 졸업하고, 지금은 이화여자대학교 음악대학 한국음악과 졸업을 앞두고 있다. 유치원 때 처음으로 피아노를 접했고, 초등학교 2학년 때 동네 피아노 선생님의 권유로 본격적으로 피아노 전공을 시작했다. 몇 시간씩 연습해도 지루함을 느끼지 않을 만큼 음악을 사랑했고, 끊임없는 노력 끝에 예술의전당 영재아카데미에 합격하며 실력을 인정받았다. 또한, 어린 나이에도 여러 콩쿠르에서 입상하며 피아노에 대한 열정을 키워갔다. 그러나 초등학교 6학년 때 우연히 국악공연을 보게 되었고, 그 순간 아쟁 소리에 강한 매력을 느꼈다. '이 악기가 아니면 안 되겠다'라는 확신이 들었고, 그렇게 아쟁을 배우기 시작했다. 결국, 중학교 1학년 때 아쟁 전공으로 방향을 전환했다.

이화여자대학교 음악대학 한국음악과는 전통적인 민족음악의 학문성과 예술성을 높이고, 국악계를 선도적으로 이끌어 나갈 여성 인재를 육성하기 위해 1974년에 설립되었다. 전공은 기악, 성악, 이론, 작곡의 4개 분야로 나뉘며, 세부적으로는 가야금, 거문고, 해금, 대금, 피리, 아쟁, 소금·단소, 타악, 성악(정가, 판소리, 경서도 소리, 가야금병창), 이론, 작곡 등 14개 전공으로 세분된다.

전체적으로 입학 전보다 입학 후에 만족도가 더 높아지는 학교라고 느꼈다. 과 생활 측면에서는 본인이 열심히 하면 무대에 설 기회가 많으며, 교수님들도 열정적으로 지도해 주신다. 특히, 가장 큰 경험은 정기연주회 관현악이다. 이를 준비하는 과정은 매우 길고, 개인적인 시간을 내기 어려울 정도로 힘들지만, 연주 후에는 이러한 노력이 절대 헛되지 않음과 힘든 일도 이겨내는 힘이 생긴다는 것을 깨닫게 된다. 또한, 나의 전공은 소수 전공이라 교수님이 따로 계시지 않고, 강사 선생님들이 실기 레슨을 진행하는데, 실력 있고 훌륭한 분들이 와주시기 때문에 만족도가 높았다. 이화여대가 종합대학이라는 점도 큰 장점이다. 주전공 외에도 부·복수전공, 트랙, 동아리 등을 자유롭게 경험할 수 있으며, 학업에 대한 부정적인 인식이 없어서 다양한 분야를 공부하는 데 제약이 적다.

˙˙ 익숙함에 익숙해지지 말라

나는 이화여자대학교에 예체능 수시 전형으로 합격하였다. 1차 전형에서는 고등학교 내신 성적을, 2차 전형에서는 실기 성적과 내신 성적을 함께 평가하였다. 1차에서 내신 성적만 보기 때문에 실기가 중요하다고 해서 내신공부를 소홀히 할 수 없었다. 그래서 이 글에서 내신과 실기 부분으로 나누어서 두 마리 토끼를 잡기 위해 노력했던 방법을 차분히 설명하겠다.

실기와 학업 둘 다 열심히 한 제일 큰 이유는 좋은 대학에 진학하고 싶어서였다. 국악 전공이 존재하는 서울권 학교는 종합대학 3개, 예술대학 2개뿐이다. 더불어 나의 전공인 아쟁은 소수 전공이기 때문에 학교당 1~2명밖에 뽑지 않는다. 그래서 정말 부담감이 컸지만, 대학진학과 더 나아가 미래 나의 꿈을 위하여 최선을 다했다. 이러한 과정에서 힘들었던 순간이 있었다. 그때 학교 전공 선생님의 조언, 부모님의 조언, 가끔 연락을 주고받던 초등학교 선생님의 조언 등이 있다. 먼저 전공 선생님의 조언부터 이야기해 보자면 전공 특성상 강사 선생님이 여러분 계셨는데 그중에 한 분이 "익숙함에 익숙해지지 마라!"라는 조언을 해주셨다. 이 조언을 듣고 중학교에서 고등학교에 막 입학한 그 순간에 깊은 이해를 할 수 있었다. 또 부모님은 항상 응원한다는 말씀, 긍정적으로 생각을 하면서 노력하라는 말씀을 자주 해주셨는데 이것이 큰 효과가 있었다. 또 초등학교 선생님께서는 텍스트 문자였지만 너무 욕심내서 애쓰지 말고 언젠가는 다 잘될 일이라고 말씀해주신 게 크게 와닿았다. 이런 조언과 응원들을 들으며 힘을 많이 냈고 글을 읽으시는 여러분들에게도 힘이 되고 싶다.

¨ 실기와 내신, 두 마리 토끼를 잡는 '내신' 전략

기본적으로 실기와 공부를 같이한다는 것이 정말 쉽지 않다. 특히 두 개 다 욕심 있게 잘하려면 더욱 어렵다. 전체적으로 국악 전공이 있는 상위권 대학의 입시 전형은 수시 전형이기 때문에 학교 내신 성적을 잘 받는 것이 중요했다. 내신 성적을 위해 나는 방학 때 예습을 진행했다. 필요한 과목은 단과 학원에 다니기도 했고, 혼자 가능한 과목은 인터넷 강의를 듣기도 했다. 방학 때 국어, 수학, 영어는 무조건 예습을 꼭 했고 암기 과목도 많이 해두려고 노력했다. 이렇게 하면 학기 중에 시간이 조금이라도 있어 실기 연습을 더 할 수도 있고 수행평가에 조금 더 치중할 수 있었다. 여기서 시간 관리 방법은 매일 아침 연습은 못 했지만, 연습하려고 노력한 날이 많았다. 또 집에는 포스트잇에 암기 내용을 많이 써서 붙여놓기도 했다. 그리고 레슨 가는 그 시간 동안 수행평가를 준비하거나 암기과목 내용을 한 번이라도 읽어보는 노력을 했다. 정말 시간이 없다 보니 어떨 때는 레슨을 기다리는 틈에도 암기를 종종 했었다.

정말 매우 바쁘다 보니 어쩔 수 없이 벼락치기를 하게 되는 때도 많았다. 하지만 벼락치기는 아는 게 하나도 없다면 잘되지 않는다. 그래서 평소에 수업시간이라도 잘 들어서 흐름은 파악해 놓으려고 노력했다. 그리고 수업 중에 선생님들이 강조하시는 내용이 꼭 있다. 첫 3월에는 잘 파악되지 않아도 수업을 잘 듣다 보면 4월부터는 눈에 보이기 시작한다. 그러니 그때부터 중요하다고 말씀하시는 거 꼭 표시해놓는 것을 추천한다. 이렇게 해놓으면 벼락치기도 그나마 수월하고 공부할 때 편하다. 또 벼락치기 공부라면 교과서와 선생님 프린트를 꼭 꼼꼼히 봐서 없는 시간 그나마 단축하길 바란다. 또 필기법을 곁들여서 말하자면 필기할 때는 너무 화려한 색깔을 추천하지 않는다. 필기하는 데 시간이 너무 오래 걸릴 뿐 아니라 다시 볼 때도 너무 정신이 없다. 나 같은 경우에는 중요한 것은 빨간색 볼펜, 일반 필기는 검은색 볼펜, 더 진짜 중요한 것은 노란빛 형광펜을 사용했다. 이렇게 3가지만 사용하여 내가 좋아하고 편한 색깔로 필기했다. 하나 더 이야기하자면 학교 수업, 학원 수업, 과외 수업 모든 수업에 있어서 필기도구가 나오지 않는 일 없게 쉬는 시간에 미리 준비해두는 것을 추천한다. 딱 필기하려고 하는 순간에 펜이 나오지 않는다면 상당히 당황스럽고 그 필기를 놓치는 경우가 있다. 그러므로 쉬는 시간에 미리 점검해두고 여분 펜을 1~2개는 꼭 가지고 다니면 좋다고 생각한다.

또 공부를 효율적으로 더 잘하려면 집중력이 중요했다. 집중력 같은 경우는 주로 핸드폰이 문제라고 생각한다. 그래서 나는 핸드폰을 보이지 않는 데다가 놓거나 부모님께 아예 맡기는 때도 있었다. 때로는 레슨실에서 연습할 때면 레슨 선생님께 일부러 드리는 때도 있었다. 절대 억지로 달라고 하신 것은 아니었다. 순수 내 의지였다. 하나의 방법이라면 방법인데 실제로 최악의 상황은 일어나지 않긴 하지만 이걸 안 하거나 못해내면 죽는다는 식으로 최악의 상황을 생각할 때도 있었다. 이렇게 하면 살짝이라도 충격을 받긴 한다. 그리고 초시계를 옆에 두고 시간을 아예 점검하면서 공부하는 것도 집중 안 될 때는 도움이 꽤 된다. 이 방법도 유용하게 잘 활용하길 바란다.

대학 입시에 있어서 예체능 수시 전형 같은 경우 성적을 우선으로 보긴 하지만 학교에 따라서는 전체 생활기록부를 다 보는 경향이 있다. 그러므로 이왕이면 열심히 챙길 필요가 있다. 일단 눈에 띄어서 선생님들에게 밉보이는 행동은 하지 않길 바란다. 그리고 교과 선생님들이 "이거 하면 세부 특기 사항 써줄게." 하실 때가 있을 수 있다. 그런 기회는 무조건 잡길 바란다. 또 교내 대회 같은 것이 있으면 노려보기 바란다. 외부 대회 상은 자기소개서에 기재하기 힘들지만, 교내 상은 생활기록부에 아예 적혀 나오니 입시에서 나를 어필할 좋은 기회이다. 그리고 혹시 1학년 때 성적이 잘 나오지 않더라도 2, 3학년 때 더 노력해서 상승곡선을 그리면 노력한 것을 많이 인정해준다고 한다. 점점 떨어지는 성적보다는 올라가는 성적이 좋으니 끝까지 포기하지 말고 힘을 내기 바란다.

^{..} 실기와 내신, 두 마리 토끼를 잡는 '실기' 전략

전공 실기는 대학 입시에서 빠지지 않는 필수 평가 요소이며, 앞으로 전공을 이어갈 계획이라면 가장 중요한 부분이라고 할 수 있다. 그러므로 늦었다고 생각하지 말고, 지금부터라도 꾸준히 준비한다는 마음가짐이 필요하다. 특히 실기시험이 아침에 진행되는 경우가 많으므로, 연습도 입시 시간에 맞춰 진행하는 것이 좋다. 평소에 오후나 밤에만 연습하다가 시험 당일 아침에 연주하게 되면 손이 풀리지 않아 실력 발휘가 어려울 수 있기 때문이다. 따라서 미리 아침 연습을 통해 입시 시간대의 몸 상태를 조절하는 것이 중요하다. 또한, 실력 향상을 위해 기본기 연습을 소홀히 하지 않아야 한다. 국악 기악 전공을 기준으로 보면, 정악에서는 기본 활 쓰는 연습과 톤을 다듬기 위해 수연장지곡 같은 기본 곡들을 연습하는 것이 좋다. 민속악에서는 농현과 꺾는 음을 집중적으로 연습하면 도움이 된다. 이러한 기본기 연습은 하루 중 정해진 시간을 정해놓고 꾸준히 하는 것이 가장 효과적이다.

입시 준비 과정에서 정악과 산조 같은 전통곡들에 집중하다 보면 초견 연습이 부족해지기 쉽다. 하지만 초견은 시험에 포함되는 경우가 많으므로 미리 충분히 준비하는 것이 좋다. 생각보다 그날 바로 악보를 받아 연주하기가 쉽지 않으며, 많은 연습이 필요하다고 느낄 수 있다. 특히 시창·청음이 약하거나 낮은음자리표 악보를 보는 것이 어렵다면, 본인의 상황에 맞춰 연습량을 늘리거나 레슨을 통해 보완하는 것이 필요하다. 초견은 단기간에 해결할 수 있는 부분이 아니므로 꾸준히 연습하는 것이 가장 좋은 대비책이다.

연습 과정에서 자신의 연주를 녹음하거나 영상으로 촬영한 뒤 직접 들어보고 피드백하는 습관을 들이는 것을 추천한다. 이러한 과정을 반복하다 보면 레슨 선생님이 지적했던 부분이 더욱 명확하게 들리고 보이게 된다. 스스로 자신의 연주를 객관적으로 평가하고 개선하는 능력은, 단순히 누군가의 조언을 듣는 것보다 훨씬 큰 효과를 가져오며 실력 향상의 지름길이 될 수 있다. 또한, 언제까지나 레슨 선생님에게 의존할 수는 없으므로, 미리 자기 피드백 능력을 키워두는 것이 중요하다.

예술고등학교 학생이라면 실기 성적이 내신에 포함된다는 점도 신경 써야 한다. 따라서 시험 곡 악보는 미리 외워두는 것이 좋다. 시험 기간에는 원래 학업 일정도 바쁘므로 악보를 외우는 데 쫓기다 보면 시간 관리가 어려워질 수 있다. 또한, 악보를 확실히 숙지하는 것뿐만 아니라, 담당 선생님의 스타일에 맞춘 연주를 준비하는 것도 중요하다. 시험 당일에는 교복을 단정하게 입고, 머리도 깔끔하게 정리하는 등 기본적인 외적인 부분도 신경 쓰는 것이 좋다.

이제 실전을 대비하기 위해 어떤 준비가 필요할지 살펴보는 것이 중요하다. 입시를 앞두고, 1학년부터 3학년 1학기까지는 대회에 참가하여 무대 경험을 쌓는 것이 좋다. 물론 내신과 입시 실기에 집중해야 하지만, 입시에 부담이 되지 않는 범위 내에서 자신의 실력을 실전에서 점검해 보는 것도 필요하다. 또한, 레슨 선생님 앞에서 연주하거나 학교 전공 실기 시간을 활용해 실제 시험 환경을 가정한 연습을 해보는 것이 중요하다. 특히 3학년 때 이러한 연습을 집중적으로 진행하는 것이 효과적이다. 예를 들어, 시험과 같은 조건을 설정하여 연주 시간을 3분으로 제한하는 등의 실전 연습을 반복하면, 실전에 대한 적응력을 높일 수 있다. 이러한 연습을 해보았을 때, 긴장으로 인해 실력 발휘가 어렵다면 긴장 완화에 도움이 되는 약을 고려해볼 수도 있다. 다만, 입시 당일 처음 복용하는 것은 위험할 수 있으므로, 대회나 실기시험에서 미리 복용해 본 후 몸에 어떤 영향을 미치는지 확인하는 것이 바람직하다. 갑작스러운 부작용으로 인해 졸리거나 체력이 급격히 저하되는 상황을 방지하기 위함이다.

가장 강조하고 싶은 것은, 예술고등학교에서는 전공별 성적에 대한 경쟁이 매우 치열하고 예민할 수 있다는 점이다. 이는 레슨실에서도 마찬가지로, 동갑내기 친구들 사이에서도 발생할 수 있다. 그러나 경쟁자는 단순히 내 눈에 보이는 사람들만이 아니다. 보이지 않는 곳에서도 많은 이들이 같은 목표를 향해 노력하고 있다. 따라서 끊임없이 남과 비교하며 스트레스받을 필요는 없다. 오히려 자신의 실기 실력을 키우는 데 집중하는 것이 더 효율적이고 빠른 길이다. 또한, 준비 기간 실력이 뛰어나다고 해서 입시 당일까지 그대로 유지되며 합격할 것이라는 보장은 없다. 음악은 시간 예술이기 때문에, 시험 당일 어떤 변수가 생길지는 아무도 예측할 수 없다. 결국, 중요한 것은, 남과의 비교가 아니라 자신을 믿고 최선을 다하는 것이다. 끝까지 노력하며 입시를 준비한다면, 좋은 결과로 이어질 가능성이 더욱 커질 것이다.

입시 전날과 당일에 대한 조언이다. 전날에는 무리한 연습을 피하는 것이 좋다. 다음 날 더 잘해보겠다는 욕심으로 지나치게 연습하면 근육이 뭉치거나 피로가 쌓여 오히려 실력 발휘가 어려울 수 있다. 따라서 본인의 몸 상태에 맞춰 적절한 연습량을 유지하는 것이 중요하다. 그리고 전날 미리 모든 준비물을 챙겨두는 것이 좋다. 당일에는 긴장으로 인해 정신이 없을 수 있어 필요한 물품을 빠뜨릴 가능성이 크기 때문이다.

시험 당일에 막을 치지 않는 학교는 잘 갖춰 입고 가야 하지만 막을 치는 비대면 입시를 진행하는 학교에는 최대한 편한 옷을 입는 것을 추천한다. 과거에는 풀치마와 속치마를 입으면 그 앉는 소리가 들려서 심사 위원에게 점수를 더 받을 수 있다는 소문이 있었지만 실제로는 전혀 상관이 없다. 편한 복장을 선택하는 것이 실기시험을 치르는 데 더 도움이 된다. 또한, 실기시험 날에는 간단한 간식과 물을 챙겨가는 것이 좋다. 시험 번호 순서에 따라 대기 시간이 길어질 수 있어 배고픔을 느낄 수도 있기 때문이다. 입시를 위하여 미리 철저히 준비하고 침착하게 시험에 임하면 좋은 결과를 얻을 수 있을 것이다.

¨ 나만의 슬럼프 극복법

이 글을 읽는 여러분들은 슬럼프가 없길 바라지만, 슬럼프가 혹시 찾아오더라도 현명하게 이겨내길 바란다. 나는 고등학교 1학년 때 정말 크게 슬럼프를 겪었었다. 초등학교 6년, 중학교 3년을 아주 열심히 열정적으로 살아왔다. 그러나 고등학교에 입학 후 나의 열정은 급격히 감소했고, 실기 및 내신 성적이 크게 떨어졌다. 지금 생각하면 내가 슬럼프를 겪은 이유는 다음과 같다.

첫 번째 처음부터는 아니었지만, 중학교 3학년 때부터 레슨실에는 여러 선생님이 게서서 원하는 선생님께 레슨을 받을 수 있었다. 그러나 예상치 못한 갈등이 발생하면서 학생들은 혼란을 겪었고, 갑작스럽게 새로운 선생님을 선택해야 하는 상황이 되었다. 결국, 해당 레슨실 공간도 더 사용할 수 없게 되면서 학생들은 다른 방법을 찾아야 했다. 두 번째 학교 앞으로 이사를 하게 되면서 육체는 더 편한 환경이었으나 정신은 점점 해이해진 것이다. 세 번째 학교에 대한 실망이 약간 있었다. 중학교 때 보던 고등학교는 무언가 대단해 보이고 합격하면 더 좋으리라 생각했으나 현실은 비슷했고 어쩌면 더 안 좋았던 것 같기도 하다. 네 번째 중학교 절대평가에서 고등학교는 상대평가이므로 주변 친구들이 다 열심히 한 것이다.

고등학교 생활을 시작하면서 여러 이유로 슬럼프에 빠졌고, 점점 부정적인 생각에 사로잡혔다. 아무리 노력해도 목표를 이루지 못할 것 같다는 우울한 마음이 커졌고, 이미 빡빡하고 힘든 하루하루가 더욱 버겁게 느껴졌다. 그렇게 1학년 내내 힘든 시간을 보냈지만, 부모님과 과외 선생님의 조언 덕분에 마음을 다잡을 수 있었다. 그분들이 해주신 말의 핵심은 부정적인 생각을 멈추고, 긍정적인 방향으로 바라보라는 것이었다. "나는 앞으로 더 잘될 거야.", "나는 나의 가능성을 믿어."와 같은 말을 스스로 되뇌다 보니 점차 다시 해낼 수 있을 것 같은 용기가 생겼다. 그리고 그렇게 마음을 다잡고 노력한 덕분인지, 1학년 2학기 성적이 1학기보다 조금이라도 오르면서 작은 성취감을 느낄 수 있었다. 만약 그분들의 조언이 없었다면, 3년 내내 힘든 시간을 보냈을지도 모른다.

한번 바닥을 쳐보니 정말 열심히 해야 살아남을 수 있다는 생각이 들기도 했다. 그래서 2학년부터 성적을 조금씩 올리면서 내신과 실기 모두 만족스럽게 마무리할 수 있었다. 슬럼프에 빠졌다고 느낀다면, 우울한 감정이나 육체적 피로를 잠시 뒤로하고 먼저 긍정적인 마음을 가지려 노력해보길 바란다. 만약 긍정적인 마음가짐이 어렵다면, 최소한 평정심이라도 유지하려 해보자. 그리고 공부를 왜 하고 싶은지, 목표하는 바는 무엇인지, 대학 이후에는 어떤 길을 걷고 싶은지 스스로 차분하게 하나씩 돌아보길 바란다. 나도 이겨냈으니 여러분들은 더 잘 이겨낼 수 있을 거라 믿어 의심치 않는다.

·· 예고 생존기: 에피소드 공개

마무리하기 전에, 여러분께 재미있지만, 한편으로는 다소 웃을 수도 울 수도 없는 에피소드 두 가지를 들려드리고자 한다.

첫 번째 이야기는 고등학교 2학년 때의 일이다. 당시 과학 선생님께서 교과서 문제의 정답을 모두 작성해 제출하면 생활기록부의 세부 특기 사항을 정성스럽게 작성해 주겠다고 하셨다. 그 말에 욕심이 난 나는 문제의 답을 꼼꼼히 정리한 교과서를 들고 교무실로 향했다. 그런데 쉬는 시간이 얼마 남지 않은 상황에서 서둘러 계단을 내려가다가 발목을 삐끗하고 말았다. 순간 너무 아파서 움직일 수 없었고, 함께 가던 친구에게 "이것 좀 대신 제출해 줘…"라며 비련의 여주인공처럼 교과서를 내밀고 그 자리에 주저앉았던 기억이 난다. 결국, 깁스해야 했고, 아쟁이라는 크고 무거운 악기를 다친 다리로 들고 다니는 것은 정말 힘든 일이었다. 지금 생각해보면 그 수행평가 한 줄이 뭐라고 그렇게까지 열심히 했나 싶으면서도, 그때의 간절함에 절로 웃음이 난다.

두 번째 이야기는 어느 날 저녁 8시쯤, 친구의 전공발표회를 도와주기 위해 학교 연습실에서 연습하던 날의 일이다. 크고 무거운 현악기들은 학교에 마련된 악기장에서 보관하는데, 연습 시간이 다가와 악기장에서 악기를 꺼내고 있었다. 그런데 그 순간, 옆 아쟁 전공실 창문에서 허연 물체가 움직이는 듯한 모습을 보았다. 순간적으로 놀라고 무서웠지만, 연습 시간이 얼마 남지 않았다는 생각에 급히 발걸음을 옮겼다. 그런데 연습을 마친 후 다시 악기를 두러 가면서 문득 '그게 대체 뭐였지?' 하는 의문이 들었다. 아쟁 전공실의 창문은 상당히 높아 사람이 서 있어도 창밖으로 보일 리가 없었고, 사람이었다면 저렇게 흐릿하게 보이지 않았을 것이다. 괜히 소름이 돋아 친구와 함께 다시 악기장으로 갔고, 다행히 그때는 아무 일도 없었다. 나중에 이 이야기를 전공 실기 선생님께 말씀드리자, 선생님께서는 "학교에서 귀신 보면 잘되는 거야"라고 말씀하셨다. 그 덕분인지 모르겠지만, 결국 대학에 합격했으니 만족스럽다.

중학교, 고등학교 시절 할 것도 많고 입시에 대한 스트레스가 정말 크다고 생각한다. 하지만 이때 배우는 공부가 대학에 와서도 정말 도움이 되었다. 물론 배우는 내용이 다르고 비슷해도 깊이가 다르다. 정확히 공부 내용이 도움 된다기보다는 그때 노력했던 끈기와 열정이 대학 와서도 발휘된다. 특히 고등학교 때 공부하면서 포기하지 않고 끝까지 노력했던 습관은 어디 가지 않았다. 그래서 나는 음대임에도 하고 싶었던 다른 학과를 복수전공과 부전공으로 공부를 할 수 있었다. 지금 생각해보면 이것이 가능했던 이유는 힘들게 고생했던 고등학교 시절이 있어서이다. 그래서 때로는 그 시절에 감사하기도 하다.

마지막으로 해주고 싶은 말은 대학 입시 준비과정이 짧게는 3년 아주 길게는 12년으로 생각되어 정말 너무 힘들고 지칠 수 있다. 그러나 끝까지 포기하지 않고 최선을 다한다면 보상이 따른다는 것을 말해주고 싶다. 나 같은 경우에도 초등학교 6년과 중학교 3년 정말 잘해오다가 고등학교 1학년이 되면서 슬럼프에 빠졌다. 그렇지만 그 슬럼프마저도 나 자신이 만들어낸 것이었고 현실은 그것보다 훨씬 더 나았으며 언제든지 발전할 가능성이 무궁무진했다. 그러니 여러분도 다 할 수 있다는 것이다. 당장 성적이 조금 안 나오고 생각한 만큼 잘 안된다고 해서 절대 포기하지 마라. 앞으로 당신에게는 더 밝고 찬란한 미래가 있고 완전히 끝날 때까지 끝난 게 아니다. 여기서 끝날 때라는 것은 대학 입시뿐 아니라 앞으로의 미래도 의미한다. 여러분 모두 긍정적인 마음을 가지고 노력하며 끝까지 포기 안 한다면 미래가 보상될 것이다.

아주대학교 경영학과 ☆ 임예은

아주대학교 경영학과에 재학 중이다. 경영은 어디에나 적용할 수 있는 범용성을 바탕으로 나의 적성을 여러 분야에서 자유롭게 발현하도록 도와주는 학문이다. 대학교에서 배우는 경영은 기업경영에 초점을 맞추고 있고 나는 환경경영과 ESG의 실현방안을 배우고자 대학교에 진학했다. ACE전형이라는 학생부종합전형으로 합격했다. 나의 경우 목표가 뚜렷하고 진취적으로 학교생활을 꾸려온 점이 좋게 평가된 것 같다.

¨ 공부하는 이유

나는 살면서 나의 모든 적성과 가능성을 펼쳐보고 싶다. 내가 존경하는 사람들, 배울 수 있는 사람들과 어깨를 나란히 하고 계속 함께 성장하고 싶다. 고등학교 때는 세상에 어떤 논제가 있는지 알고 싶어서 나의 공감 능력과 통찰력의 잠재력을 계발하기 위해 노력했다. 자연 보호, 인간의 폭력성, 기회의 불공평이라는 논제에 특히 마음이 갔다. 이때 읽은 책과 작성한 글은 지금 내가 ESG 분야의 전문가가 되려 공부하고, 자연 다큐멘터리를 만들고, 노래를 짓는 원동력이 된다.

내가 하는 모든 활동은 사람들에게 대화를 제안한다는 공통점이 있다. 나는 우리의 문제에 목소리를 내고 해결할 수 있는 능력을 갖추기 위해 공부를 열심히 해왔다. 많이 알수록 정보 간의 연결고리가 보이고 질문이 생긴다. 그 질문들을 따라가다 보면 어느새 문제의 그물과 내가 실행할 수 있는 것이 보인다. 예를 들면 내가 사랑하는 자연을 지키기 위해 기업의 행동을 검토하고자 기업 운영을 배우고 있고 세상의 폭력을 똑바로 마주하고 더 나은 삶을 만들어가는 일을 하고자 사회학을 배우고 예비사회적기업을 운영하고 있다. 그래서 난 이 세상을 많이 보고, 겪고, 생각하고, 움직이기 위해 공부한다.

¨ 나만의 과목별 공부법

궁금증을 많이 갖고 여러 과목을 자유롭게 활용하여 문제를 해결한다. 배우고 있는 과목 간에 어떤 연관성이 있는지 생각해보고 배운 내용을 어떻게 활용하거나 확장할 수 있는지 고민한다. 예를 들어 광합성을 배운다면 분자 단위에서 어떤 일이 일어나는지, 그런 작용이 일어날 수밖에 없는 물리적 구조가 있는지 궁금했다.

수학 분야에서 유일하게 받은 상도 이러한 의문에서 시작해 과목의 융합으로 풀어냈다. 방학 중 수학 과목의 사이클로이드 곡선을 예습하려고 했는데 미적분을 배우지 않은 상태라 인터넷강의와 검색으로 이것저것 찾아봐도 이해가 안 됐다. 사이클로이드 곡선을 머릿속에 그려 곡선을 따라 구르는 공을 생각하다가 물리에서 배운 역학에너지가 생각났다. 실험으로 사이클로이드 곡선의 이론이 검증된다면 곡선의 특징을 수긍할 수 있을 것 같았다. 곡선을 좌표계 위에 그리고 좌표 위의 점에 대해 위치에너지와 운동에너지를 대입하여 속력을 예측했다. 이렇게 가상의 실험을 해보니 납득이 됐고 이 과정을 자세히 기술하여 학교에서 열린 수학탐구보고서 대회에 나갔다. 선생님께서 나의 접근을 흥미롭게 봐주신 덕분에 좋은 성과를 얻었다. 새로운 접근을 하는 과정은 늘 짜릿하다. 문제에 파고들수록 더 짜릿하고 몰입할수록 더 재밌다. 탐구는 내가 가장 좋아하는 학습법이다.

˙˙ 매력적인 생기부를 만드는 방법

진학에 필요할 요소만 계산적으로 챙기지 않았다. 나의 마음이 가는 과제라면 과정 자체의 성장을 즐기며 최선을 다했다. 지적 호기심을 충족하는 과정이 즐거웠다. 진실한 호기심을 바탕으로 공부하면 훨씬 많은 정보를 찾고 활용할 수 있게 된다.

요즘 노벨 문학상을 수상한 한강 작가님에 대한 이야기로 주위가 들떠있다. 나도 한강 작가님을 무척 존경한다. 그 계기는 고등학교 국어시간에 했던 문학작품 분석 발표다. 교과서의 글을 하나 정해 반 학생들을 대상으로 15분 이상 수업을 진행하는 과제였다. 교과서를 살펴보던 중 한강 작가님의《내 여자의 열매》를 읽었다. 남편의 시점으로 진행되는 책인데 교과서에는 아내가 작성한 편지가 실려 있었고 당시 진로와 자존감에 대해 혼란을 겪고 있던 내게 큰 울림을 주었다. 내용을 간략히 설명하자면 아내에게도 여러 도시를 자유롭게 다니며 꿈을 키우던 시절이 있었지만 지금은 도로 옆에 심어진 플라타너스처럼 갑갑함을 느끼며 같은 자리에 머물고 있다. 언제부턴가 아내의 몸에 연두색 멍이 생기더니 결국 나무가 되어버린다. 이 작품을 발표하기로 정하고 도서관에서 전문을 읽는데 남편의 시점으로 전개되어 신선했고 상징적인 요소가 눈에 들어왔다. 책을 읽을수록 대한민국에서 사춘기를 보내며 하고 싶은 일, 할 수 있는 일, 해야 하는 일의 혼란 속에서 꿈이 움츠러드는 내 모습이 겹쳐 보였다. 반 친구들과 나누고 싶은 이야기가 많았다. 제목의 의미, 메타포, 현대사회 속 우리 등의 목차로 수업시간 40분을 꼬박 채워 발표했다. 발표를 듣고 한 친구가 '어쩌다 어른' 강연 같았다며 감명 깊었다고 해주었다. 발표 형식으로 건넨 나의 대화에 참여해준 친구에게 무척 감사했다. 이처럼 진심을 다해 열심히 수행한 과제와 대회 하나하나가 나의 진로 계획에 큰 영향을 미쳤고 자연스레 자소서에 쓸 내용도 풍부하고 진정성 있었다.

¨ 나의 공부를 방해했던 요소를 극복하는 법

하고 싶은 일이 많은데 체력이 따라주지 않아서 힘들었다. 그래도 나의 관심사를 포기하지 않으려고 노력했고 의지가 흐려질 때면 학교에서 열린 특강에 참여해 열정을 충전했다. 내가 왜 이 길을 가고 싶은지, 힘들어도 놓고 싶지 않은 이유가 무엇인지 되새기다 보면 씁

쓸한 마음을 달랠 수 있었다. 그리고 대회나 활동에서 현장을 조사하고 체험하며 나의 경쟁력을 키웠다. 목표와 동기를 정립하고 방향성을 정비하며 마음껏 목소리를 내고 성장하고 성취했다. 무언가를 성취해 본 경험은 마음의 체력을 크게 키워주고 자존감을 지탱해주어서 도전이 무섭지 않아진다. 그때 스스로 세웠던 목표를 이룬 경험이 지금 내가 도전할 수 있는 원동력이다.

나의 가능성이 인정받지 못하는 것 같을 때, 내가 하고 싶은 일이 당장의 학업에 묻히는 것 같을 때, 나 스스로에게 의심이 생길 때 지금의 학업기간을 내공을 쌓는 기간으로 생각하고 혹여 가능성을 잃을까 불안해하지 않길 바란다. 원하는 점수를 달성하고 주어진 과제를 하는 기간은 단지 성적으로만 남지 않는다. 내가 문제에 대해 진심으로 고민하고 실행한 만큼 나의 지구력, 사고력, 창의력이 되어 나의 역량이 된다. 나를 키우는 기간을 충분히 활용하면 좋겠다.

제주대학교 영어영문학과 ☆ 이예림

나는 제주대학교 영어영문학과 학생이고, 내신 3등급 초반으로 학생부교과전형에 최초 합격하여 입학했다. 학창 시절 나에게 영어는 강박감 없이 즐겁고 행복하게 공부할 수 있는 과목이었기 때문에 자연스럽게 생긴 영어에 대한 흥미로 영어영문학과를 선택했다. 영어영문학과는 영문학과 영어학 분야에 대한 이론을 배우고, 영미문학 작품을 분석할 수 있는 능력을 함양할 수 있는 학과이다. 또한, 영어영문학과는 사회에서 필수로 요구하는 영어 능력을 발전시켜 글로벌 시대에 능동적으로 활동할 수 있는 인재 양성을 목표로 하고 있다.

¨ 열정이 성적을 만든다

가장 자신 있는 과목은 영어였다. 사실 처음부터 영어가 자신 있는 과목은 아니었다. 나는 영어를 암기 과목이라고만 생각해서 중학교 시절에는 모든 본문을 외우곤 했다. 중학교 영어 시험은 암기로 한 공부 내용을 적용할 수 있어서 점수가 꽤 잘 나왔기에 당연히 고등학교 영어도 문제가 없으리라 믿었다. 하지만 중학교 3학년이 끝날 때쯤 연습 삼아 처음 모의고사를 본 후 처참한 점수를 받았던 기억이 아직도 생생하다. 충격이 매우 컸던 나머지 이대로는 안 되겠다 싶어 무작정 영단어에 힘을 써서 탄탄한 영어 기초를 마련해야겠다는 막연한 생각이 들었다. 그 후부터 고등학교 입학 전까지 일주일에 영단어 1,000개를 외워 방학이 끝날 때쯤엔 영단어책 3권을 다 끝내어 뿌듯해하던 저의 모습을 발견했다. 이렇게 열심히 외운 단어가 바탕이 되어 자연스럽게 문장 해석이 되었고, 해석한 문장으로 내용을 이해하여 답을 찾는 배움의 즐거움을 통해 첫 고1 3월 모의고사에서 4등급을 받을 수 있었다. 노력한 만큼의 성적이 보상되니 저절로 욕심이 생기게 되었고, 영단어 암기에 이어 듣기 연습을 추가로 하며 영어 공부에 매진했던 것 같다. 꾸준히 영어 공부를 하고, 영어에 대한 이해가 바탕이 된 순간부터는 지문을 읽는 데에는 거의 무리가 없었다. 물론 모르는 단어나 어려운 단어가 있을 때는 잠깐 멈칫하긴 하지만, 다른 문장을 통해 내용을 이해하고 있으니 단어의 뜻을 예상할 수 있게 되었다. 그 결과, 인문계 고등학교 3학년 1학기 중간고사에서는 96점으로 전교 1등을 할 수 있었고, 모의고사 연습에서도 2등급 이상은 보장되는 수준까지 실력이 향상했다. 영어에 대한 애정과 열정으로 만들어낸 결과이기도 하고, 그 결과가 만족스러웠던 경험이 많아서 저는 영어를 가장 좋아하고 자신 있는 과목이 되었다.

·· 매력적인 생기부를 만드는 방법

학생부교과전형으로 현재 대학에 입학하긴 했지만, 나는 학생부종합전형으로 인서울 대학교 합격증을 받았을 만큼 생기부에도 정말 엄청난 노력을 쏟아부었던 학생이었다. 그만큼 생기부에 일가견이 있는 사람으로서 생기부와 관련된 이야기를 꼭 적어내고 싶었다. 지금은 영어영문학과에 재학 중이지만, 나의 생기부 내용은 경찰행정과 관련된 내용으로 사회 문제에 대한 탐구가 주를 이루고 있었다. 성적이 매우 뛰어난 학생은 아니었기 때문에 오히려 생기부에 내 모습을 다채롭게 보여줄 수 있도록 여러 가지 활동에 참여했다.

특히, 개인적으로 중요하게 여겼던 부분은 '융합형 인재'로 한 가지 분야에 몰두하는 것보단 다양한 분야에 관심이 있는 학생이라는 것을 보여주고자 했다. 실제로 직접 진행했던 창의 융합 프로젝트를 통해 조금 더 자세한 설명을 덧붙여 보겠다. 프로젝트에서 '인천 인현동 화재 사건, 적합한 내화 구조 이해 및 건축 설계'라는 주제를 정해 '정치와 법' 과목과 '기하' 과목을 융합하여 탐구를 진행했다. 가장 먼저 당시 화재가 발생했던 건물이 현재 명시된 법령에 어긋난다는 문제점을 찾아냈다. 문제점을 바탕으로 건물을 새롭게 설계하고자 건축법 시행령과 다중이용업소 특별법을 조사하고, 이를 적용하여 내화구조에 적합한 건축물을 건축 설계 프로그램으로 재설계를 했다. 이 활동을 통해 문과생인 제가 쉽게 접하지 못할 '건축' 분야와 그동안 전혀 배우지 않았던 '기하' 과목을 배울 뜻깊은 기회가 되었다. 처음 배우는 분야를 어떻게 탐구 활동과 연관 짓고, 이 분야를 가지고 어떻게 더 만족스러운 결과를 얻을 수 있을지 상상하는 것 자체가 큰 기대와 설렘으로 다가왔다. 낯선 분야를 새롭게 배우고 프로젝트 내용에 적용한다는 게 처음부터 쉽지는 않았지만, 제가 하고 싶은 연구인만큼 포기하지 않고 끝까지 매달려 유의미한 결과를 얻었다.

결국 전하고 싶은 말은 매번 비슷한 결의 활동보다는 다양한 경험과 색다른 배움을 추구하는 것이 때론 내가 가진 배움의 범위를 확대하는 경험이 된다는 사실. 그리고 이것이 생기부에서 융합형 인재로 보일 수 있는 핵심이 될 수도 있다는 것을 꼭 기억하셨으면 좋겠다.

공부할 때 가장 위로 되었던 한마디

> **"그래도 잘했어."**

'그래도 잘했어'라는 한마디가 어찌나 위로되었는지 모른다. 내가 아무리 만족스러운 결과를 얻었다고 하더라도 '아, 이 문제까지 맞았으면 점수가 더 잘 나왔을 텐데.', '실수만 안 했으면 더 좋았을 텐데.' 등의 돌이킬 수 없는 것에 대한 후회와 아쉬움이 남아있던 적이 훨씬 많았다. 어쩌면 후회와 실수 없이 완벽한 결과를 만든 적이 없었던 것 같다. 그만큼 나는 모든 결과에 대해 티끌만큼의 아쉬움은 꼭 마음속에 담아두는 사람이다. 그래서 누군가가 나의 결과만 보고 막연히 잘했다는 칭찬보다는 내 마음에 담긴 후회를 조금은 보듬어주는 '그래도 괜찮아'라는 말에 위로가 되었다. 혹시라도 본인의 결과에 매번 자그마한 후회라도 느끼는 분이 계신다면 '그래도 괜찮아'라는 말을 건네주고 싶다.

학창 시절은 생각했던 것보다 훨씬 빨리 지나간다. 지금 당장은 공부하기 힘들고, 지치고, 버거울 수 있지만 정말 순식간에 지나가는 시기라는 걸 절대 잊으면 안 된다. 조금은 느려도 괜찮다. 다만, 포기하지만 않으면 된다. 결국 성공은 꾸준함의 결과라는 사실을 항상 마음속에 새겼으면 좋겠다.

서울교육대학교 초등교육과 ☆ 이예은

나는 서울교육대학교 초등교육과에 재학 중인 대학교 1학년 이예은이다. 24살이라는 늦은 나이에 다시 수능을 보고 정시 24학번으로 입학하게 되었다.

·· 남보다 늦은 대학 입학

다른 친구들은 졸업을 하고 취직을 준비할 때, 내가 수능을 다시 보게 된 것은 '당장은 늦어도, 20대는 남들보다 더 높이 올라갈 발판을 준비하는 기간'이라는 생각 때문이었다.

물론 나도 주눅 드는 순간이 참 많았다. 인스타에서 친구들 소식을 듣고 엄친 아들딸 이야기를 들었을 때뿐만 아니라, 그냥 집에서 가족들과 밥을 다 같이 먹을 뿐인 순간에도 나는 위축되어 있었다. 머릿속에서는 대학 생각이 떠나질 않았다. 하지만 나는 매일 밝게 웃었다. 누구보다 멀리 보고 있었다. 남들보다 늦게 시작해도 남들보다 더 높이 올라갈 자신이 있었다. 그렇게 24학번으로 25살이 되었다.

지금은 과연 어떻게 되었을까? 아직 1학년이지만, 난 누구보다 목표를 향해 빠르게 가고 있다고 생각한다.

처음은 대학교 합격증이 나오자마자, 시간표를 모두 대면 과외로 채
웠다. 늦은 나이가 신경 쓰이기도 하고 그저 돈을 많이 벌고 싶었다.
그런데 생각보다 과외에 소비되는 체력이 컸다. 그래서 화상과외로 모
두 바꿨다. 학기 중에도 7명 수업을 진행했다. 그런데 이번에는 '시간'이
아까웠다. 더구나 과외 수업료로 받는 내 시급이 '시간'에 따른 내 '가
치'라고 생각했다. 그래서 이번에는 '몸값'을 높이고 싶었다. 그래서 처
음으로 나만의 '전자책' 집필에 도전하였다. 이제는 학부모님들께 꽤
어필이 되고 있다. 이게 모두 서울교육대학교를 입학한 뒤 2학기 개강
전까지의 일이다. 취업을 준비하는 내 친구들도, 내 발전을 보고 모두
놀라워하고 있다.

꿈이 확실했기에 대학을 다시 갔을까? 전혀. 단지 좋았던 기억 하나
를 따라갔다. 초등학교 때 수많은 수학 경시대회를 나가서 금색 메달
들을 모으고, 전라남도 1등 상패를 받고, 초등 국가대표로 뽑혀 대만
에 시험을 보러 갔던 기억. 누구나 살면서 좋았던 기억 하나쯤은 있지
않은가? 미래는 나 스스로가 얼마든지 바
꿀 수 있다. 원하는 대학에 가지 못할 것 같
다고 지금 당장 주눅 들지도 말고, 자신을
자책하지도 말자. 만일, 원하는 곳에 가지
못했다고 한들, 내가 원하는 미래로 충분히
이끌 수 있다.

전자책 '수학 평생 답안지'

나는 초등학교 때와 달리 고3 시절에는

수학을 정말 못했다. 큰 벽이었다. 그렇게 체념한 채로 수능을 봤다. 하지만 5년이 지나고 24살이 되어 다시 본 수능은, 예전의 백분위보다 자그마치 약 50%만큼이나 오를 수 있었다. 잘못된 습관을 모두 고쳤기 때문이었다. 지금부터 하나하나 공유해볼 테니 혹시나 나에게도 잘못된 습관이 있었는지 확인해보도록 하자.

¨ 나만의 공부 방법

°첫 번째, 틀린 문제 정답지 정독하기

일반적인 행동 양식을 말해보자. 문제를 풀었는데 나와 답이 다르거나, 도저히 앞으로 어떻게 풀어야 할지 감이 오지 않을 때 몇 번 다시 풀기를 반복한다. 그런데도 모르겠다면, 어떻게 해야 할까? 물론, 정답지 내 풀이를 보는 것은 전혀 잘못된 행동이 아니다. 하지만 조심해야 한다.

딱 필요한 정보만 볼 수 있도록 나 자신을 압박해야 한다. 풀이 첫 번째 줄부터 내 풀이와 일치하는지 확인하며 천천히 내려간다. 그리고 딱 나와 풀이가 다른 부분에서 멈추자. 어떤 발상이 필요했는지 확인만 하자. 그리고 다시 그 부분부터 스스로 풀이를 시작하는 것이다.

정답지를 보고 모든 글을 정독하는 순간 '아하, 그런 거였구나.' 하고 이후에 쉽게 잊어버린다. 우리가 발견한 포인트만 문제집에 메모해놓자.

°두 번째, 복습은 최대한 꼼꼼하게

수능을 보기 전까지 우리가 접하는 문제들은 수없이 많을 것이다. 또한 틀린 문제도 비례해 점점 늘어날 텐데, 충분한 복습을 위해서는 어떻게 해야 할까? 문제 다시 풀어보기? 아니, 시간이 너무 아깝다.

그런데 여기서 잠깐, 첫 번째 규칙 내용을 떠올려보자. 틀린 문제별로 어떤 발상을 놓쳤는지 메모해두지 않았는가. 발상들을 모아가다 보면 겹치는 발상이 많음을 확인했을 것이다. 그게 바로 내가 '부족한 부분'이다. 복습할 때, 책을 빠르게 넘기면서 그 발상 포인트들만을 확인하자. 그리고 문제 속 어떤 경우에서 활용되는지도 함께 떠올리자. 그렇게 해당 교재를 4번 이상 빠르게 복습한 뒤에는, 자연스러운 암기도 따라온다.

°세 번째, 일단 써보기

문제를 읽었는데 도저히 감이 오질 않는다. 그렇다면 잠시 연필을 내려놓자. 뭐라도 쓰려고 끄적이고 있다면 손을 멈추자. 이럴 땐 생각이 우선이다. 만일 출제자의 의도가 문제에 바로 드러나 있지 않고, 특이점 또는 숨겨져 있는 포인트를 찾아야 한다면 필기는 오히려 독이다. 복잡한 계산의 늪으로 무작정 빨려 들어갈 수 있다. 각 문제에서 출제자가 무엇을 말하려고 하는지 고민해보자. 그리고 풀이 방향성을 설정해보자. 연필은 '최소한의 계산'만을 도와줄 수 있도록 하자.

이보다도 가장 중요한 것이 있다면, 긍정적인 생각을 하자. 멀리 보고, 남들에 비해 위축되지 말자. 미래는 정말 내 손으로 바꿀 수 있으니까. 남들이 20대에 놀 때, 우리는 40대, 50대에 더 대성하기 위한 발판을 쌓아놓는 것이다.

단 한마디만 더 하자면, 남들과 똑같이 바로 대학교를 가고, 다들 취업을 준비할 때 물결에 휩쓸리듯 무작정 따라가기보다, 25살에 대학교 1학년이 되어 내 앞길을 직접 개척해나가고 있는 내가 더 멋있다고 생각한다.

그렇다면 글을 읽는 여러분들에게 묻는다.

어쩌면 내가 살아온 이 길이 당신의 눈길을 더 사로잡고 있지는 않은가. 그렇다면 남들도, 이 취업시장도 나에게 호기심을 더 가지지 않겠는가. 그러니, 위축되지 말자. 차라리 25살 1학년 이예은을 떠올리며 위안하자. 그럴 수만 있다면, 나도 여러분들에게 큰 영광이 될 것 같다.

고려대학교 사학과 ☆ 이윤재

나는 고려대학교 사학과에 재학 중이다. 공부에 관련된 제 이야기가 많은 도움이 되기를 바란다. 고려대학교는 1905년 교육이 나라를 구한다는 敎育救國의 이념 아래 이용익 선생님이 설립한 보성전문학교에 그 기원을 두고 있다. 이후 일제강점기를 거쳐 1946년 고려대학교로 개편되며 종합대학으로 새로이 출발했는데, 필자가 재학 중인 사학과는 그 당시 고려대학교와 함께 설립된 만큼 학교 내부에서도 역사와 전통이 오래된 학과들 중 하나라고 할 수 있다. 고려대학교 사학과에서는 동·서양사를 포괄하는 세계사 전반과, 세부적인 주제사(사회사, 제도사, 문화사, 과학사 등)들을 배울 수 있다. 대학마다 조금씩 다르겠지만, 기본적으로 사학과는 역사적 지식을 학습하고, 이를 통해 균형 잡힌 시선으로 과거를 해석하고, 현재에 적용하며, 미래를 준비하는 폭넓은 역사학적 안목을 함양하는 것을 교육목표로 삼고 있다.

필자는 고려대학교에 수시모집으로 합격했다. 이 중 사학과는 학생부종합전형의 학업우수형으로 합격했었다. 고려대 수시 전형이 꽤 다양해서 지원자격, 제출서류, 수능 최저등급, 평가방법 등이 조금씩 달라 헷갈릴 수도 있는데, 학업우수형의 경우 별다른 지원 제한 사항은 없다. 필자가 입학할 시기에는 학교생활기록부와 자기소개서를 모두 제출해야 했지만, 지금은 학교생활기록부만 제출하면 되는 걸로 바뀌었다. 다만 수능 최저등급은 존재해서, 일부 학과를 제외한 대부분의 인문·자연계 학과들은 국어, 수학, 영어, 탐구 4개 영역 등급의 합이 8 이내 및 한국사 4등급 이내여야 한다(탐구는 두 과목 등급의 평균으로 계산한다). 과거 면접도 봤는데, 최근에는 서류 100% 평가로 전환되었다.

¨ 사학과에 가고 싶었던 이유

사람들이 자주 혼동하곤 하는데, 역사학은 단순히 연표와 사건들을 암기하는 학문이 아니라, 과거에 있었던 사실들에 대한 다양한 의미와 해석을 통해 역사적 진실에 다가가는 학문이라 할 수 있다. 필자는 어렸을 때부터 주변 친구들과 하나의 사안에 대해 깊이 있게 토론하는 걸 즐기기도 했고, 학창 시절 내내 유독 역사에 흥미가 많았다. 학교 공부를 넘어 다양한 분야의 여러 역사책을 직접 찾아 읽고, 그걸 재밌게 읽고 있는 나 자신의 모습을 보면서 나중에 커서 역사학을 연구하는 사람이 되고 싶다고 확신하게 되었다. 그래서 진로 방향성이 굉장히 확고한 편이었고, 무엇보다 스스로 즐길 수 있는 공부를 깊이 하면서 그걸 직업으로 삼으면 좋을 것 같아 사학과로의 진학을 선택했다.

위에서 언급한 것처럼 필자는 역사학을 연구하는 사람이 되겠다는 진로의 방향성이 굉장히 확고한 편이었다. 자연스럽게 '내 꿈을 이루기 위해서 조금 더 학습과 연구 여건이 잘 갖춰진 대학의 역사학 관련 학과에 진학하면, 대학 생활을 재밌게 즐기면서도 내가 하고 싶은 공부도 꾸준히 준비해 나가는 두 가지 목표를 모두 달성할 수 있지 않을까?' 하는 동기가 생겼고, 이러한 목표 의식 아래 더욱 열심히 공부했던 것 같다.

·· 매력적인 생기부를 만드는 방법

필자도 그러했지만, 이 책을 읽고 있는 고등학생들의 가장 큰 고민 중 하나가 '어떻게 해야 학교생활기록부(이하 생기부)에 진로를 잘 녹여낼까?'일 것이다. 기본적으로 생기부는 해당 학생이 어떤 활동을 했는지 보여주는 역할을 수행한다. 그렇기에 동아리, 봉사, 자율활동, 세부능력 및 특기사항(이하 세특) 등 모든 분야에서 학생 본인이 주도적으로 참여하고 발전한 바를 작성해야 매력적인 생기부라 할 수 있다.

앞서 말한 바와 같이 생기부 작성 전반에서 무엇보다 '학생'에 대한 서술이 강조되어야 한다. 단순히 고등학교에서 진행했던 활동들만 적힌 생기부는 '학생'이 아닌 '학교'를 보여주는 것이므로, 좋다고 할 수 없다. 필자의 생기부 중 창의적 체험활동상황(창체)의 일부분을 예시로 보자.

이처럼 학교에서 진행한 활동들의 나열이 아닌, 해당 활동에서 개별 학생이 진행한 바와 동시에 느끼고, 깨달은 바가 명확히 드러나야 한다. 이 과정에서 '사고의 확장'이 포함되면 좋다. 그저 글을 작성한 것으로 끝나지 않고, 해당 글 속에 드러난 주장의 확대에서 활동이 단순 교양을 넘어 역사학이라는 세부 분야로 확장되고 있는 점과, 해당 주장에 대한 설명을 통해 관심 분야 및 진로에 대한 깊이 있는 이해를 시도하고자 한 모습 등을 통해 '학생'의 모습이 구체적으로 드러난다고 볼 수 있다.

생기부를 작성할 때 많은 학생들이 희망하는 진로와 전공에 본인의 창체, 동아리 활동, 세특 등이 관계가 없다며 고민하곤 한다. 물론 생기부의 방향성이 꾸준히 진로에 부합하게 발전되고 세부화된다면 더욱 좋은 건 사실이다. 그러나 일례로 동아리의 경우 희망 전공에 큰 연관성이 없어도 열심히 동아리 활동에 참여했다면 성실성 등으로 긍정적인 평가를 받을 수 있기 때문에 지나치게 걱정하지 않아도 된다. 만약 생기부 내 희망 전공 관련 활동이 없다면 세부적인 희망 분야에 초점을 맞추기보다 인문계열이나 자연계열처럼 폭넓은 계열들과 관련해 했던 활동들에서 해당 전공에 대한 관심과 흥미가 생겼다는 방향으로 작성하는 것도 좋은 방법이다. 영문학과에서 경제학과로 희망 전공을 바꿨던 필자 친구의 사례를 예로 들자면, 고등학교 2학년 때 진행되는 영어로 진행되는 모의유엔 프로그램에 영국 대표로 참여하는 과정에서 영어는 물론 세계의 정치·경제에 흥미를 가지게 되었다는 점을 생기부에 녹였고, 실제로 이후 서강대학교 경제학부에 합격했다.

아울러 학교에서 참여했던 활동들 중 희망 전공과 일치하는 활동이 없다고 하더라도, 생기부에 모든 교외 활동을 포함하지 못하는 것은 아니기 때문에 박물관 관람, 강연회 및 세미나 청강 등은 작성할 수 있으니 이러한 부분을 강조하는 것 또한 좋다.

·· 나만의 독특한 공부법

수학을 공부할 때 나만의 독특한 공부법이 있었는데, 필자는 학교나 학원에서 배웠던 수학 개념을 따로 종이에 써서 정리했었다. 수학 II에서 정적분에 대해 배웠다면, 정적분의 정의와 간단한 예제들을 쓰고, 이걸 다른 사람들에게 설명할 정도의 수준이 될 때까지 여러 번 반복해서 읽으며 개념 자체를 이해하려 했다. 예를 들면 정적분이 어떻게 해서 도형의 넓이를 구하거나 움직이는 물체의 속도와 움직인 거리 등을 구하는 데 사용되는지를 그렇다고 단순히 외우는 것이 아니라 개념과 연결 지어서 이해하는 방식으로 공부했었다. 더불어 필자는 비단 수학뿐만 아니라 사회탐구, 과학탐구나 한국사 같은 과목들을 공부할 때도 교과서 외의 노트에 배운 내용을 별도로 정리해 공부했었는데, 어떤 과목이든 완전히 이해하지 못하면 넘어가지 못하는 성격이라 특히 이런 공부법이 더 잘 맞았던 것 같다.

아무래도 필자가 현재 역사를 배우는 사학과에 다니고 있는 만큼 학창 시절에도 역사 관련 과목(한국사, 동아시아사, 세계사)들을 제일 좋아했고, 자신 있었던 것 같다.

필자는 기숙형 고등학교에 다녔기에 평일에 학교 밖으로 나갈 수 없었다. 그래서 고정된 시간표 속 기본적으로 주어진 공부 시간에 최대한 열심히 공부하려고 노력했는데, 다음과 같다.

아침 면학 : 아침 식사 후~8시 30분

오후 면학 : 4시 50분~6시

면학 1타임 : 7시~8시 50분

면학 2타임 : 9시 20분~11시 30분

기숙사 학교가 아니라 통학하는 학교에 다니는 고등학생들도 저런 느낌의 시간 관리를 참고하면 좋으리라 생각한다. 학교나 학원, 과외, 인강 등을 통해 많은 내용을 배우는 것만큼이나 혼자 공부하며 배운 내용을 자신의 것으로 만드는 것도 공부에 있어 반드시 필요하다. 그렇기에 등교 전이나 하교 후에, 본인만의 '공부 시간'을 확실히 만들고, 이를 플래너 등에 기록하면서 배운 내용을 나만의 것으로 만드는 시간이 꼭 필요하다.

필자는 공부에서 정체기가 오면 '생각'을 최대한 끊으려고 했다. 한

번 슬럼프에 빠져 부정적인 생각이 들기 시작하면, 그런 생각은 쉽게 멈춰지기 어렵다고 생각한다. 그래서 필자는 미리 나만의 Wishlist를 만들고, 슬럼프를 혼자서는 이겨내기 어려워진다고 판단되면 며칠의 기간을 정해놓고 공부와 관련된 모든 걸 멈추고 Wishlist를 했었다.

중요한 건 이때 완전히 공부를 멈추고, 공부 때문에 꾹 참아왔던 걸 시도하는 것이다. 새로 출시된 게임하기, 야구 경기 직관하러 가기, 알람 없이 원 없이 자보기, 바다 보러 당일치기 여행 떠나기처럼 각자에 따라 다르겠지만 정말 해보고 싶었던 것들! 많은 학생들이 그렇게 하면 공부 패턴이 망가진다거나 마음이 해이해진다고 느낄 수도 있을 것이다. 그런데 짧게는 하루에서 길게는 일주일 정도 쉬는 걸로 슬럼프를 이겨내는 것이, 그 이상의 기간 동안 슬럼프에 빠져있는 것보다 훨씬 낫지 않겠는가? 그렇게 해야 쉬면서 공부를 멈췄다고 불안감과 죄책감을 가지는 게 아니라 편안한 마음을 얻어가며 슬럼프를 극복할 수 있을 것이다.

˙˙ 집중력 높이는 방법?

앞서 언급한 바와 같이 필자는 고등학교에서 기숙사 생활을 했기 때문에 평일에는 학교 밖으로 거의 나오지 못했다. 그래서 평일에는 학교에서 열심히 공부하는 만큼 주말에는 확실히 쉬었다. 주말에 나와서 가족과 맛있는 음식을 먹으러 가거나, 친구들과 영화를 보고 게임을 하면서, 아니면 정말 아무것도 안 하고 가만히 있으면서 충분히 휴식을 취하려 노력했다. 오히려 '평일은 공부하는 날, 주말은 쉬는 날'로 생각하니까 주말에 재밌게 놀면서도 죄책감 없고, 평일에도 공부에 조금 더 집중할 수 있었다.

그래도 평소에 공부하다가 공부가 너무 손에 잡히지 않거나, 피곤하면 알람을 설정하고 잠깐 자고 일어났었다. 이렇게 휴식을 취하고 일어나 다시 집중하거나, 듣고 싶은 음악을 들으면서 기분 좋게 공부에 임하고자 했다. 그럼에도 아예 집중이 어려울 때는 공부 외적인 활동을 하는 게 제일 좋다고 생각한다. 필자는 취미가 사진 촬영이었는데, 학교에서 보이는 일몰이나 자연 풍경, 친구들의 모습을 찍으면서 학업 스트레스를 풀었다.

공부할 때 가장 위로 되었던 한 마디

> "일희일비하지 말고 자신을 믿어라."

아버지께서 해주셨던 "일희일비하지 말고 자신을 믿어라"라는 말이 가장 도움이 되었다고 생각한다. 필자는 상대적으로 남들보다 외적인 멘탈은 강했는데 내적인 자존감은 약한 편이었다. 그래서 공부하면서도 문제 하나라도 틀리거나 실수해도 감정 기복이 있는 편이었고, '내가 지금 잘 못하면 남들보다 계속 뒤처지고 있는 거 아니야? 정말 한심해' 라는 말처럼 스스로에 대한 의구심을 계속 가지면서 혼자 힘들어했던 경우가 많았다. 이런 모습을 보고 아버지께서 저 말을 해주셨었다. 덕분에 공부는 물론, 어떤 문제상황에서 좋지 않은 결과가 나오거나 실패해도 지나치게 연연하지 않고 나 자신을 믿으며 자존감을 높일 수 있었다. 아버지께서 해주셨던 저 말은 지금도 필자의 좌우명이 되고 있다.

내가 하고 싶은 말은 "자신을 믿어라"이다. 너무 당연한 말일 수 있다. 하지만 주변을 보면 지나치게 자신을 의심하고 걱정하다가 크게 방황하는 경우가 많았다. 학창 시절 필자뿐만 아니라 많은 고등학생들이 그러하겠지만, 결국 공부는 나 자신과의 싸움이라고 생각한다. 고등학교 3년, 혹은 그 이상의 기간을 학업에만 전념하는 것은 분명 쉬운 일이 아니다. 아무리 강한 의지와 멘탈을 가지고 있더라도 힘든 순간은 분명 찾아올 것이다. 인간관계에서의 어려움이 있을 수도 있고, 아무리 공부를 열심히 해도 성적이 오르지 않을 수도 있고, 재수하는 경우라면 대학에 간 친구들의 모습을 보며 흔들릴 수도 있다. 그럼에도 그러한 '흔들림'이 있다고 해서 그걸 실패로 받아들이지 않았으면 한다. 한 번의 좌절이 여러분의 학업을, 나아가 여러분 그 자체를 정의하지는 않기 때문이다. 공부하면서 자신을 믿고, 본인의 굳은 심지와 초심을 지키며 꾸준하고 꿋꿋이 나아가는 여러분이 되기를 늘 '고대'하고, 응원한다.

포항공과대학교(POSTECH) 무은재학부 ☆ 이진호

포항공과대학교(POSTECH) 23학번 무은재학부 재학 중이다. 대학에 진학한 후부터 제 후배들을 한데 모아 학습 방법과 자신만의 진로를 설계하는 방법을 가르쳐주는 데에 힘써 왔다. 내가 힘들었다면, 뒷사람은 나보다는 덜 힘들어야 한다는 마음가짐으로, 지금까지 많은 고등학생을 직접 가르치고, 학습 코칭을 진행해 오면서 느낀 바와 제가 직접 겪은 노하우를 섞어 소개하고자 한다.

ᐧᐧ 사고력을 키우는 방법

사고를 심고 키워내어 열매를 맺는 자연스러운 전 과정을 담는 이야기 모음집이 바로 생활기록부다. 과학 법칙의 이치가 "인위적임" 대신 "자연스러움"을 지향하듯, 우리가 학문을 이해하고 탐구하는 방향 또한 그러해야 한다. 수많은 방법 중에서도 특히 고등학교 생활기록부는 자연스러운 사고의 흐름을 담는 연습용 포트폴리오로 이해할 수 있다. 학생이라는 명찰 아래 자기 생각을 자연스럽게 펼치고, 부끄럼 없이 당당히 선보일 수 있는 정말 좋은 기회다. 이 글을 읽는 학생 독자분들께서 어른이 되셨을 때, 이러한 기회를 얻기 위해 스스로 피를 불태우는 노력을 투자해야만 한다는 사실을 생각해 본다면, 정말 놓치기엔 아까운 시기다.

문제를 발견하고, 목표를 세운 뒤, 도달하기 위한 과정을 설계하고, 행동하는 네 가지 사고 발전 단계는 입시 준비생 단계를 넘어 한 사회인으로서 지니는 큰 의미가 있다. 교육 과정에서 양성해 내고자 하는 학생은 주도적으로 생각하고 행동으로 옮길 수 있는 능동적 주체다. 지금은 여러분의 시험 성적을 높이거나, 지적 호기심을 해소하는 데 주로 이용하겠지만 이후, 하나의 사회인이 되어서는 발전시켜야 할 대상은 자신과 사회가 된다. 우리가 사회에서 나 자신을 잃어버리지 않고 사회 발전에 이바지하기 위해서는 꼭 이해해야 하는 역량이다.

생활기록부를 매력적으로 만드는 방법을 묻는 학생들이 정말 많았다. 그런 아이들에게 나는, "학생답게, 자연스럽게, 생각하는 힘을 키워나가는 것이 핵심"임을 강조한다. 이런 질문을 하는 학생들은 스스로 생각하기보다는 주로 지역 컨설팅에 의존하는 경향이 있었다. 이들이 제공하는 우수 사례 암기, 중요 역량 키워드, 고난도 활동 주제에 너무 마음을 쓰지 않길 바란다. 이보다는 바라보는 목표를 세우는 게 우선되어야 한다. 자신의 상태를 객관적으로 이해하고, 내가 이루고자 하는 바를 생각하자. 그것이 역량을 얻는 것이든, 실험에 성공해 내는 것이든, 호기심을 해결하는 것 무엇이든 좋다.

사고력을 키우는 방법으로써 나는 "독서와 재창작"을 무엇보다도 강조한다. 내가 직접 사용하는 방법이면서도, 학생들에게 가르치던 독서 방식을 하나 소개한다. 가까운 도서관에 들러 같은 분야이면서도 다른 저자의 책을 4권을 빌려오자. 이제 종이를 꺼내 혹은 문서파일을 열어 기록을 준비하자. 한 주에 한 권씩, 책의 모든 페이지를 자신만의 방법으로 기록하고 요약 정리해야 한다. 그 과정에서 중간중간에 자기 생각을 넣어 저자의 방식을 활용한 예시를 조사해 적어보거나, 책에서의 개념을 이해하는 데 도움이 될 정보를 추가로 넣어보자. 학습지처럼 너무 체계적이고 멋지지 않아도 괜찮다. 다만 다른 누군가가 읽었을 때 이해하기 쉽도록 작성해 보자. 이 활동의 목표는 작가의 생각과 내 생각을 함께 녹여낸 새로운 문집을 작성하는 것이다.

도와주다 보니, 학생들이 중간에 많이 힘들어하고 어려워하는 모습이 눈에 보였다. 사고력을 키우기 위해서 꼭 필요한 투자라 생각하고 임해보도록 독려해 주었다. 이렇게 재창작의 과정까지 모두 마쳤을 때, 한 달 정도의 시간이 지나게 된다. 이후 함께 활동한 학생들끼리 서로의 문집을 주고받으며 서로의 생각을 나눈다. 이해가 안 되는 부분을 서로 지적해 보기도 하고, 더 나은 생각을 제안해 보기도 한다. 목표를 수립하고 과정을 스스로 설계하고 직접 생산물을 얻어내는 과정을 한 번 겪은 학생은 학교에서 배우는 개념을 있는 그대로만 바라보지 않았다. 학생들은 종종 제게 수학과 과학 활동 방향성을 자주 물어보았었는데, 상상치도 못한 참신한 아이디어 혹은 정말 깊게 고민한 흔적이 묻은 활동 계획을 제시해 오는 모습을 보였다.

고등학교에 재학 중인 학생이 스승의 날에 내게 보낸 문자 내용이 지금도 기억에 남는다.

"성적을 올리기 위해서는 제 문제점을 스스로 깨닫고 이를 개선하는 목표를 세워야 했습니다. 움푹 꺼진 땅에 새 흙을 가득 채워 넣어 기름진 땅을 만드는 과정이었습니다. 개념을 이해하니, 자연스럽게 이후의 호기심에 대해 고민하게 되었는데, 토지가 완성되니 자연스럽게 식물이 자라 초록빛으로 덮어가는 것 같았습니다. 이제 그중 몇몇은 꽃이 되거나 나무가 될 것입니다. 선생님께서 항상 강조하시는 자연스러운 사고력이 이것입니까? 제 생각대로 결과물이 나오는 경험을 한 번 해보니 이제 저 혼자서도 할 수 있을 것 같습니다."

학생의 말대로, 사고력이 갖춰진다면 스스로 문제점을 발견하고 목표를 이루기 위한 계획이 "자연스럽게" 이루어진다. 그렇게 자신이 실제로 결과물을 성공적으로 만들어낸 경험이 있다면 그 과정에 자신감이 더해질 것이다. 너무 인위적으로 계획하고, 남들이 하는 것을 따라 하고, 있어 보이도록 과장할 필요 없다. 학생답게 자연스레 사고하는 모습을 담아내는 과정이 아름답고 대단한 것이다.

공부할 때 가장 위로 되었던 한마디

"네가 부족한 게 뭐가 있냐, 네가 못할 게 뭐가 있느냐."

　"네가 부족한 게 뭐가 있냐, 네가 못할 게 뭐가 있느냐." 내가 고등학생일 때 자신감을 잃지 않고 나아갈 수 있었던 어른들의 조언이다. 나는 이 말을 학생분들에게 돌려드리고 싶다. 학생이라는 명찰 아래에 있을 때 여러분의 생각을 모두 실현해 보자. 그런 값진 기회를 놓치지 않고 달려 나가시길 바란다. 정신없이 즐겁게 사고하다 보면, 어느새 멋지게 완성된 생활기록부뿐만 아니라 이전보다 더 성장한 자신을 발견하실 수 있을 것이다.

원광보건대학교 간호학과 ☆ 이하연

나는 2024년에 입시를 끝마치고, 현재 원광보건대학교 간호학과에 재학 중인 새내기 대학생 이하연이라고 한다.

소개를 읽는 순간 몇몇 독자들은 의심을 가질지도 모른다. "지방대는 성적이 그다지 좋지 못한 학생들이 가는 곳이 아닌가?" 혹은 "인서울도 못 한 사람의 이야기를 들을 필요가 있을까?"라는 등의 부정적인 생각이 들기 때문이다. 마음은 아프지만 나는 독자들의 그런 의구심을 충분히 이해한다. 우리나라 학생들은 대부분이 강박적으로 '인서울'을 목표에 둔 채 입시를 준비한다. 그렇기에 지방대학은 눈에 차지 않는 것이다. 우리 학교가 모두의 선망인 sky도, 이름 날리는 인서울 대학도 아닌 것은 분명한 사실이다. 그럼에도 내가 공부법에 관한 글을 쓰게 된 데에는 다 이유가 있다.

나는 고등학교 첫 시험과 동시에 9등급의 신화를 쓰던 공부엔 전혀 재능이 없는 아이였다. 하지만 어느 순간 나만의 공부법을 깨달았고,

그 방법을 열심히 활용하여 내신 탐구과목 전체에서 전교 1등을 차지할 수 있었다. 나를 극하위권에서 상위권으로 만들어 준 그 기적의 공부법을 학생들에게 꼭 알려주고 싶다. 본격적인 이야기를 시작하기에 앞서 아래 체크리스트를 읽고 본인에게 해당되는 내용에 표시해 보길 바란다.

- 나는 아무리 노력해도 성적 정체기에서 벗어나기 힘들다.
- 나는 외운 것을 금방 까먹는 편이다.
- 나는 하루에 3시간 이상 공부를 할 열정이 있는 사람이다.
- 나는 이제 막 공부를 시작하기로 마음먹었는데 어떻게 공부를 해야 할지 감을 잡기 어렵다.

이 중 본인에게 2가지 이상이 해당된다면 내가 다룰 공부법이랑 잘 맞을 확률이 크다. 나의 이야기를 집중해서 읽어 본다면 분명 도움이 될 것이다.

˙˙ 공부법을 알기 전 나의 모습

어머니께서 말씀하시길 나는 초등학교 시절 틈만 나면 놀이터에 나가 놀기 바쁜 말괄량이였다. 나가 노느라 당연히 공부는 뒷전이었고, 12 나누기 3 같은 쉬운 수학문제도 풀어내지 못해 혼나기 일쑤였다. 중학교에 들어가선 부모님의 성에 못 이겨 공부를 매우 열심히 했다. 새벽 늦게까지 공부를 한 덕인지 걱정과 달리 국·영·수에서 꽤 높은 성적을 받았다. 국영수 성적이 대략 90점 중후반이었는데 나눗셈도 못 하던 나에겐 매우 놀라운 결과였다. 그에 반해 사회나 역사 같은 암기력을 요구하는 과목들의 성적은 가히 충격적이었다. 국·영·수보다 오히려 더 쉬운 암기과목을 고작 70점도 넘기지 못한 것이다. 중학교에 다녀 본 사람이라면 다 알 것이다. 중등 내신에서 70점 이하는 매우 낮은 점수라는 사실을.

나는 암기과목을 특히 못한다는 점을 인지하고 더 열심히 공부했다. 다른 과목을 공부할 시간까지 끌어와 열심히 외우고 또 외웠다. 하지만 결과는 더욱 참담했다. 암기과목을 공부하겠다고 국·영·수 공부 시간을 줄였으니 그에 따라 국·영·수 성적은 이 전보다 낮아졌다. 그럼 더 공부한 과목이라도 잘 봤어야 했는데, 그마저도 별로였다. 확실히 전보다는 성적이 올랐지만 정말 미미하게 오른 정도였다.

노력이 배신당했다는 생각에 난 점점 공부 의욕이 떨어지기 시작했다. 그렇게 중학교 2학년 2학기, 나는 공부를 아예 포기하게 되었다. 공부를 포기하니 자신 있던 국·영·수마저 50점 언저리까지 떨어졌고, 그 외 과목들은 40점도 넘지 못하는 상태가 되어버렸다. 중학교 마지막 시험 성적표에는 C와 D가 강강술래를 하듯 줄줄이 이어져있었다. 고등학교 진학을 앞두고 이미 고1 과정까지 마스터한 주변 친구들을 보며 나는 한없이 작아질 수밖에 없었다.

고등학교에 올라가서도 낮은 자존감과 모두 식어버린 열정으로 인해 성적이 더욱 곤두박질쳤다. 대부분 과목들은 7~8등급이라는 성적에 머물렀다. 심지어는 1등급보다 어렵다는 9등급을 받을 때도 있었다. 내가 9등급을 받았던 과목은 한국사와 통합사회였다. 중학교 때부터 취약했던 암기 과목이 고등학교 때에도 여전했다. 아예 공부에 손을 놓은 나는 매일 게임과 SNS에 빠져 망가진 일상을 보냈다.

¨ 공부를 시작하게 된 계기

나의 허무한 날들은 고등학교 2학년 1학기까지 계속되었다. 평소처럼 핸드폰을 하며 하루를 보내던 중 나는 우연히 한 다큐 영상을 보게 되었다. 그 다큐 영상을 본 이후로 나의 인생은 180도 바뀌었다.

내가 보았던 것은 의료인의 모습을 담은 학교에서나 보여 줄 법한 영상이었다 평소라면 그런 부류의 영상은 그냥 넘겨버렸을 나이다. 하지만 뭔가 계속해서 이끌리는 느낌을 받았다. 간호사들이 모여 위독한 환자에게 CPR 하는 모습을 보는 순간, 나는 심장이 마구 뛰기 시작했다. 피가 엄청 강하게 흐르는 느낌이었다. CPR 끝에 극적으로 환자의 심장이 뛰었고, 미약한 의식에도 불구하고 의료인의 손을 꼭 잡으며 신호를 보내는 모습이 찍혔다. 그 장면을 보며 왠지 모를 벅차오름과 감동이 몰려왔다. 그때 딱 깨달았다. 나의 꿈은 간호사구나. 살면서 장래희망에 확신을 가진 적이 단 한 번도 없었는데, 간호사라는 직업에는 무한한 확신이 들었다.

간호사가 되고자 마음먹은 뒤, 나는 필요한 정보를 이것저것 찾아보기 시작했다. 그런 나에게 들려온 청천벽력 같은 소식. 간호사는 의료인이기 때문에 대부분의 간호대학 입시에서는 높은 성적이 요구된다는 것이다. 너무나 절실했던 나는 희망을 잃지 않고 내신컷이 낮은 대학들도 찾아봤다. 하지만 내신을 아예 포기하고 살았던 내가 들어갈 수 있는 간호대학은 어디에도 없었다. 수능을 볼까도 생각했지만, 4년 넘게 공부에 손을 떼고 살아 완전히 노베이스 상태인 나에게 수능은 그다지 좋은 전략이 아니었다. 사실 처음엔 좌절했다. 이제 와서 꿈을 실현하기엔 늦지 않았을까 하는 의구심도 들었다. 그만둘까 싶다가도 다큐 속 간호사들의 모습이 떠올랐다.

나는 절대 꿈을 저버리고 싶지 않았다. 그래서 무작정 연필부터 잡았다. 남은 1년 반 동안 내신 성적을 올려 간호대학에 입학해 보자고 마음먹은 것이다. 막상 공부를 시작하니 모든 것이 난관이었다. 애초에 공부에 재능이 있는 사람도 아니었고, 4년이 넘는 오랜 시간 동안 공부를 안 했으니 어떻게 공부를 해야 할지 감도 잡히지 않았다. 남들이 하는 것처럼 반복해서 외워도 보고, 문제집도 열심히 풀었지만 내용이 머릿속에 잘 들어오지 않았다. 기껏 외워도 뒤돌아서면 잊어버리고, 같은 유형의 문제를 풀고 또 풀어 봐도 계속 틀렸다. 반복되는 실패 끝에 나는 공부법을 완전히 바꾸기로 했다. 바뀐 공부법으로 나는 결국 기적적인 성적 상승을 이루었다. 암기 과목들은 9등급에서 1등급으로, 국·

영·수도 7~8등급에서 2~3등급까지 올릴 수 있었다. 또한 나는 윤리와 사상, 생활과 윤리, 사회문화, 화학, 생명과학 이렇게 총 다섯 과목에서 전교 1등을 경험한 바 있다.

·· 사회탐구(암기과목) 공부법

내가 만든 암기과목 공부법은 '알파백지 공부법'이라 명명하겠다. 많은 사람들이 암기과목을 공부할 때 머리와 책만을 이용해 반복적인 공부를 한다. 머릿속에서 공부한 내용들을 정리하고 반복하는 것은 당연히 중요하다. 하지만 공부가 거기서 그친다면 서답형 시험에서 많은 어려움을 느낄 것이다. 서답형 문제를 풀 때면 "아, 이거 분명 공부했던 내용인데, 기억이 날락 말락 해!" 혹은 "내용은 전부 아는데 정답란에 적어야 할 단어가 기억이 안 나!"라고 했었던 경험이 있는가? 그렇다면 한참 고민하다 결국 애매한 답을 적어 큰 감점을 받았을 것이다. 나 또한 그랬다. 알파백지 공부법은 이런 안타까운 경우를 대비하기에도 좋은 공부법이다. 내가 소개할 알파백지 공부법의 내용은 이러하다.

1. 수업시간 내에 선생님께서 강조하신 부분들을 형광펜으로 표시한다

수업 시간에 설명만 듣는 학생들이 은근히 많다. 수업을 집중해서 듣는 것은 매우 좋은 자세이지만 귀로만 듣는 것에는 한계가 있다. 학교 수업은 인강처럼 다시 돌려볼 수도 없다. 때문에 수업시간에 자주 언급되거나 선생님께서 직접 강조하신 부분들은 반드시 체크해둬야 한다. 이건 암기과목뿐만이 아니라 모든 과목에도 해당되는 부분이다.

2. 수업시간이 끝나면 쉬는 시간에 배운 교과서 내용을 회독해 본다

암기과목 공부과정 중 절대 빠지면 안 되는 단계가 바로 '회독'이다. 회독은 전체적인 내용의 이해와 정리를 도와주고, 수업 때 놓친 부분들을 상기할 수 있게 한다. 공부를 하기 전 반드시 회독을 통해 내용을 머릿속에 정리해 보자.

간혹 회독을 할 때 소설책 읽듯 단순히 글자를 '읽기만'하는 사람들이 있다. 그냥 아무 생각 없이 읽어 내려가기만 한다면 회독을 하는 의미가 전혀 없다. 절대 대충해서는 안 되는 중요한 과정이기에 주의가 필요하다. 회독의 포인트는 "아~"라는 감탄사이다. 읽으면서 위의 감탄사가 나올 정도로 글이 이해가 되어야 진정한 회독이다. 모르는 단어가 나온다면 단어의 뜻도 찾아보면서 완벽하게 이해하려고 노력하길 바란다. 만일 쉬는 시간에 공부할 상황이 되지 않는다면 방과 후 자투리 시간을 활용하여도 좋다.

3. 회독을 하면서 단원의 핵심 내용이나 중요하다고 생각되는 부분을 표시한다

회독 과정에서 수업시간에 표시한 부분 외에 중요한 부분들이 보이면 형광펜으로 그어준다. 단원의 핵심 내용들은 반드시 표시해 주어야 한다.

세 번째 단계를 끝냈다면 내용의 핵심 '키워드'를 다시 한번 색깔 볼펜으로 표시해 준다. 개인적으로 동그라미나 네모칸을 이용하는 것이 가장 깔끔했다. 이해를 돕기 위해 내가 학창 시절에 썼던 윤리와 사상 교과서에서 예시를 가져와 보았다. "지식과 사유의 토대가 인간의 이성에 있다고 보는 입장을 합리론이라고 한다." 이 문장의 키워드는 무엇인가?

바로 '합리론'이다. 만일 합리론 외에 다른 단어를 생각했다면 아직 키워드를 찾는 데에는 미숙할 확률이 높다. 본격적인 공부를 시작하기 전 키워드를 찾는 연습부터 해 보길 추천한다.

다섯 번째 단계에는 특별한 것이 없다. 그냥 평소 본인 방식대로 내용들을 암기하면 된다.

요즘은 문구점에 가면 단어카드를 쉽게 볼 수 있다. 가서 본인이 원하는 과목별로 하나씩 사 오면 된다. 그 단어 카드에 볼펜으로 표시해 두었던 키워드를 하나씩 다 적어준다. 입으로 소리 내 읽으면서 쓰면 키워드가 머릿속에 더 잘 박힌다. 도서관이 아니라면 꼭 입으로 작게라도 소리 내어 읽어보자.

참고로, 카드를 만드는 데에 너무 많은 시간을 쓸 필요는 없다. 학습 자료를 만들 때 글씨를 예쁘게 쓰고 싶어 시간을 허비하는 사람들이 있어서 하는 말이다. 나는 보통 한 단원 키워드 카드를 만드는 데에 5분이 채 걸리지 않았다. 잘 판단해 시간을 조절하길 바란다.

단어 카드를 다 만들었다면 A4용지나 빈 노트를 가져와 준다. 그런 뒤 만들어 두었던 단어 카드를 보고 해당 키워드에 관련된 자신이 암기한 모든 내용을 백지에 써내려간다. (종이에 키워드를 적고, 바로 옆에 암기한 내용을 쓰면 된다.) 물론 교과서, 필기노트 등 어떤 것도 보지 않는 상태로 적어야 한다. 오로지 기억에만 의존해 빈 종이에 내용을 적어 가는 것은 정말 어려운 일이다. 다 외웠다고 생각했는데 막상 써보려니 머릿속이 백지장이 되는 것 같고 자꾸만 하나씩 빼먹을 수도 있다. 그래도 절대 자책하지 마라. 이는 종이에 써 내려가지 못하는 내용이 어느 부분인지 알아내기 위한 과정이기에 완벽하게 적어내지 못하는 게 당연하다. 처음부터 모든 내용을 다 써 내려갈 수 있는 사람은 단연코 없을 것이다.

아는 만큼 다 써 내려갔다면 채점을 해 줄 시간이다. 맞게 쓴 내용에는 동그라미, 아예 틀린 내용은 엑스, 내용이 애매하거나 부족하다면 별표시를 해 준다.

왜 애매한 답에 별표를 치는지 궁금한 사람도 있을 것이다. 보통 학생들이 공부할 때 아예 모르는 것은 기를 쓰고 외우지만 애매하게 아는 것은 자신이 잘 알고 있지만 잠시 헷갈렸을 뿐이라며 안일하게 생각하고 공부한다. 그렇기에 서술형 문제 답안지에 이도 저도 아닌 애매한 내용을 적어내서 감점을 당하곤 한다. 모르는 것보다 애매하게 아는 것이 더 무섭다는 말도 있지 않은가. 애매하게 아는 것들은 더 꼼꼼하게 보라는 의미에서 별표로 지정하였다.

9. 틀린 내용의 답을 쓴 뒤 외운다

채점이 끝나면 엑스와 별표시에 해당되는 내용의 정답을 본인이 쓴 답안 옆에 다른 색 펜으로 적어준다.(개인적인 의견이지만 파란색 볼펜이 가장 깔끔하고 눈에 잘 들어오기에 파란색 볼펜을 추천한다.) 답을 다 적었으면 그 종이로 다시 암기를 하면 된다. 맞은 부분은 한 번 더 되새기는 느낌으로 외우고, 다른 색 볼펜으로 적은 정답은 더 집중적으로 외워 준다.

10. 다 외웠다고 생각되면 다시 백지와 단어카드를 이용해 과정을 반복한다

종이를 다 외웠다는 확신이 들면 다시 단어카드를 보며 백지테스트를 해 준다. 만일 빠짐없이 다 써냈다면 다음 단원으로 넘어가면 되고, 아직 부족하다고 느껴지면 완벽해질 때까지 과정을 반복해 주면 된다.

시험 전날쯤에는 파트를 나누지 않고 전 단원을 한 번에 테스트하면서 까먹은 부분들을 체크해 주는 것이 좋다. 그렇게 하면 알파백지공부는 끝이 난다. 반복되는 테스트와 암기에 지치겠지만 계속하다 보면 언젠가 모든 답안에 동그라미가 쳐지는 감동적인 순간이 올 것이다.

¨ 그 외 공부 꿀팁

꼭 실천해야 하는 습관은 아니지만 실천하면 성적을 야금야금 올려주는 공부 습관 꿀팁 총 3가지를 알려주려 한다.

° 첫 번째는 습관적으로 영단어를 외우는 방법이다

다들 아침에 일어나면 무엇을 하는가? 대부분 일어나자마자 핸드폰부터 찾을 것이고, 아예 지각 직전까지 잠을 자는 사람도 있을 것이다. 만약 아침에 하는 핸드폰 시간을 조금만 줄이거나, 평소 보다 10분만 일찍 일어난다면 적어도 하루에 영단어 30개를 더 외울 수 있다.

아침에 일어나면 스트레칭 한 번 쭉쭉 해 주고 바로 책상에 앉는다. 핵심은 등교 준비 전에 바로 책상에 앉아야 하는 것이다. 무사히 책상까지 왔다면 단어카드나 미니노트에 오늘 외울 단어들을 옮겨 적어 준다.(단어카드는 반드시 손에 휴대하기 좋은 사이즈로 선택해야 한다.) 옮겨 적으면서 한 번씩 입 밖으로 발음해 보기까지 하면 정말 완벽하다. 다 적었으면 평소처럼 등교 준비를 하는데 여기에 토핑처럼 단어장만 하나 추가하는 것이다. 씻으면서 보고, 화장하면서 보고, 밥 먹으면서 보고. 이렇게만 해도 단어를 10개 이상 외울 수 있다. 등굣길과 하굣길에서도 핸드폰은 넣어두자. 등하굣길만 이용해도 20개 가까이를 외울 수 있다. 여기에 교실 이동 시간이나 점심시간까지 활용한다면 그날은 더 이상 책상에 앉아 단어를 외울 필요가 없을 것이다. 틈새 시간에 단어를 외우면 공부 시간을 꽤 많이 단축할 수 있기에 너무나 추천하는 방법이다.

이는 우리나라 영어 1타 강사도 인정한 정말 훌륭한 공부법이다. 나는 샤워를 할 때면 항상 프린트물을 투명 파일에 넣어서 샤워실에 가지고 들어갔다. 과학적인 이유가 있는지는 모르겠지만 샤워할 때 암기했던 내용들은 경험상 기억에 더 오래 남았었다. 따뜻한 물을 맞으며 몸의 긴장이 풀린 상태에서 공부를 하니 스트레스도 전혀 느껴지지 않았다. 그래서 난 공부시간 중 샤워 공부시간을 가장 좋아했었다.

추가적으로 말하자면 샤워공부를 할 때는 너무 어려운 내용을 공부하기보단 간단하게 슥슥 볼 수 있는 내용을 외우는 것이 더 좋다.

당신은 문제집을 풀 때 답이 안 나오는 부분이 있다면 어떻게 하는가? 아마 고민 없이 답지부터 집어들 것이다. 이건 굉장히 좋지 못한 습관이다. 답지 없이 스스로 공식을 찾아내고 문제유형을 파악하는 것은 실전 대비에 있어서 가장 중요한 과정이다. 그런데 모르는 문제가 있다고 계속 답지를 봐 버리면 내 뇌가 사고할 시간이 없다. 스스로 사고하고 문제를 해결하는 연습을 해 보면 시험을 볼 때 처음 접하는 유형의 문제가 나오더라도 당황하지 않고 풀어낼 수 있다. 한 문제를 푸는 데 한 시간이 걸려도 좋다. 주변의 도움 없이 혼자 답을 찾아보자. 틀리면 또 풀고 계속 풀어 보면 언젠간 된다.

˙˙ 번아웃을 이겨낸 방법

나에겐 번아웃이 정말 심하게 왔던 때가 있다. 그도 그럴 것이, 4년 내내 공부 한 번 안 하던 애가 갑자기 미친 듯이 공부만 했으니 충분히 지칠 법도 했다. 당시엔 글자만 봐도 한숨이 나왔다. 내가 왜 이렇게까지 열심히 해야 하나 자꾸 의심이 들었고, 그냥 모든 것을 회피하고 싶었다. 그런 나의 번아웃에 불씨를 지펴주었던 방법이 하나 있다. 바로 공부의 외부 동기를 내부 동기로 바꿔 주는 것이다.

잠시 눈을 감고 자신이 공부를 하는 이유가 무엇인지 생각해 보자 아마 "대학에 가야 하니까", "부모님 때문에", "꿈을 이루려고" 등등 다양한 답이 나올 것이다. 막상 생각하려니 아무것도 떠오르지 않는 사람도 물론 있을 것이다. 하지만 걱정하지 않아도 된다. 동기는 자신이 스스로 만들어 나가는 것이기에 계속 탐색하다 보면 충분히 찾아낼 수 있다.

공부를 하는 이유를 모르겠다거나, 외부 요인에 의해 비자발적으로

하고 있는 사람들은 공부 동기를 내 안에서 다시 개척해 보자. 한 번도
이런 과정을 거쳐 보지 않았었다면 감을 잡기 어려울 수 있다. 익숙하
지 않을 뿐이지 직접 해 보면 어려울 게 하나도 없다. 그냥 '나'라는 집
이 한 채 존재하고 집 밖에는 '동기'라는 천방지축 꼬마가 흙바닥에서
뛰어놀고 있다고 상상해 보자. 온몸에 흙이 묻은 아이를 안으로 데리
고 들어와 깨끗이 씻겨주고 새 옷도 입혀주는 것이 바로 외부동기를 내
부동기로 바꾸는 것이다.

예를 들어 보면 이렇다.

"고생하시는 부모님께 죄송해서" ▶ "부모님께 효도하는 게 꿈이라서"

"다들 하니까 나도 해야 할 것 같아서" ▶ "나에게 있는 불안이라는
감정을 없애고 싶어서"

"이유는 없지만 그냥" ▶ "갑자기 목표가 생길 미래의 나를 위해서"

그냥 보면 말만 조금 바꾸는 게 의미가 있을까? 싶을지도 모른다. 그
러나 의외로 이 말 하나 바꾸는 것이 번아웃을 해결하는 데에 큰 도움
을 준다. 공부의 동기가 외부에 있다면 번아웃이 더 쉽게, 자주 발생한
다. "내가 ○○(외부 동기) 때문에 이렇게까지 살아야 해?"와 같은 회의감이
들기 때문이다. 하지만 내부 동기를 지니고 있다면 내 노력들이 전적으
로 나를 위한 행위들이라고 생각하게 되기 때문에 회의감에 쉽게 빠지
지 않는다. 뿐만 아니라 '남을 위해서'가 아닌 '나를 위해서'하는 공부이

니 더 열심히 하고 싶어지는 욕구가 생겨서 스스로 연필을 다시 잡게 된다. 그렇기에 인생에서 무엇을 목표하든 항상 외부 동기를 내부 동기로 바꾸는 습관을 들이는 것이 좋다.

공부할 때 가장 위로 되었던 한마디

누구나 가슴속에 명언 하나씩은 품고 살 것이다. 나 또한 인생의 모토가 된 한마디가 있다.

"성공은 항상 실패 뒤에 숨어있다"라는 말이다. 나는 늦은 시기에 꿈이 생겼고 남들보다 한참 늦게 공부를 시작했다. 그렇기에 내 머릿속에선 매일같이 "나는 늦게 시작했으니까 남들보다 더 열심히, 더 완벽하게 해야 해"라는 강박적인 생각들이 떠나질 않았다. 강박적인 성격을 가진 사람들은 알 것이다. 내가 세운 계획이 조금이라도 틀어지면 정말 미치도록 괴롭고 힘들다. 나는 무리한 계획을 수행하기 위해 사흘 밤을 꼬박 새우다가 임파선에 문제가 생겨 일주일 내내 고열에 시달린 적이 있을 정도였다. 또, 시험에서 고작 한 문제를 실수했다고 하루 종일 울면서 자책하기까지 했었다. 무리한 목표와 계속되는 실패, 그에 따르는 감당하기 힘든 자책감. 나는 그것이 너무 두려워 실패할 일을 아예 만들지 않기로 했다. 애초에 도전을 하지 않겠다고 마음먹은 것이다. 그런 나를 보고 어머니께서 해주신 말씀이 바로 "성공은 항상 실패 뒤에 숨어있다"이다. 그 말은 실패가 두려워 애써 그 뒤에 있는 성공까지도 외면하였던 나에게 큰 용기를 주었다.

그렇다. 성공에 다다르기 위해선 계속해서 실패의 벽에 부딪히고 달려들어야 된다. 넘어지더라도 다시 일어나 부딪히다 보면 실패의 벽은 깨져버리고 비로소 성공이 보이게 된다. "성공을 만나기 전까진 수십 번 실패에 부딪혀야 하는구나. 난 성공하려고 그렇게 실패와 직면해 왔던 것이구나"라는 것을 깨닫고 지금의 나는 실패를 두려워하지 않는 용기 있는 사람이 되었다. 어쩌면 실패를 하나의 과정으로써 즐기고 있는 것 같기도 하다.

실패가 쉽게 허용되지 않는 우리 사회에서 이 글을 읽은 여러분만큼은 실패를 두려워하지 않는 용감한 사람이 되었으면 하는 바람이다.

KAIST 전산학부 ☆ 임승재

필자는 KAIST 전산학부 4학년에 재학 중인 임승재이고, 충북과학고등학교를 조기졸업해 일반 전형으로 합격하였다. 현재는 자대 대학원 입학을 준비하고 있다.

¨ 나에게 맞는 공부 방법

고등학교에 입학하면서 가장 힘들었던 부분은 과학고의 커리큘럼으로 말미암은 불가피한 선행학습이었다. 고등학교 1학년 1학기에 과학은 I 과목, 수학은 수학 2를 진행하고, 2학기에 과학 2과목을, 미적분 2로 고등학교 수학 과정을 1년 만에 마치는 커리큘럼 때문인지 수업 진도도 매우 빠르고, 하루에 이해해야 하는 양이 대단히 많았다. 이를 대비하기 위해 과학고등학교 합격 발표가 난 중학교 3학년 11월 즈음, 학원에 다니기 시작했고, 선행 또한 시작하게 되었다. 학원에는 나와 같이 선행을 시작한 친구들이 많았고, 선행에 대한 압박이 없어 늦은 시기에 선행학습을 시작했음에도 불구하고, 비교적 천천히 선행을 준비했던 것이 첫 실수였었다. 고등학교에 입학한 이후 같은 동기들에게 물어봤을 때, 대부분 친구들은 고등학교 교과 과정은 모두 선행을 하고, 일반물리학,

미적분학 같은 대학교 기초 과목도 하고 온 친구들도 많았다.

그로 인해 압박감을 굉장히 많이 받았고, 그중에서 가장 힘들었던 이유를 지금 와서 돌아보니 나에 대한 확신이 없었기 때문이었다. 첫 중간고사는 압박감 탓에 공부를 몰아치기로, 당장 남들이 하는 교재를 사서 풀고, 문제를 단순히 양으로 몰아치며 문제를 풀며 나에게 들어오는 것이 아닌 무의미한 풀이를 계속하고 있었다. 특히 수학 과목이 심했다. 친구들이 블랙라벨, 1등급 수학, 하이퍼 킬러 종합 문제집 등 날고 기는 문제를 풀고, 하루에 몇 문제 풀었다는 식으로 이야기하니, 귀가 얇은 나는 따라갈 수밖에 없었고, 결국 푸는 것은 할 줄 아는 것만 많이 풀고, 모르는 문제는 답지를 보고 이해했다고 생각하고 넘어가서 실제로는 할 수 없는, 의미 없는 손동작일 뿐이었다. 그래도 공부를 많이 생각했다고 착각했던 나는 첫 수학 시험을 보고, 맞은 문제보다 틀린 문제가 훨씬 많은 30~40점대의 점수를 받고 절망했다. 그러나 문제 위주로 풀지 않고 수업 시간에 선생님마다 각자 자료를 사용해서 가르쳐주시는 물리, 화학, 생명, 지구과학에서는 특별한 문제집이 없었기에 해당 자료를 정리하고, 공부한 내용, 증명 과정 등을 단권화하며 정리했더니 실제로 푼 문제수가 매우 적었음에도 1~3등급에 우수한 성적을 받게 되었다. 이를 통해 문제 수라는 지표가 중요한 지표가 아닌, 내가 해당 개념을 어떻게 이해하는가가 더 중요함을 알게 되었고, 수학을 포함한 전반적인 나에게 맞는 공부 방법을 세워갈 수 있었다.

그뿐만 아니라 종합적으로 생각해보면, 지금 생각하면 평범한 성적이었지만, 나는 그때 과학고를 문을 닫고 입학했던 처지라, "어? 생각보다 노력하니. 따라갈 수 있네?"라는 생각을 하게 되었다. 이는 나에게 지금까지의 절대적인 공부량은 내가 밀리지만, 나의 방식대로 하루하루 열심히 한다면 언젠가는 따라잡을 수 있다는 확신을 얻게 했다. 첫 시험 이후에도 물론 공부가 힘들지 않았다고 하면 거짓말이지만, 공부 탓인 힘듦만이 존재하는 것과 다르게 정신적인 압박이 함께해 불필요한 오버헤드를 늘릴 필요는 없다고 생각한다. 이처럼 내가 하는 방법이 옳다는 믿음이 있고, 이를 바탕으로 꾸준히 1학기 기말고사를 준비해 가니 정신적인 압박은 훨씬 적은 상태에서 공부할 수 있었다. 이처럼 자신에 대해 확신이 있고, 여유가 있는 상태에서 공부가 잘되었고 스트레스 관리도 편해져서 공부 이외의 어려움을 많이 줄일 수 있었고, 결국은 고등학교 내신 성적도 많이 올릴 수 있었다.

많은 친구가 자신의 공부 방법이나, 이때까지의 공부량, 지금까지 나온 내신 성적 탓에 자신에 대한 믿음이 부족하고, 그것 때문에 많은 스트레스를 받을 테지만, 자신에 대한 확신을 하고 공부를 계속한다면 스트레스도 많이 줄고, 스트레스 문제만 해결해도 공부에 집중하기 좋아져 많은 도움이 될 거로 생각한다. 자신에 방법에 믿음을 갖는 것도 분명 어려운 일이고, 스트레스를 받지 않는 것도 어려운 일이지만, 독자들은 잘할 수 있을 것이라 믿는다. 독자들도 언제든 자신을 믿고 열심히 해내면 좋은 결과, 적어도 적은 스트레스에서 행복한 학교생활을 마무리할 수 있을 것이라 믿어 의심치 않는다. 파이팅!

서울교육대학교 ☆ 임재형

나는 서울교대 22학번으로 재학 중인 96년생 늦깎이 대학생이다. 재학 중인 학교는 정시로 지원하여 (입시 결과 분석 사이트 기준) 10% 이내의 성적으로 한의대 수시, 정시를 모두 예비번호 받고 탈락하여 반수를 위해 지원한 학교이다. "교육"이라는 키워드가 제 인생을 관통하는 적성과 흥미라는 것을 깨달아 즐겁게 다니는 중이고, 저녁 시간과 주말을 이용하여 현재 마포, 반포, 대치에서 자기주도학습 컨설턴트 및 강사로 활동하고 있다.

수능 전에는 코로나 직전까지 작은 사업을 했으며, 코로나로 인해 도산하여 약간의 방황을 하다가 수능 공부를 시작한 지 7개월 만에 입시에 성공했다. 현역 때 치렀던 과탐 선택 과목 중 화학 과목을 지구과학 과목으로 바꾸어 물리 & 지구를 응시했으며, 수학은 기하, 언어는 매체를 선택했다.(가장 마이너한 과목들 선택자)

자기주도학습 계획 작성 및 뇌가 좋아하는 공부법과 직접연계~간접연계 범위 공부법, 마지막으로 비문학 만점 공부법에 대해 이야기 하고 싶다.

·· 수능 멘탈을 위한 국어 비문학의 중요성

| P38
(나) 2문단 ❷ | ❷ 그런데 그가 내놓은 성과물들은 과연 그 기획을 어떤 흠결도 없이 완수한 것으로 평가될 수 있을까? 미학에 관한 한 '그렇다'는 답변은 쉽지 않을 것이다.

(나)의 핵심 주제, 필자의 주장이 드러나는 아주 중요한 단락이다.

'종합'은 두 범주 중 일방적인 한쪽의 승리로 끝나서도 안 되고, 두 범주의 고유한 본질적 규정이 소멸되는 중화 상태로 나타나도 안 된다. 양자의 본질적 규정이 유기적 조화를 이루어 질적으로 고양된 최상의 범주가 생성됨으로써 '종합'이 성립하는 것이다. 이러한 '종합'의 개념에 비추어 생각해 보았을 때, (나)의 필자는 헤겔이 변증법적 체계 속에서 미학을 다루는 방식이 완벽하지 않다고 주장하는 것이다.

[중간 정리] (가)와 (나)의 유기적 독해
(가)에서 변증법의 기본 개념을 설정하고 이를 토대로 한 헤겔의 변증법적 체계 속 예술의 위상에 대해 서술했다면, (나)는 이에 대한 필자의 평가·주장을 드러내고 있다. '헤겔의 변증법적 체계'라는 공통적인 체계를 토대로, (가)에서 제시된 관점을 (나)에서 비판하는 형태로 두 지문이 관계를 맺고 있음이 드러난다. ※[민철 평가이드 참고] | 사유: 저는 시험현장에서 (나) 지문은 아무런 노력 없이 후루룩 읽고 문제풀이로 넘어갔는데. 그럴 수 있었던 이유가
(가) 단락에서 독해 중 시험지 여백에 메모할 때 위에 수정 올린 도식화처럼 '정립 →/+ 반정립 > 종합'을 적어두고 두 번째 단락 헤겔의 미학에 입혀 읽으며 물음표를 남발했습니다.
헤겔은 '정립 > 반정립 > 종합'의 도식을 미학에 적용했음을 파악했기 때문입니다. 하여 제가 변증법의 개념을 잘못 이해한 것인지 헤겔의 논증을 파악하지 못한 것인지 의문을 가지며 (나) 지문을 읽어 내려가기 시작하였고. 바로 모든 물음표가 !느낌표로 변환되며 빠르게 독해를 마치고 문제를 수월하게 풀 수 있었습니다. 강민철 선생님의 가르침대로 제시된 개념어를 반복/추가되는 설명에 붙여 읽으며 지문 내에서 문제에 필요한 수준의 독해를 수행할 수 있었기에 교재를 공부하는 현재 수험생들에게도 이를 전달하는 방식으로 덧붙여 보았습니다.

(나)의 필자는 헤겔이 변증법적 체계 속에서 미학을 다루는 방식이 완벽하지 않다고 주장하는 것이다.
(가) 지문을 읽으며 '변증법'의 개념을 완벽하게 이해한 독자라면 (가) 지문 2단락에 제시된 헤겔의 미학이 변증법적 체계 안에서 다루어지는 논증의 불완전함을 추상적으로 인지하고 물음표를 띄운 채 (나) 지문 독해를 시작하였을 수 있다. 만약 그렇지 못한 독자이더라도 위의 구간에서 의문형으로 제시된 필자의 주장을 토대로 헤겔이 제시한 미학에 관한 변증법적 논증을 실시간으로 재검토해 볼 수 있을 것이다. 이러한 과정이 (가). (나) 지문의 유기적 독해이다. |

22수능 악명 높은 비문학 지문 〈헤겔의 변증법〉이다. 나는 시험 현장에서 이 지문에 술술 읽혔다. 시험을 보기도 전에 고민하던 주제인데, 그럴 수 있던 것이 EBS 연계 교재를 읽으며 '나올 것 같다'고 생각하던 주제들 중 하나이기 때문이다. EBS 연계 교재 공부를 할 때 문제는 풀지 않고 지문만 읽었다. 헤겔의 미학에서 인용된 "헤겔의 변증법"은 통상적으로 쓰이는 "변증법"의 의미에 부합하지 않는다는 것을 해당 EBS 지문을 이해하며 읽은 독자들은 알아차릴 수 있기 때문이다.

그 불일치, 부조화의 지점이 22수능 비문학의 복병이었다. 국어는 1교시 가장 먼저 이 인생에서 가장 중요한 수능이라는 시험의 첫 단추를 끼우는 과목이다. 극한의 긴장 상황에서 정신없이 흘러가기 때문에 시험을 잘 봤다고 하더라도 "망쳤다"라고 생각할 수밖에 없는 심리적 환경이 조성된다. 본인 또한 비문학 만점, 고전 소설 한 지문을 날려 백분위 98%에 들었음에도 다음 연도 수능으로 입시를 치러야겠다고 생각하고 화장실에서 대성통곡 후 수학 시험을 치렀다. 이렇게 그날의 모든 시험을 좌우하기 때문에 국어, 특히 고난도로 출제되는 비문학에 대한 대비가 200~300% 이루어져야한다.

비문학 공부에서 가장 단순하면서도 강력한 팁을 드린다. 문제를 풀려고 하지 말고 지문을 이해하자. 본인은 M사 1타 강사 K선생님 조교를 역임하며 내가 가르치는 아이들에게 비문학 지문을 이해하고, 자기만의 언어로 재구성-요약한 후 그 요약본만을 가지고 문제를 푸는 방식을 연습시켰다. 숨은그림찾기를 하는 것이 아닌, 온전히 자신이 이해한 바를 가지고 문제를 해결하는 법을 연습하는 것이다. 조잡한 사설 모의고사보다는 평가원이 출제한 기출과 평가원에 계시는 교수님들께서 출제하시는 리트(법학적성시험) 지문을 가지고 순도 높은 평가원 로직을 체화하는 것은 추천한다.

¨ 뇌가 좋아하는 공부법

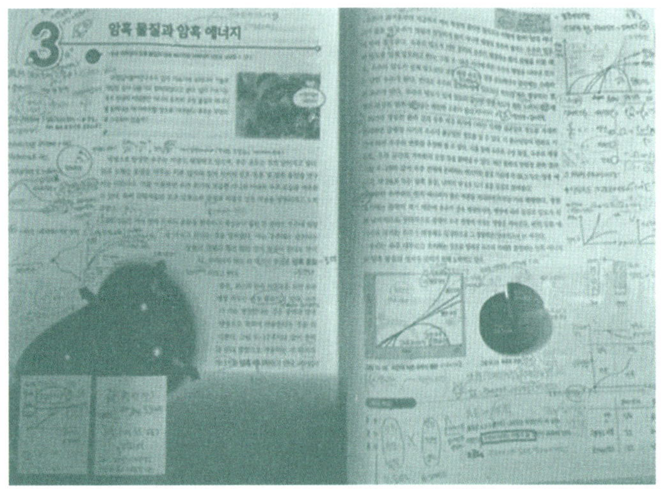

나의 지구과학 교과서이다. 현역 때 물리 생명과학을 선택했지만, 두 번째 수능에서는 물리 지구과학 조합을 택했다. 처음 접하는 지구과학 개념에 익숙해지고자 교과서를 구해서 계속 읽었다. 문제집이나 인강 교재에 수록된 개념은 분절적이다. 정보량은 많지만 맥락의 흐름이 부족하다. 우리 인간의 뇌는 서술된 스토리에 대한 기억을 훨씬 더 잘하고, 개념을 외우기 이전에 이해하는 것이 유리하기 때문에 교과서를 계속 읽었다. 그리고 교과서에 평가원 출제 자료와 EBS에 수록된 지엽적인 개념을 모두 적어 단권화를 했다. 노트 정리와 단권화는 처음 세팅이 귀찮지만 한 번 해두면 제일 효율적이고, 동시에 효과적인 공부법이다.

¨ 뇌가 좋아하는 공부법 조직화, 부호화

우리 뇌는 정보를 받아들일 때 〈부호화〉의 과정을 거친다. 소위 '코딩'을 하는 것이다. 그렇다면, 우리가 공부를 할 때 뇌가 일하기 편하도록 도와주면 어떨까? 손, 눈 등의 감각기관을 이용하여 뇌를 돕고, 더 빠른 성장을 도모하는 것이다. 정말 많은 방법들이 있지만, 우선 가장 중요한 〈범주화〉에 대해 간략하게 다루고자 한다. 우리 뇌는 정보를 받아들일 때, 어떤 카테고리로 분류할지 판단을 내린 후 해당 저장 공간에 배치한다. 이 과정에서 단기 기억▷작업 기억▷장기 기억으로 넘어가는 것이다. 그렇다면 누락 없이, 더 빠르게 장기 기억으로 넘기기 위해서는 어떻게 해야 할까?

우리가 먼저 의식적으로 정보와 논리를 범주화하는 법을 체화하면 된다. 한 가지 예시로 본인은 전과목 단원 목차와 학습 목표를 다 외우고 공부를 시작했다. 거시적인 프레임을 잡는다는 것은 기억할 재료들을 담는 크고 튼튼한 그릇을 마련한다는 것과 같다.

다음으로는 〈외부화〉이다. 뇌 용량을 최적화하기 위해 상대적으로 덜 중요하거나 장기 기억으로 넘길 필요가 없는 정보를 구분해서 정리한다. 본인은 이 과정을 "외주를 준다(대신 일해줄 분을 찾는다)"고 표현한다. 가장 단순하고도 쉬운 방식은 "기록"이다. 내가 오늘 무엇을 해야 할지, 지엽적인 정보는 무엇이 있는지 등 모든 내용을 매 순간 기억할 수는 없기 때문에 눈에 보이도록 환경설정한다.

우리는 우리가 믿고, 상상하는 만큼만 성취할 수 있다. 결과를 점치지 말고, 현실로 만들어내는 하루하루를 보내자.

공부할 때 가장 위로 되었던 한 마디

> **"결과는 이미 선결정 되어있고, 너는 과정만 버티면 된다."**

이 말은 타인이 나에게 해준 말이 아니고 내가 본인 스스로를 다독이기 위해 붙여 놓았던 문구이다. 21년도 9월 실시된 평가원 모의고사 국어 비문학 지문에 소위 〈딸기 우유〉 지문으로 통하는 〈반자유의지 논증〉 지분에서 얻은 인사이트다. 입시뿐 아니라 인생의 모든 국면이 내가 100% 뜻하는 대로만 되지는 않는다. 결과가 더 좋게 나올 수도, 안 좋게 나올 수도 있고 기대는 할 수 있지만 절대 예측은 할 수 없다. 우리가 할 수 있는 것은 결과는 원하는 대로 결정이 되어있고, 나는 게이지만 채우면 된다는 마음으로 매 순간 묵묵하게 하던 일을 계속하는 것이다. 불확실성에 지치던 수능 직전(9~11월)에 이런 마음가짐이 기복을 줄이고 잔잔하게 과업에 임하는 데 큰 도움이 되었다.

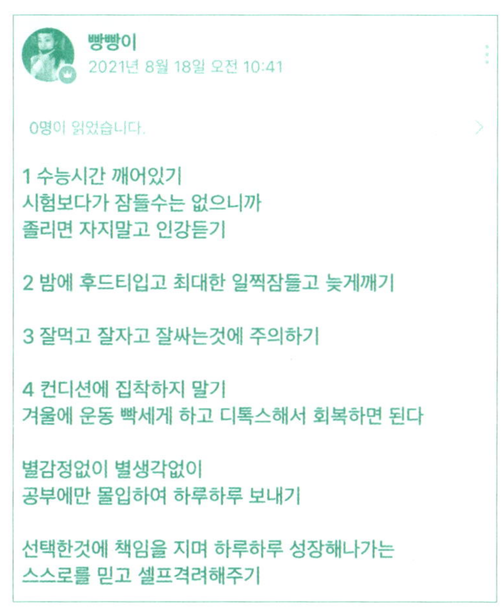

그리고 수험생은 원래 컨디션이 좋지 않다. 본인은 눈의 초점이 안 맞아서 1m 이내의 사람도 알아보지 못하고, 툭 하면 쓰러져서 광대에 멍이 들고는 했다. 가장 컨디션이 최악이었던 날이 9월 모의고사 날이었는데, 시험 결과는 1,1,1 등급이었다. 원래 앞으로 큰 가속도를 가지고 나아가는 사람은 큰 저항, 마찰력을 받는다. 변화에 수반되는 고통을 피하지 말고 즐기자.

연세대학교 교육학부 ☆ 박지영

나는 연세대학교 교육학부의 1학년 2학기에 재학 중인 박지영이다. 수능을 보는 정시 전형으로 들어오게 되었고, 독학 재수를 하여 이곳에 입학하게 되었다. 그리고 나는 재수를 하면서 성적을 정말 많이 올렸고, 학습에 어려움을 겪는 학생들이 효과적으로 학습을 하여 좋은 성취를 이룰 수 있으면 좋겠다는 생각을 하여 교육학부에 입학하게 되었다.

먼저 수능 성적에 대해 말씀을 드리자면, 현역 성적 언어와매체/미적분/영어/물리학1/화학1 각각을 2/4/3/4/5 등급을 맞았었고, 재수를 하면서 언어와매체/미적분/영어/생명과학1 /지구과학1을 1/1/1/2/2로 마무리하였다. 선택과목을 바꾸긴 했지만, 국어 영어 수학 모두 큰 성적 변화가 있었고, 마찬가지로 수능으로 처음 준비했었던 과목인 생명과학과 지구과학에서도 괜찮은 성과를 거두었다. 이렇게 내가 재수 때 수능 성적을 올린 수기가 학생들에게 도움이 될 것 같아 《85인 공부법》의 저자로 참여하게 되었고, 이러한 성과를 이룬 것은 내가 나의 학습 스타일을 인정하고, 주어진 시간을 가장 효과적으로 쓸 수 있도록 공부했기 때문이라고 생각한다. 따라서 이러한 측면에서 제가 공부하면서 가장 성적을 올리는 데에 도움이 되었다고 생각한 세 가지를 알려주고 싶다.

¨ 학습 플래너

먼저 첫 번째로 약간 뻔할 수 있지만 '학습 플래너'는 꼭 세우는 것을 추천한다. 개개인이 학습 스타일이 다를 수도 있겠지만, 계획적이든 계획적이지 않든 자신이 '얼마큼의 시간 동안', '어떤 학습을 했는지'를 기록해 놓는 것은 학습의 효율성에 매우 큰 도움이 되기 때문이다.

단순히 '책 하나 끝내기'가 목표라면 꼭 플래너 자체가 필요하지 않을 수 있지만, 우리의 목표는 '여러 과목이 있는 시험을 준비'하는 것이고, 이는 한정된 시간 동안 준비되어야 하는 것이다. 따라서 학습의 효율성과 과목 사이의 밸런스 및 학습 시간을 생각하지 않을 수 없기에 반드시 플래너를 작성해서 오늘 어떤 과목을 어느 분량 정도로 공부하였는지를 기록하여야 할 필요성이 있다. 또한 이것은 이후에 여러 시험을 치르게 될 때에도(교육청, 평가원) 자신이 받은 성적에 대한 지표로서 기능하며, 나는 이런 공부를 했더니 이렇게 성적이 올랐고, 이러한 공부, 강의, 교재는 시간을 들여 한 것이지만 효과가 없었다는 판단을 내리고 다른 교재나 강의를 선택할 수도 있다.

나의 경우 아무리 열심히 계획을 세워 봐도 항상 목표가 높은 탓에 너무 많은 계획을 세워서 계획을 잘 지키지 못하는 스타일이었다. 그럼에도 수험 기간 내내 필수적으로 매일 플래너를 쓰려고 노력했다. 결과적으로 이는 앞서 말했듯 학습량과 성적에 따른 판단을 할 수 있는 좋은 자료가 됨으로써 메타인지 능력의 향상에 큰 영향을 미쳤다. 결국 이것은 성적의 향상으로 이어졌다. 특히 이것은 9월 모의고사 이후에 강력한 힘을 발휘했다. 독학 재수 특성상 나를 계속해서 봐 주시는, 신뢰 있게 도움을 요청할 만한 주변 사람이 없었다. 그 때문에 9월 모의고사 성적이 원하는 수준으로 나오지 않았을 때 앞으로 어떻게 해야 할지에 대해서 마땅히 도움받을 수 없는 상황이었다. 그런 좌절했던 상황에서 나를 일으켜주었던 것은 6월부터 9월까지의 기간 동안 내가 어떻게 공부해 왔었나를 기록한 플래너였다. 플래너에 내가 매일 공부했던 내용들을 9월 모의고사를 치르고 혼자 매겨 본 다음 날, 다시 한번 차근차근 보게 되었다. 국어의 경우 이 기간 동안 비문학은 독학으로 사설과 리트 문제만을 공부했기 때문에 감을 잃어버린 것 같다는 판단했다. 그래서 감을 끌어올리기 위해 신뢰성 높은 자료인 기출을 다시 풀어보고 선지를 꼼꼼히 보면서 평가원의 시각을 체득하자는 결론을 내렸다. 문학은 9월 모의고사 때 난이도가 많이 높아졌는데 쌓아놨던 실력만을 맹신하며 혼자서 너무 감으로만 사설 문제를 풀었다. 그로 인해 틀린 문제에 대한 오답을 명확히 하지 않고 넘어갔다. 이에 대한 정확한 기준을 잡기 위해서 내 생각을 교정하기에 용이하도록 강의가 있는, 신뢰할 만한 문제(교육청, 경찰대 문제 등)가 포함된 교재를 풀자는 솔루션을 만들었다. 그렇게 남은 기간 플랜을 세워서 결과적으로 문학이 어렵게 출제되었던 24수능에서 큰 효과을 거둘 수 있었다. 수학의 경우는 플래너를 보며 이때까지 강의에 매몰되어서 문제를 많이 풀기보다는 강의에 쓰는 비중이 높았다는 판단하에 9월 모의고사 이후부터는 실전 모의고사의 비중을 대폭 높였다. 그래서 하루나 이틀 간격으로 하나의 모의고사를 혼자서 고민하면서 풀어내는 과정에 많은 시간을 할애하였고, 채점하고 오답하는 과정에서 획득한 아이디어들은 모두 노트에 기록하여 휘발되지 않도록 했다. 또한 최신 기출들을 병행해서 풀면서 실전 모의고사가 주는 사설 문제들을 평가원의 시각에서 해석해보고자 하였다. 이때 여러 선생님들이 출제한 사설 문제들을 결국 수능에서 출제진이 되는 평가원의 시각에서 의미 있게 해석하려 했던 과정이 있었다. 개인적으로 가장 부족했고 고등학교 내내 항상 3~4등급을 전전했던 수능 수학에서 마침내 1등급을 거둘 수 있게 되었다. 영어의 경우는 독해에 쓰는 시간이 항상 부족했는데, 이것은 결국 구문 해석력과 단어가 부족한 것이라는 판단을 내릴 수 있었다. 무작정 오랫동안 문제를 많이 풀어내기보다 정확성을 기르자는 판단하에 하루에 딱 2~3지문씩만 정확히 분석을 하면서 문제 풀이는 최소한으로 하되 단어와 구문에 집중하여 최대한 시간을 단축할 수 있도록 했다. 결과적으로 정말 어려웠던, 절대평가임에도 1등급이 4.71%가 나왔던 영어 시험에서 10분이라는 시간을 남기고 문제를 다 풀어서 정말 안정적인 1등급을 받을 수 있었다. 탐구 과목의 경우도 마찬가지로 시간 단축과 개념의 빠른 인출에 초점을 두고 많은 모의고사와 개념 노트를 작성한 것이 큰 효과를 봤다. 9월 모의고사에 갑자기 5등급이라는 성적을 받았던 생명과학1을 2등급까지 끌어올릴 수 있었다.

만약 플래너를 쓰는 데 무리가 없는 학생들의 경우 그대로 플래너 작성을 이어나가면서 내가 말한 9월 모의고사 이후의 예시처럼 특히나 모의시험 이후에 플래너를 자신의 상황을 판단하는 데이터로서 활용하면 좋겠다. 계획을 세우고 지키는 것에 어려움이 있어서 플래너를 쓰는 것이 많이 힘든 학생들은 '사후 플래너'를 쓰는 것이라도 좋으니 플래너를 작성하는 것을 추천한다. 나 역시 흥미가 떨어지면 학습 능률이 확 떨어지는 타입이었다. 무리한 계획을 자주 세우면서 플래너에 아무리 원대한 계획을 세워 놔도 계획을 다 지키지 못하거나, 질려서 한 과목당 학습해야 하는 분량을 다 채우지 못하는 경우가 잦았다. 그로 인해 공부를 시작한 3월 초에는 한동안 플래너를 쓰는 것에 대한 의미를 얻지 못하고 플래너 쓰기를 중단하기도 했다. 하지만 인간의 기억력은 유한하지 않기에 기록은 반드시 필요하다. 이러한 학생들은 저처럼 '사후 플래너'를 작성하면서 '내가 오늘 공부한 과목', '공부한 분량', '공부한 시간'을 기록하는 것을 추천한다. 그리고 다음날에는 이렇게 적은 플래너를 보면서 어떤 과목의 비중을 어떻게 조절할지(어제 공부했던 과목의 시간은 줄이고, 어제 공부하지 않은 과목의 시간을 늘리는 등), 공부 시간을 어떻게 하면 더 늘리고 효율적으로 사용할 수 있을지에 대한 계획을 아주 간단하게만 세우고, 다시 공부를 시작하면 된다. 이렇게 '사후 플래너'를 쓰게 되면, 공부가 다 끝난 밤에 공부한 것을 적으면서 하루 동안의 공부를 회고하는 시간도 가질 수 있다. 물론 공부를 시작하기 전에 정확하고 자세하게 플래닝을 하는 것이 가장 효과적이다. 하지만 그것이 잘 지켜지지 않고 매번 계획을 세우는 데에 어려움을 겪는 학생들이라면 '사후 플래너'를 작성하시면서 공부 방향을 계속해서 개선해 나가는 방향을 택하는 것도 좋다. 이러한 방법을 통해서 반드시 공부한 내용을 기록하기를 추천한다.

¨ 인강의 활용

두 번째는 '인강'의 활용이다. 나는 독학 재수를 하였기 때문에 공부의 수단이 오로지 인강밖에 없어서 인강을 수강한 것도 있었다. 하지만 오히려 "돌려볼 수 있다.", "시간적 제약이 0에 수렴한다"라는 장점도 있는 만큼 현재는 현강만큼 퀄리티가 매우 좋아진 인강을 추천한다. 다만 인터넷 강의를 들을 때 일반적으로 대부분의 학생과 맞을 확률이 큰 1타 강사를 먼저 시도해 볼 수는 있다. 하지만 무작정 1타 강사만을 찾을 것이 아닌 여러 선생님의 OT라도 들어보고 자신과 가장 스타일이 맞는 선생님을 찾는 것이 이후의 공부에서 큰 영향을 미칠 수 있다는 점을 생각해야 한다. 나는 인강을 한 과목당 꽤 많은 선생님의 강의를 수강한 편이었는데, 수능이 끝난 후에 생각해보면 그분들이 '1타 강사'여서가 아니라 '나에게 부족한 부분을 정확히 알려줘서' 도움이 되었고, 결과적으로 성적이 오르게 되었었다. 내가 들은 강사분들이 모두 1타 강사인 것도 아니었고, 무조건 소위 말하는 '풀커리'를 타지도 않았었다. 앞서 말한 플래너 등을 토대로 내게 필요한 부분을 정확히 판단하고, 취사선택해서 수강하였기 때문이다.

학습을 시작하는 초반에는 여러 강사님을 전전하기보다는 일단 하나를 빠르게 선택하여 끝까지 학습을 진행하는 것을 추천하지만, 특히나 자신이 이미 학습이 어느 정도 된 상태라면, 무작정 좋은 강의라 하여 찾아 듣는 것은 추천하지 않는다. 명확히 자신이 못하고 잘하는 부분을 구분하고, 자신이 못하는 부분을 잘 가르칠 수 있는 강사님을 찾아서 수강하시는 것이 돌아가지 않고 빠르게 지름길로 가는 학습을 할 수 있는 하나의 방법이다. 시간이 중요한 시험이니만큼 억지로 자신과 맞지 않는 수업을 듣는 것은 시간 낭비이기에 이 지점을 잘 생각해서 선택하면 좋겠다. 나 또한 각 과목의 성적을 올리는 데에 큰 기여를 해 주셨다고 생각하는 선생님들이 있고, 또 선생님의 교수법이 학생들의 성적에 큰 영향을 미치는 것을 알기에 "자신에게 맞는 강의를 똑똑하게" 듣는 것이 얼마나 자신의 향후 성적에 큰 변화를 이루는지를 염두에 두어 좋은 성과를 이루면 좋을 것 같다.

·· 학습 노트

성적 상승에 도움을 주었던 세 번째는 '학습 노트' 이다. 수능에 가까워지면 수능 시험 당일에 가지고 갈 자신만의 노트를 만들어야 한다는 강박이 생기곤 한다. 나 역시도 그런 강박에 시달리는 학생 중 하나였다. 그래서 9월쯤부터는 각 과목별로 n제, 모의고사를 풀면서 문제에서 내가 몰랐거나 간과했던 부분이나, 특이한 문제의 발상 등을 모두 학습 노트로 기록하기 시작했다. 처음에는 앞서 말한 묘한 강박으로 시작된 노트였으나 국어, 수학, 영어, 과탐 모든 과목을 대상으로 만들었던 이 노트는 수능 날에도 당연히 챙겨가서 볼 수 있는 장점이 있다. 또한 매일 그 과목의 공부를 시작하기 전이나 자투리 시간이 날 때 쭉 한번 훑어보면서 마치 둑의 빈 부분을 채워나가듯이 점점 지식의 틀에 살을 붙여 나가는 작업을 할 수 있기도 했다. 앞서 말했듯 기억은 유한하지 않고, 정말 강렬히 기억되지 않은 이상 계속해서 학습한 내용을 반복하지 않으면 금방 휘발되기도 한다. 설령 기억한다 할지라도 시간제한이 있는 수능이라는 시험에서 내가 배운 내용을 바로 인출할 수 없다는 것은 매우 치명적인 문제가 된다. 그러한 측면에서 학습 노트에 내용을 정리하고 반복해서 읽으면서 전체적인 개념도 기억 속에 더 정갈하게 정리될 수 있었고, 시험 때 빠르게 인출할 수 있는 정보도 점점 늘어날 수 있었다. 그뿐만 아니라 이 노트는 오늘의 내가 어제의 나보다 부족함이 더 줄어들었고 나아졌다는 증표이기도 하였기에 매일매일 내용이 쌓여가며 공부의 뿌듯함도 배가 될 수 있었다.

기본적으로 시험을 잘 친다는 것은 '인풋'을 많이 넣는 것뿐만이 아니라 '아웃풋'을 빠르게 내는 작업임을 명심해야 한다. 이는 교육심리학에서도 배우게 되는데, 시험을 잘 보기 위해서는 장기기억으로 들어간 공부 내용을 다시 작업기억(단기기억)으로 인출할 수 있어야 한다. 시간제한도 있는 시험이니만큼 노트로 정리하고 반복하여 보면서 이러한 과정을 더 의식적으로, 더 빠르게 만드는 것은 시험을 잘 치는 데에도 매우 큰 도움이 될 것이다. 공부를 해도 쌓이는 것이 없다고 생각되는 학생들은 특히나 꼭 학습 노트를 한번 적어 보았으면 좋겠다.

"기적은 지나간 시간의 흔적처럼 온다."

마지막으로 제가 공부할 때 가장 위로가 되었던 한마디를 소개하고 싶은데, 제가 듣던 인강 선생님께서 해주셨던 '기적은 지나간 시간의 흔적처럼 온다'라는 문장이다. 사실 이 문장 자체는 '기적', '시간', '흔적'처럼 매우 추상적인 단어로 구성되었기 때문에 잘 와닿지 않을 수 있다. 나 역시도 수능을 준비할 때는 이 추상적인 문구가 표면적으로 전달해주는 '결국 기적은 오고 말 것이고, 내가 만들어 낼 것이다.' 하는 그 간절함으로 매일의 공부를 이어 나갔었다.

하지만 수능 이후에 수능 성적표를 받고, "이 지나간 시간들이 만들어낸 자취가 하나하나 모여서 점차 내 성적을 올렸다. 결국 이렇게 만들어진 결과를 우리는 '기적'이라고 부르는구나." 하고 결국 나의 노력들이 완전히 인정받는 기분이 들었다. 선생님이 말했던 '기적'의 의미가 무엇인지, 그리고 사람의 삶에서 '간절함'의 효용성은 얼마나 큰지를 비로소 이해하게 되었다. 이후에도 이 멘트를 마음속에 항상 간직하며 살고 있다. 여러분도 꼭 간절함의 효용성을 믿었으면 좋겠다. 지금 이거 한 문제 공부하는 게, 개념 한 개 더 보는 게 무슨 의미냐고 생각하면서 접지 않았으면 좋겠다. 나도 아주 특별하거나 명백한 꿈이 있어서 공부를 한 사람은 아니었던 평범한 사람으로서, 그저 더 넓은 세계에서 세상을 바라보면서 그곳에 있는 멋있는 사람들을 만나고 싶었다. 또 누군가에게 구구절절하게 내가 꽤 능력 있는 사람이라는 것을 설명할 필요 없이 자유롭게 내가 원하는 것을 하고 싶었다. 그리고 그러기 위해서는 이 좁디좁고 평가가 만연한 사회에서 '명문대'라는 구실이 꽤나 효과적이라는 생각을 아주 오래전부터 해왔었기에 그것을 목표로 했었을 뿐이었다. 'OO대학', 'OO과'라는 아주 표면적인 목표도 좋지만, 자신이 더 넓은 세계를 탐험하고 싶은 욕구가 있는 사람들이라면 이 수능 공부, 혹은 고등학교 공부를 잘 해내는 것부터가 그 발걸음의 시작이라고 말하고 싶다. 대학이라는 관문에서 자신이 만들어낼 기적을 한번 경험했으면 좋겠다. 이것을 잘 해내었고, 남들이 대부분 통과하는 관문에서 괄목할 만한 좋은 성과를 낸 것은 이후의 삶에 분명 큰 영향을 미칠 것이기 때문이다.

수능이라는 시험에서 목표하는 바를 가진 사람이라면, 부디 자신의 부족함에 고통받지 말고, 더 간절히 공부하고, 더 많은 것을 배우고 채워나고고, 더 깊이 침잠하면서, 그렇게 하루하루를 보내길 바란다. 분명 결과는 보답할 것이라 믿어 의심치 않는다. 여러분의 기적의 흔적이 될 하루하루에 행운이 가득하기를 기원한다.

고려대학교 컴퓨터학과 ☆ 장아윤

필자는 고려대학교 컴퓨터학과에 학교장 추천 전형으로 입학한 장아윤이다. 경기도 동탄 일반계 고등학교에서 전교 1~3등의 성적을 유지하고 고려대학교, 연세대학교 등에 합격하였다.

¨ 공부는 왜 하는 걸까?

공부를 왜 해야 하는지 진지하게 고민해본 적 있는가? 중학교, 고등학교 시절 내내 나에게는 그것이 아주 중요한 문제였다. 내 마음이 내키지 않는 일에 많은 열정을 담을 자신도 없었고, 그냥 단순히 '해야 하기 때문에' 공부하고 싶지는 않았다. 나는 과연 무엇을 바라보고 달려가야 하는지에 대해 생각하기 시작했다.

많은 돈, 촉망받는 직업, 안정적인 미래와 같은 세상이 얘기하는 가치들 역시 중요할 것이다. 그러나 사람들은, 특히 청소년기의 우리들은 때때로 눈앞에 닥쳐오지 않는 위기를 지속적으로 자각하며 원동력으로 삼는 일을 어려워한다. 나를 발화점에 닿게 하기 위해, 그리고 오래도록 꾸준히 나아가기 위해 조금 더 근본적인 동력이 필요했다.

공부의 추진력은 미래의 (현실적인) 목표에 더불어 내면의 동기가 수직으로 탄탄하게 엮일수록 강해지는 직물과도 같다. 이 중 하나로만 얽은 것은 쉽게 찢어지기 마련이다. 나의 이야기를 소개하겠다.

·· 꿈 꾸는 힘

오늘날 현대 사회에는 우리 삶의 갈피를 잃도록 방해하는 유혹들이 너무나도 많다. 흥미로운 콘텐츠들, 24시간 잠들지 않는 SNS 알림, 자극적인 음식… 무언가에 '중독'되어 나의 중심을 놓아버리기 쉽다.

중학교 때였다. 아침부터 저녁까지 이어지는 학교의 고된 일과를 마치고 집에 와서 불 꺼진 방에 축 늘어졌다. 당연하게 휴대폰을 들고 당시 거의 '모든' 친구들이 하던 페이스북을 켰다. 잠깐이라고 생각했다. 잠깐 페이스북 메신저 답장을 하고, 잠깐 타임라인 스크롤을 올렸다. 눈이 뻑뻑한 느낌에 고개를 드니 시침 끝이 10 언저리를 가리키고 있었다. 몇 시간을 휴대폰 세계에 몰두한 채 이성을 잃었던 것이다. 나는 소중한 하루를 또다시 쓰레기통에 내던져 버렸다.

그전까지 변화의 필요성을 느끼지 못했다. 그러나 어느 순간 내가 파블로프의 개처럼 페이스북 메신저의 알림 소리에 반사적으로 반응하는 실험체가 된 것 같았다. 휴대폰 알림과 메시지의 내용, 그리고 페이스북에서 일어나는 일들에만 온 신경을 기울이고 있었다. 당연히 일상생활에서의 집중력이 떨어졌고, 손안의 작은 화면은 내 하루의 기분을 손쉽게 좌지우지했다.

나는 바뀌어야 했다. 외부의 자극에 반응하듯 살아가고 싶지 않았다. 그래서 내가 나아갈 방향을 정해야 했다. 잃어버린 나의 하루를 찾고 싶었다. 나는 '주체적으로' 살고 싶었다.

꿈이 필요했다. 지금 당장 내 몸과 마음을 움직일 '목적'이 필요했다. 멀리 '대학'이라는 지점에 목표 깃발을 꽂았다. 그렇게 하니 내디뎌야 할 걸음들이 보였다. 오늘은 일찍 자야지. 내일은 8시간 이상 공부해야지. 중간고사를 잘 봐야지.

물론 그렇게 마음먹은 다음에도 하루하루가, 매 순간이 도전의 연속이었다. 또 하루를 통째로 잃은 적도 많았고 깊은 우울함에 빠져 허우적대기도 했다. 그러나 중요한 것은 나아가야 할 방향을 정해둔 이상 방황은 길어질 수 없다는 사실이다.

그렇게 중학교, 고등학교 시절 나의 삶을 온전히 내 것으로 살아내고자 공부를 했다. 모든 노력은 '주체적인 삶'이라는 순간순간의 목적으로 귀결되었다. 대학 입학은 결승선이 아니다. 나는 도착 지점이 없는 꿈을 꾼다. 그러니까 나의 꿈은 지도 위가 아닌 나침반 위에 박혀 있었고, 여전히 그렇다. 매일의 결심과 도전들이 하나하나 반짝이는 꿈이 되고 목표가 된다. 나에게 공부란, 매일 꿈을 꾸고 또 이룰 수 있는 최고의 수단이었다.

"오늘의 모든 시간이 너의 의식과 함께 했는가?"

"오늘 너의 청춘을 제대로 살았는가?"

서울교육대학교 초등교육과 ☆ 장주영

나는 서울교육대학교 초등교육과에 재학 중인 장주영이다. 2023학년도 수능 정시 일반 전형으로 1번의 재수를 거쳐 현재 학교에 입학하게 되었다. 내가 입학한 초등교육학과는 초등학교 교사가 될 수 있는 유일한 전공이자 교내 단일 전공으로, 나는 전공 산하 13개의 심화 전공 중 컴퓨터교육과에 속하여 수학하고 있다. 입학 당시 수능 성적을 토대로 현재 온라인 강의 강사님의 조교로 근무 중이며, 여러 과외와 멘토링을 진행하고 있다.

˙˙ 꼭 지키고자 했던 나와의 약속들

나는 고등학교 내신 성적이 예상 목표치를 하회하였기 때문에 정시 일반 수능 전형으로 대입을 준비했다. 첫 수능 성적으로 낸 대학에 합격하였음에도, 1월부터 대학 대신 재수학원에 입학했던 이유는 내가 할 수 있는 당장의 유일한 수단이자 그동안 가장 잘 해왔던 것이 '공부'뿐이었기 때문이다. 스스로 기대했던 성적에 미치지 못한 실망감이 나를 가장 먼저 뒤덮었고, 뒤이어 '더 열심히 공부할걸'이라는 후회가 밀려왔다. 재수하지 않으면 이대로의 인생에서 이 후회는 계속될 것 같았고, 그렇게 1년간의 재수 생활을 시작했다. 최종적으로 1년의 재수 후 수능 평균 백분위 15점을 올리고 수능 정시 전형으로 2023학년도 서울교육대학교에 입학하게 되었다.

나는 정시 위주의 입시를 준비하고, 수능 인터넷 강의만을 이용해 독학했기 때문에 자기주도학습을 하며 나에게 가장 잘 맞는 효율적인 공부 방법을 찾았다. 내가 소개할 공부법 역시 수능 위주의 공부법이다. 다음은 내가 수험 생활을 하며 가장 중요하게 생각하고 꼭 지키고자 했던 나와의 약속들이다.

°생체리듬을 수능 시간표에 맞추었다

나는 매일 수능 시간표에 맞춰 생체리듬을 수능 날과 최대한 유사하게 맞추려고 노력했다. 아침 7시 반에 일어나 하루를 시작하여, 식사 후 학원에 등원해 8시 반부터 국어 공부를 시작했다. 자리에 앉자마자 항상 국어 주간지의 독서, 문학 세트를 풀었다. 수능 시간표와 동일하게, 오전에는 국어와 수학, 점심, 식사 후 영어와 탐구 공부로 하루를 구성했다. 남은 시간에는 그날의 부족한 공부를 채우기 위해 모든 과목을 하루씩 돌아가며 공부했다. 취침 시간 또한 아무리 늦게 자더라도 1시 이전엔 잠자리에 들도록 유지했고, 수면의 질을 높이기 위한 영양제 섭취도 꾸준히 했다.

°자투리 시간을 적극적으로 활용했다

나는 식사 시간, 남는 쉬는 시간과 같은 자투리 시간을 적극적으로 활용했다. 수능을 앞두고 한국사 공부나 영어 단어 암기는 시간을 내어서 하기 어려운 경우가 많은데, 식사 시간에 식사와 함께 한국사 인터넷 강의를 보거나 영어 단어 암기를 하며 자투리 시간도 허투루 쓰지 않으려 노력했다. 자투리 시간을 활용하여 한국사 공부에 큰 노력을 들이지 않고도 수능에서 가뿐히 1등급을 받을 수 있었다.

°과목별로 나만의 복습 노트를 만들었다

과목마다 노트를 한 권씩 만들어서, 그날그날 새롭게 알게 된 개념이나 여러 번 틀린 문제들을 간단히 기록해 두었다. 그렇게 만들어 놓은 노트는 등·하원 길 시간, 취침 전 시간에 간단히 훑어보며 배운 것들을 복습했다. 수능 직전에는 그중에서도 중요한 개념들을 다시 모아 요약 노트를 만들어 시험장에 가져가 보았고, 이는 시험 날 큰 도움이 되었다.

내가 가장 중요하게 지킨 세 가지를 다 읽어봤다면, 내가 수험 시절 가장 중요하게 생각한 것이 다른 무엇도 아닌 '시간 관리'를 통한 공부의 효율성 추구였다는 것을 알 수 있을 것이다.

¨ 슬럼프 극복법

그러나 이와 같은 생활을 1년 내내, 매일 지키는 것은 어렵기에 중간중간 슬럼프가 오기도 했다. 이때 정신력을 잘 관리해 주는 것이 중요했는데, 다음으로 내가 수험 기간 어떻게 정신력을 관리했는지를 알려주겠다.

°타인이 아닌 나에게 집중했다

남들의 시선과 주위의 반응에 개의치 않는 것이 중요하다고 생각했다. 수험생활을 하며 생각보다 나를 가장 흔드는 것은 '타인'이었다. 타인의 시선을 많이 신경 쓴다면 처음에는 어렵겠지만, 내 주변의 사람들이 진도를 얼마나 나갔는지, 어떤 문제집을 푸는지 신경 쓰지 않고 나만의 공부를 우직하게 해 나가도록 노력했다.

°공부에 도움이 되는 것만 남겼다

공부에 전혀 도움이 되지 않는다고 판단되는 SNS, 게임, YOUTUBE, 입시 카페 등은 과감하게 끊어냈다. 조금의 공부 스트레스를 풀기 위한 목적으로 사용된다면 괜찮지만, 이것들이 공부 시간을 잡아먹게 된다면 위기의식을 느낄 수 있어야 한다고 생각한다.

°휴식과 타인과의 소통 시간을 가졌다

적당한 휴식과 사람들과의 소통은 꼭 필요하다고 여겼다. 매일 공부만 하다 보면 어떤 사람이라도 언젠가는 지치기 마련이기 때문이다. 일정한 시간을 정해두어 정해진 시간에는 온전히 휴식만 취했고, 때로는 좋아하는 취미생활을 하며 몸과 정신을 회복하는 시간이 필요하다. 함께 공부하는 지인들과의 소소한 소통도 휴식의 방법이 될 수 있다.

공부할 때 가장 위로 되었던 한 마디

재수까지 하며 정말 힘들었던 시기, 정말 힘이 되어준 한마디가 있다. "힘든 것은 한순간이나 결과는 영원히 남는다." 내가 스스로 공부할 힘을 북돋아 주기 위해 만든 이 말을, 혹여나 쓰러져 무너질 것 같을 때 다짐하듯 곱씹곤 했다. 훗날 수능이 끝나고 모든 대학 입시가 끝이 날 때, 이 말은 한 치의 의심할 필요도 없이 맞는 말임을 알 수 있을 것이다. 적어도 20살 한 해는 나에게 공부한 것 외에는 어떠한 특별한 기억도 없는 시간이었지만, 그 시간 동안 흘린 눈물과 땀으로 가꾸어진 시간은 다시 돌이켜보았을 때 인생에서 절대 후회가 없는 시간이 되었다. 수험 생활이 끝나고 아쉬움은 있을 수 있겠지만 후회는 없도록 공부하길 바란다. 대학 입시를 준비하며 오늘도 눈에 띄지 않는 곳에서 열심히 공부하는 모두를 응원하는 마음이다.

연세대학교 지구시스템과학과 ☆ 장준호

현재 연세대학교 지구시스템과학과에 22학번으로 다니고 있다. 내가 원서를 넣은 전형은 추천형이라는 교과+면접 형식의 수시전형이었다.

¨ 합격을 축하합니다

2021년 11월 18일, 수능 다음날, 입시 결과가 예정보다 일찍 발표되었다는 연락이 들어왔다. 떨리는 마음을 안고 대학 입학처 홈페이지에 접속했다. 수험번호를 포털에 입력하자 화면을 가득 채우던 큰 글씨가 눈에 들어왔다.

"합격을 축하합니다."

연세대학교에 합격했다.

지금 연세대학교 지구시스템과학과에 22학번으로 다니고 있다. 사실 처음 원서를 넣을 때까지만 하더라도 큰 기대를 하지 않았다. 내가 원서를 넣은 전형은 추천형이라는 교과+면접 형식의 수시전형이었고, 새로 생긴 전형이어서 자료가 충분하지 않았다. 사실상 입시를 건 큰 도박에 가까웠다. 그럼에도 나는 3년간의 내 성적과 면접 실력을 믿고 원서를 넣었다.

고등학교에서 공부한 3년 동안 나만의 엄청나게 특별한 공부법이 있었던 것은 아니다. 수업시간에 열심히 필기하고, 수업 끝나고 자습 시간에 복기하며 노트에 정리하고, 시험기간이 다가오면 노트를 계속해서 복기하며 3번 정도 회독하고, 서점에서 가장 먼저 눈에 들어온 것들로 고른 문제집들로 문제풀이 연습하고. 사실 누구나 알 법한 공부법들이다. 하지만 그럼에도 누구나 알 법한 이 방법들을 꾸준히 실천하는 사람은 거의 없다고 생각한다.

·· 너는 한다면 하는 사람이구나

내가 중요하게 생각하는 것은 꾸준함이다. 고등학교 시절 주변 사람들에게 들었던 말들 중 가장 기억에 남는 말은 "너는 한다면 하는 사람이구나"였다. 스스로에 대한 자신감과 믿음이 꾸준함의 뿌리였다. 나에게 맞는 나만의 공부법은 내가 스스로 찾아야 한다. 그러기 위해서는 스스로에 대한 꾸준한 검증이 필요하다. 이 글을 읽는 여러분이 공부에 대한, 그리고 스스로에 대한 확신을 먼저 가졌으면 한다. 그리고 그 확신을 끈기로 발전시켜 계속 꾸준히 한 걸음씩 나아갔으면 한다. 그러면 여러분은 어느새 여러분만의 공부 언어를 만들 수 있을 것이다.

그렇다면 나는 어떻게 꾸준할 수 있었는가. 또 어떻게 확신을 가졌었던가. 간단했다. 공부를 어렵게 하지 않았다. 수학에 자신감이 없던 고1 시절, 공부를 아무리 계속해도 성적이 떨어졌다. 어떻게든 성적을 올려보기 위해 풀던 어려운 문제집들은 오히려 나의 자신감을 떨어뜨리고 있었다. 결국 그 문제집들을 버리고 서점에서 가장 쉬운 수학 문제집들을 사 새로 풀기 시작했다. 거짓말처럼 성적이 오르기 시작했다. 그렇게 나는 무작정 어려운 문제들만 푸는 것이 아니라, 공부에 대한 자신감, 그리고 개념과 같은 뿌리를 키워야 한다는 것이 중요하다는 걸 깨달았다.

이런 나만의 자신감과 믿음은 면접 때까지 이어졌다. 모두가 긴장하고 있을 때, 나는 긴장을 최대한 덜고자 노력했다. '나는 충분히 이 학교에 들어갈 준비가 되어있고, 어떤 질문에도 대답할 준비가 되어있었다.' 나 그대로를 보여주고 오자는 생각뿐이었다. 이런 믿음은 면접 때 자신감으로 이어질 수 있었다. 내가 본 면접은 제시문 면접으로, 제시문의 개념을 읽고 문제에 답을 하는 형식이었다. 이런 스스로에 대한 믿음은 설사 지금 내가 말하고 있는 것이 정답은 아니더라도 충분히 흥미로운 대답이라는 확신으로 이어져 자신감 있게 면접에 응할 수 있었다. 상향으로 넣은 연세대, 교과 성적 자체만으로는 하위권이었지만 면접에서 좋은 성적을 얻어 결국 합격을 얻어낼 수 있었다.

¨ 나만의 속도가 중요하다

공부는 절대 어렵게 해서는 안 된다. 스스로의 속도에 맞게 꾸준히 하는 것이 중요하다. 공부는 쉬워야 한다. 공부를 하기 전에 겁을 먹어서는 안 된다. 걱정과 불안은 결국 사람을 지치게 만들고 도망치게 만든다.

이 글을 읽는 여러분은 공부를 쉽다고 생각하는 습관부터 기르셨으면 한다. 지금 당장 펜을 잡고 매일 같은 양으로 자신 있는 문제를 풀어라. 계속해서 스스로를 믿어라. 그러면 언젠가는 눈치채지도 못한 사이에 압도적으로 성장해있는 자신을 볼 수 있을 것이다.

고려대학교 국어국문학과 ☆ 전명주

나는 현재 고려대학교 국어국문학과에 재학 중이다. 국어국문학과에서는 국어학과 한국의 현대문학 및 고전문학 등에 관해서 배울 수 있는데, 나는 문학을 깊이 있게 공부하고 싶어 국어국문학과에 관심을 갖게 되었다. 사실 1학년이었을 때까지는 대학 진학에 큰 욕심이 없었다. 그런데 1학년 겨울방학에 한강 작가의 《채식주의자》를 읽고 문학을 공부하기 위해 국어국문학과에 진학하겠다는 목표를 가지게 되었다. 2학년으로 올라가면서부터 학생부종합전형을 목표로 해 본격적인 내신과 생기부 관리를 시작했다. 시행착오도 많이 겪었지만, 그 과정에서 배운 점도 많았다. 이 책에서는 나의 전반적인 공부법, 수능 국어 공부법, 그리고 매력적인 학교생활기록부 만드는 방법에 대해 말해보려고 한다.

¨ 공부는 체계적으로

°공부 습관

가장 먼저 이야기하고 싶은 것은 공부 습관에 관한 부분이다. 좋은 성적을 원한다면 어느 정도의 공부량과 공부 시간은 꼭 뒷받침되어야 한다. 나의 경우, 내신 기간이 아닌 평일에는 3~5시간 정도 공부를 했다. 내신 기간일 때에는 평일과 주말을 가리지 않고 8~12시간 정도 공부를 했다. 평일에는 학교에서 보내는 시간이 길기 때문에, 자습 시간이나 쉬는 시간, 점심시간 등을 최대한 활용했다. 이동할 때도 노트를 찍은 사진을 보며 암기를 했고, 샤워를 할 때도 암기과목 노트 두세 페이지를 복사한 뒤 욕실 벽에 붙여두고 암기를 했다.

만약 스스로를 컨트롤하기 힘들다면 공부를 할 수밖에 없거나 충분한 동기부여가 되는 상황을 만들어 두는 것이 도움이 된다. 예를 들면 주변 사람들에게 목표를 말해 두거나, 친구들과 목표 학습량이나 성적 등을 걸고 가벼운 내기를 하는 식이다. 또는 공부 장소를 바꾸어 보거나, 휴대폰을 잠글 수 있는 앱을 사용하는 것도 도움이 된다.

자신의 문제점을 파악한 뒤 이를 자신의 성향에 맞게 해결할 수 있는 방법을 고민해보는 것도 좋다. 나는 공부를 하다가 자꾸 휴대폰을 만지게 되어서, 목표 학습량을 채울 때까지 내가 공부하는 모습을 타임랩스로 촬영했다. 카메라로 내 모습을 찍고 있으니 집중해서 공부하게 되었고, 중간에 휴대폰을 건드리게 되면 타임랩스가 빨리 끊기게 되어서 휴대폰을 만지지 않게 되었다. 또, 나는 타인의 시선을 의식하는 경향이 있고 승부욕이 있어 다른 사람에게 뒤처지는 것을 싫어했다. 그래서 나에게는 다른 사람들과 한 공간에서 공부할 수 있는 스터디카페에 가는 것과, 반 친구들과 열품타 앱으로 그룹을 만들어 서로의 공부 시간을 실시간으로 확인할 수 있도록 하는 것이 크게 도움이 되었다. 어떤 방식이든 좋으니, 우선 충분한 시간 동안 집중해서 공부하는 습관을 꼭 들이면 좋겠다.

°개념 이해

　다음으로는 개념 이해의 중요성을 강조하고 싶다. 공부를 할 때 가장 중요한 것은 개념을 완벽하게 이해하는 것이다. 암기를 하든, 문제를 풀든 그전에는 무조건 개념의 충분한 이해가 이루어져야 한다. 이해를 제대로 하지 못한 상태에서 외우기만 해버린다면 조금만 꼬아서 문제를 내도 틀리기 쉽다.

　개념 공부를 할 때에는 우선 목차를 먼저 정리하고, 목차에 따라 굵직한 개념을 카테고리화해서 정리한 뒤 디테일을 붙여 주는 것이 좋다. 자신이 지금 공부하는 개념이 무엇과 관련된 개념인지, 어디에 속하는 개념인지를 아는 상태로 공부를 해야 하기 때문이다. 예를 들어, 유음화에 대해 공부한다면 유음화가 음운-음운변동-교체에 해당하는 개념이라는 것을 머릿속에 넣은 상태로 공부하는 것이다. 역사의 경우 A나라에 대해 다루는 부분을 크게 주요 왕, 주요 사건, 문화 등으로 나누고, 이렇게 나눈 큰 카테고리 안에서 하위 카테고리를 나누어 준다. 예를 들어, 고구려의 전성기 부분을 공부할 때에는 주요 왕 카테고리에 광개토대왕과 장수왕이 있다는 것을 먼저 확실하게 공부한 뒤, 각 왕의 주요 업적을 붙여 공부하면 된다.

　또, 각 개념의 핵심이 되는 부분을 유의하면서 공부하는 것도 중요하다. 예를 들어, 양명학은 성리학을 비판하면서 등장한 것이기 때문에 양명학의 핵심은 성리학의 어느 부분을 비판했는지가 된다. 양명학이 "성리학은 A 부분 때문에 적절하지 않아! B가 적절해!"라고 했다면 B가

양명학의 핵심 원리가 되는 것이다. 이때 B는 양명학을 이루는 뼈대가 되고, 양명학의 디테일한 부분은 B를 기반으로 파생된 것이기 때문에 이러한 핵심을 이해해야 개념을 연결해서 이해하고 외울 수 있다.

역사나 과학의 경우에는 인과관계에 유의해야 한다. 이유와 원리를 이해하는 것이 중요하며, 암기를 할 때에도 이유와 원리부터 시작해서 개념을 연결시켜야 한다. 예를 들어, 세계사에서 배우는 원나라는 '몽골 제일주의'라는 키워드로 압축할 수 있다. '몽골 제일주의'라는 키워드를 중심으로 원의 정책인 민족 차별 정책과 고유 문자의 사용을 연결할 수 있으며, 이는 원의 쇠퇴 요인 중 하나인 과도한 탄압으로도 이어진다. 또, 지구과학에서 온대 저기압을 공부할 때에는 정체전선이 한랭전선과 온난전선으로 나뉘며 온대 저기압이 성장한다는 것을 기억하여, 한랭전선과 온난전선의 특징을 온대 저기압에 적용하면 암기가 수월해진다.

개념 간의 관계를 중심으로 내용을 구조화하는 연습을 하는 것도 좋다. 과학의 경우에는 그림을 그려보는 것도 이해에 큰 도움이 된다. 그림은 예쁘게 그리지 않아도 되니, 대강이라도 그려보자. 단, 교과서나 참고서 등의 그림을 그대로 옮겨 그리는 것이 아니라, 그림 속 원리를 완전히 이해하며 그리는 것이 중요하다.

개념 공부를 마쳤다면 다음 단계는 문제를 푸는 것이다. 문제집을 푸는 이유는 문제 유형을 연습해보기 위함도 있지만, 내가 어느 부분을 모르고 있는지 체크해서 모르는 부분을 보완할 수 있도록 하기 위함이기도 하다. 그렇기 때문에 문제집을 풀 때 가장 중요한 것은 오답이다.

오답은 절대로 그냥 넘어가서는 안 된다. 맞았지만 찜찜한 문제, 애매하게 아는 문제, 맞았는지 틀렸는지 확신이 서지 않는 선지가 있는 문제와 같은 경우에는 맞은 문제일지라도 그냥 넘기면 안 되고, 틀렸거나 몰라서 풀지 못한 문제와 함께 제대로 짚고 넘어가야 한다. 오답을 할 때에는 처음에 고른 선지가 정답이라고 생각한 이유는 무엇인지, 그리고 정답인 선지가 정답인 이유는 무엇인지를 꼭 체크해야 한다. 자신의 사고과정 중 어떤 부분이 잘못됐는지, 자신이 잘못 알고 있는 부분은 무엇인지 등을 정확하게 파악해서 보완하는 작업을 하는 것이다. 문제에서 요구한 것이 무엇이었으며 답을 정확하게 도출하기 위해서는 어떤 과정으로 문제를 풀었어야 했는지를 분석하는 것도 큰 도움이 된다.

오답을 꼼꼼히 해서 부족한 점을 파악하고 이를 보완해나가는 과정이 없다면 성적은 오르기 힘들다. 개념 공부와 암기를 꼼꼼히 하고, 문제를 풀며 취약점을 체크하고 보완하는 작업은 필수이다. 오답용 노트를 따로 만드는 것도 좋고, 문제집에 바로 정리하는 것도 좋다.

¨ 9모 국어 3등급에서 수능 국어 백분위 100까지

다음으로는 수능 국어에 대해 얘기해보려고 한다. 나는 수시, 그중에서도 학생부종합전형을 위주로 대입을 준비했지만, 최저를 맞추어야 했기 때문에 수능에서 국어 1등급을 꼭 받아야 하는 상황이었다. 당연히 국어 공부를 열심히 했어야 했지만, 모의고사를 보면 국어는 항상 커트라인에 걸려서 1등급이 나오다 보니 국어 대신 성적이 부족한 다른 과목에 시간을 많이 쓰게 되었다. 그러다가 9월 모의고사에서 나는 국어 3등급이라는 당황스러운 성적을 받게 되었다. 나는 이 성적이 실수로 삐끗해서 나온 성적이라고 생각하지 않았다. 부끄럽지만 나는 내가 수능 국어 공부를 한 번도 제대로 하지 않았다는 것을 알고 있었기 때문이었다. 그래서 국어 3등급은 미끄러져 운 나쁘게 나온 성적이 아니라 나의 실제 위치를 나타내준 성적이라고 생각했다.

수능까지는 시간이 얼마 없었기 때문에, 나는 우선 모의고사 시험지를 검토하며 나의 강점과 약점을 최대한 꼼꼼하게 파악했다. 나의 경우, 문학 지문을 읽는 속도는 빨랐지만 고전시가는 제대로 읽지 못해 내용 파악이 어려웠다. 비문학의 경우 지문을 읽고 푸는 데에 시간이 오래 걸렸을 뿐만 아니라, 정답률도 만족스럽지 않았다. 언어와 매체를 선택했지만 문법 문제는 항상 한두 문제씩 틀리는 것도 문제였다. 또, 잘 알고 있는 작품이 많지 않았으므로 수능에서는 처음 접하는 작품들로만 이루어진 시험지를 받을 수밖에 없기도 했다.

그래서 나는 처음 보는 고전시가를 읽고 내용을 파악하는 방법 익히기, 문법 개념 정리 및 암기, 그리고 비문학 지문을 정확하게 독해하고 문제를 정확하게 푸는 방법을 찾는 것을 주된 목표로 정리하고 국어를 공부했다. 이런 식으로 본인의 강점과 약점을 파악한 뒤 이를 바탕으로 세부 목표를 정해 공부를 하면 효율적인 공부를 할 수 있게 된다.

고전시가의 경우, 중세 국어를 현대 국어로 바꿔 읽을 때 일반적으로 적용할 수 있는 규칙을 찾아 공부하고, 작품에 자주 등장하는 어휘를 찾아 뜻을 암기했다. 또, 평가원 시험지에 출제된 적이 있는 고전시가를 혼자 현대어로 해석해본 뒤, 올바른 해석을 찾아 내가 했던 해석과 비교해보았다. 잘못 해석한 부분은 꼼꼼하게 체크해 올바른 해석 방법을 익혔다.

문법의 경우, 우선 개념을 제대로 아는 것이 중요하다고 생각했다. 그래서 알아야 하는 개념을 쭉 정리한 뒤, 여러 번 읽고 세부적인 내용을 암기했다. 어느 정도 개념을 머릿속에 넣은 뒤에는 언어와 매체 수능특강을 풀면서 내가 잘 틀리는 개념을 확인했다. 공부가 덜 된 부분을 발견하면 복습을 꼼꼼하게 해서 내가 아무것도 보지 않고도 해당 개념을 설명할 수 있도록 했다.

혼자 공부하기에는 비문학이 가장 까다로웠다. 나는 시간을 단축시키는 데에 우선순위를 두지 않고, 시간이 좀 걸리더라도 정확하게 읽고 정확하게 문제를 풀어내는 데에 집중하기로 했다. 그래서 지문을 읽으며 문단별로 주제와 핵심 내용을 파악하는 연습을 하고, 1문단을 읽은 뒤 지문의 소재와 주제를 대략적으로 잡고 앞으로 지문이 어떤 식으로 전개될지 예측하며 읽는 연습을 했다. 중요한 키워드 간의 관계나, 짝지어 이해해야 하는 정보의 경우 지문에 체크해주거나 간단하게 메모를 해주었다. 또, 선지의 적절성을 판단할 때에는 꼭 지문에서 근거를 찾아 표시하도록 노력했다. 나는 이렇게 했을 때 문제를 더 정확하게 풀 수 있기도 했고, 오답을 할 때에도 내가 문제를 풀며 했던 생각과 그 과정에서의 오류를 파악하는 것이 수월했다.

수능 직전까지 가장 공을 들인 부분은 오답이었다. 오답은 쌓아놓지 않고 최대한 바로바로 해결하려고 노력했다. 어떻게 생각하며 문제를 풀었고 거기에 어떤 오류가 있었는지 잡아내야 했기 때문에 가급적이면 문제를 푼 직후에 오답까지 끝내는 습관을 들였다. 또, 맞은 문제더라도 헷갈리는 선지가 있던 문제라면 그 부분은 절대 넘기지 않고 다시 정리했다. 이때 틀린 이유만 확인하고 넘어가는 것이 아니라, 사고과정을 교정해나간다는 느낌으로 꼼꼼하게 정답 도출 과정을 분석하고 같은 실수를 다시 반복하지 않도록 의식적인 노력을 기울였다.

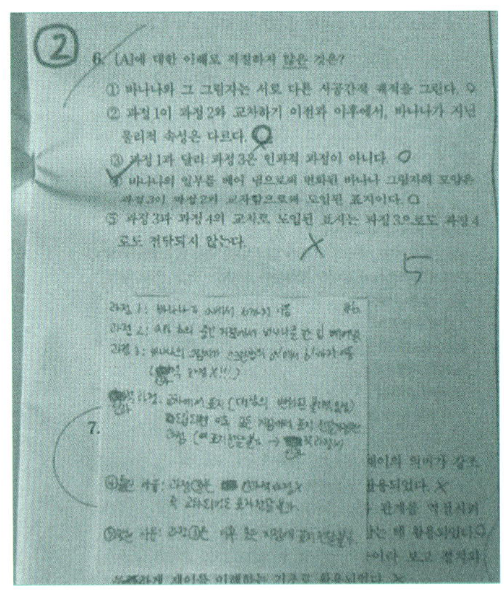

문항정보	22학년도 6모 (고3) 6번 (적절X)
원래 답 고른 이유	5번 고른 이유 : 바나나 그림자 모양이 변하는 것이 과정2, 3의 교차 때문이라고 생각함 (과정3도 인과적 과정이라고 생각함) / 정답 선지 넘어간 것도 같은 이유
오답이 오답인 이유	과정3은 이후 모든 지점에 표지를 전달할 수 없음 과정3은 인과적 과정이 아니기 때문
정답이 정답인 이유	답은 4번 과정3은 인과적 과정이 아님 → 교차되어도 표지 전달 불가
메모	과정1 : 바나나가 a에서 b까지 이동 과정2 : a와 b 중간 지점에서 바나나를 한 입 베어냄 과정3 : 바나나의 그림자가 스크린의 a'에서 b'까지 이동 (인과적과정X!!!) 인과적과정 : 교차에서 표지(대상의 변화된 물리적 속성)가 도입되면 이후 모든 지점에서 표지 전달 가능한 과정

위의 두 이미지는 오답 정리했던 것을 예시로 참고하면 좋겠다.

문항정보	24학년도 수능 짝수형 20번 (적절)
원래 답 고른 이유	ⓒ에서는 아귀가 곧 나가서 남두성을 잡을 것이니 여자들에게 자기를 위해 마음을 위로하라고 하고 있고, ⓓ에서는 여자들이 원과 미리 계획한 대로 상대를 수월하게 죽일 수 있도록 상대를 안심시키기 위해 술과 음식을 권하고 있음 → ⓓ에서 여자들이 자기의 의도를 상대에게 숨기는 게 아니라 (3번선지) ⓒ에 나타난 상대의 목표(남두성잡기)를 위해 행동할 것을 약속하는 것이라고 생각함 (5번선지)
오답이 오답인 이유	5번) ⓓ는 여자들이 아귀에게 주찬을 대령했으니 다 먹으라고 하는 내용임 이는 여자들이 아귀의 마음을 위로(하는 척)하는 것이지 아귀의 목표인 남두성 잡기를 위해 행동할 것을 약속하는 것이 아님
정답이 정답인 이유	답은 3번 ⓓ에서는 여자들이 원과 미리 계획한 대로 상대를 수월하게 죽일 수 있도록 상대를 안심시키기 위해 술과 음식을 권하고 있음 → 그러나 이를 감추고 아귀의 장단에 맞춰주고 있으므로 자신들의 의도를 상대에게 숨기고 있는 것이 맞음
메모	김원 = 원 = 원수 = 남두성 동일인물임을 확보!

위의 표는 내가 수험생일 때 정리했던 것은 아니지만, 이해를 돕기

위해서 꼼꼼하게 정리한 예시를 가져왔다. 점수가 불안정할수록 이렇게 꼼꼼하게 사고과정을 되돌아보고 정리하는 과정을 거치는 것이 중요하다. 나는 앞서 설명한 방법대로 성실하게 공부했고, 어려웠던 수능에서는 백분위 100이라는 좋은 결과를 얻을 수 있었다.

¨ 생기부는 구체적으로

마지막으로는 학교생활기록부에 관한 이야기를 해보려고 한다. 학생부종합전형을 준비하는 친구들이라면 생기부의 중요성은 이미 잘 알고 있을 것이다. 생기부는 '내가 이 대학 이 학과에 걸맞은 인재'라는 것을 어필할 수 있는 좋은 수단이다. 생기부 중 대입에 반영되는 항목 안에서 최대한 자신을 어필해야 한다.

우선 학생부종합전형 평가에 반영되는 요소를 살펴보자. 구체적인 평가 요소는 대학에 따라 조금씩 차이를 보이지만, 대체로는 학업역량, 진로역량, 그리고 인성(공동체역량) 등이 주된 평가 요소이다. 학업역량의 경우, 과목별 성적 및 성적 변화 추이로 나타나는 학업성취도나 학업태도, 그리고 스스로 문제를 발굴해 이를 탐구하려는 노력과 탐구 역량 등을 주로 본다. 다음으로 진로역량의 경우에는 전공과 관련된 교과의 이수 여부와 해당 교과의 성취도를 보고, 진로를 적극적으로 탐색하기 위해 어떤 활동을 했는지를 평가한다. 마지막으로 인성(공동체역량)의 경우 협업 및 소통능력이 있는지, 리더십은 어떠한지, 성실한지, 나누고 배려하는 모습이 드러나는지 등을 평가한다.

이제 각 요소를 생기부에 어떻게 녹여낼 수 있는지에 대해 살펴보자. 학업역량과 진로역량의 경우, 교과 시간에 배운 내용을 바탕으로 희망 학과와 관련된 심화 탐구를 하고 보고서를 쓰거나 발표를 하는 것이 좋다. 일반적으로 과목별 세부능력 및 특기사항 란에는 수행평가 내용이 많이 들어간다. 그러나 수행평가 내용만으로 차별성을 보여주기 어렵거나 전공 또는 진로에 대한 관심을 제대로 드러내기 어려운 경우, 해당 과목 선생님께 추가 탐구 활동을 하는 것이 가능한지 여쭈어본 뒤 자신의 전공적합성이나 진로에 대한 관심 등을 잘 드러낼 수 있는 활동을 하는 것이 좋다.

학업역량과 진로역량을 강조할 때에는 '내가 이 학과에서 배우는 내용과 이런 진로에 이렇게 관심이 많다'는 것을 구체적인 활동을 통해 보여주어야 한다. '교과 시간에 X를 배웠는데 이 부분에서 Y라는 문제의식을 갖고 스스로 이러저러한 내용의 탐구를 해서 발표까지 해보았고, 이 과정에서 새롭게 알게 된 점은 무엇이며 어떻게 성장했는지'까지를 생기부에 담아줄 수 있으면 좋다. 희망하는 학과 또는 진로와 관련된 방향으로 진행한 활동의 내용, 활동을 통해 어떻게 성장하고 발전했는지, 무엇을 배웠는지 등이 최대한 구체적으로 들어가는 것이 좋다. 다만 희망 학과나 진로와 도저히 연관지을 수 없는 과목의 경우, 희망 학과나 진로와 관련되지 않은 탐구이더라도 해당 교과목에 대한 탐구력이나 적극적인 학업 태도 등을 보여줄 수 있다면 괜찮다.

인성(공동체역량)의 경우에는 모둠 활동이나 동아리 또는 학급활동 등에서 잘 보여줄 수 있다. 학년별로 담임선생님께서 써주시는 행동특성 및 종합의견란에서도 인성 관련 부분을 충분히 보여줄 수 있다. 가끔 학생부종합전형을 준비하는 친구들 중에는 인성 관련 부분의 중요성을 간과하는 친구들이 있는데, 인성도 학생부종합전형 평가에 중요하게 반영되는 요소 중 하나라는 점을 꼭 기억해야 한다. 또, 전교회장 또는 학급회장 등과 같은 타이틀만 유용하다고 생각하는 친구들이 종종 있는데, 인성과 관련하여 좋은 점수를 얻을 수 있는 방법은 전교회장이나 학급회장을 하는 것 말고도 여러 가지가 있다. 교과목 부장을 한다거나, 모둠별로 진행되는 활동에서 모둠원이 원활하게 활동을 할 수 있도록 돕고 팀을 이끈다면 충분히 공동체역량을 강조할 수 있다.

내가 생기부를 관리하기 위해 했던 활동도 몇 가지 소개해보려고 한다. 우선 사회문화 과목에서 문화소멸에 대해 배운 뒤 소멸 위기에 놓인 제주어에 관한 탐구를 진행한 적이 있다. 세특에는 이러한 탐구 동기와 더불어 나의 탐구 내용과 탐구를 통해 느낀 점이 구체적으로 들어갔다. 또, 심화 국어 시간에 백석의 시 '수라'를 공부한 다음에는 백석에 대한 탐구를 진행했다. 내가 탐구를 진행한 동기, 탐구 내용, 그리고 탐구를 통해 내가 성장한 부분까지 모두 세특에 구체적으로 작성되었다. 이런 식으로 학업역량 중 탐구력과 진로역량 중 전공 및 진로에 대한 관심 등을 잘 드러낼 수 있었다.

길지 않은 분량이었지만 나의 공부법과 팁이 여러분께 도움이 되었길 바란다. 한 가지 주의할 점은 나의 공부법이 나에게는 효과가 컸을 수 있어도 여러분께는 잘 맞지 않을 수도 있다는 부분이다. 무조건 하나의 공부법에 여러분을 맞추기보다는 본인의 성향을 파악하고, 이를 바탕으로 본인에게 잘 맞는 공부법을 찾는 것이 중요하다는 점을 꼭 기억해주면 좋겠다. 꿈을 위해 열심히 노력하는 여러분을 멀리서나마 응원하겠다.

공부할 때 가장 위로가 되었던 한마디

"뭐가 문제인지 알았으니 이제 고칠 수 있어. 고치면 돼!"

이화여자대학교 화학·나노과학 ☆ 전설

나는 이화여자대학교 화학·나노과학전공 3학년에 재학 중이다. 과 이름이 약간 독특해서 무슨 과인지 궁금하실 것 같은데, 여러분이 생각하는 그 "화학과"가 맞다. 우리 과는 2008년, 화학전공에서 화학·나노과학전공으로 명칭을 변경하였고, 2014년에 화학생명분자과학부로 학부명을 변경하면서, 풀네임 화학생명분자과학부 화학·나노과학전공이 되었다. 나는 2022년, 교과전형으로 합격하여 화학생명분자과학부에 입학하게 되었는데, 교과인 만큼 내신성적 평가와 함께, 다른 학교의 교과전형과 달리 수능 최저가 없는 대신 생기부 기반 면접평가를 진행했던 특별한 케이스였다. 나처럼 화학생명분자과학부로 입학하여 2학년 때 생명과학전공과 화학·나노과학전공 중 선택하는 전형과, 입학 때부터 과를 선택하여 입학하는 전형이 있다.

학생 시절에는 미래를 위해 공부에만 매진하라는 진부한 말 따위를 여러분들에게 해주고 싶지 않다. 그 당시의 내가, 그리고 여러분들이 얼마나 공부를 위해 많은 것들을 희생하고 있는지 알기에 그럴 것이다. 그런 말 대신 내가 해주고 싶은 말은, 부디 자신이 무엇을 좋아하는지 깨닫기 위해 노력하라는 것이다. 꼭 좋아하는 "일"이 아니어도 된다. 그저 애니를 보는 것일 수도 있고, 악기를 연주하는 것일 수도 있고, "친구"라는 대상일 수도 있다. 어떤 형태의 것이든 자신이 진심을 다해 좋아하는 것을 찾길 바란다. 내가 대학에 들어와 여러 사람을 만나며 느낀 것은 뛰어난 학력, 외모를 가진 사람보다 진심으로 자신이 좋아하는 것에 성의를 다하는 사람이 훨씬 아름답고 멋있었다는 것이다. 나는 자신이 좋아하는 것들을 하며 빛나는 사람들을 보면서 지금까지 살면서 내가 미치도록 좋아하는 것 하나 마련하지 못했다는 사실이 조금 후회스러웠다. 그래서 나는 여러분들이 공부와 학교생활로 정말 바쁘겠지만, 꼭 자신에 대해 알아가는 시간을 갖고, 성인이 되고 난 후 그동안 참고 참았던 좋아하는 것들을 마음껏 꽃피우면서 예쁘게 빛나기를 진심으로 바란다.

·· 나만의 공부법

나는 교과전형으로 이화여대를 합격했지만 학생부종합전형으로 지원했던 학교도 있었기 때문에 교과, 비교과, 수능 모두 고려해야 하는 학생이었다. 그만큼 시간 관리가 중요했으나, 나는 MBTI 극강 P로, 앞에 몇 장만 열심히 쓴 계획표만 여러 권인 프로 작심삼일러였다. 이렇게 게을렀던 내가 고등학교에서 압도적인 생기부 장수를 만들고 수능 공부를 병행하며 내신 1점 초중반대를 유지할 수 있었던 이유는 바로 스스로에게 숙제 내주기 공부법 덕분이었다.

대부분의 학생분들은 어렸을 때 구몬과 같은 학습지를 해본 적이 있을 것이다. 따로 공부계획을 세우지 않고도 학습지 선생님이 적어준

요일에 따라 학습지를 풀었던 경험, 하루이틀 미루다 보면 어느새 선생님이 오는 날이 되어 부랴부랴 풀던 경험, 다들 있을 것 같다. 이제부터는 타인이 아닌 여러분 스스로가 엄격한 학습지 선생님이자 학생이 되어보자. 매일 계획을 세우기 힘들다면, 게으른 나를 위해 앞으로의 가이드라인을 한 번에 세워놓는 것이다. 구체적인 방법은 다음과 같다. 만약 자기주도공부를 위해 문제집을 샀다면 이 문제집을 며칠 만에 끝낼 것인지 정하고, 문제집의 장 수를 일 수로 나누어 하루에 몇 장을 풀어야 할지 계산한다. 그렇게 모든 문제집에 하루에 풀 만큼을 정해 놓았다면 계획을 매일 세우지 않아도 할당량이 정해져 있어서 해이해지지 않고 매일 일정량의 공부를 꾸준히 할 수 있다. 그리고 이를 문제집뿐만 아니라 학교나 학원 숙제에도 적용시켜보는 것이다. 부득이하게 수행평가나 학교행사와 같은 일로 하루 할당량이 밀리더라도 어릴 때 학습지처럼 일주일 단위로 정해진 요일에 선생님이 오신다고 생각하고 융토성 있게 그 요일까지 못 했던 양을 나누어 처리하면 아무리 게을러도 내가 하고자 한 공부량을 유지할 수 있다. 또한 이 공부법을 통해 계획표를 작성하는 시간을 절약할 수 있고, 과도한 계획을 완수하지 못하여 얻는 좌절감이나 빈약한 계획표로 인해 너무 적은 공부량을 방지할 수 있다. 대신 이 공부법은 실제 내 공부량을 감시하는 선생님이 본인이기 때문에 스스로와의 약속을 깨지 않으려는 굳은 의지가 있어야 한다. 할당량을 지키지 못하면 스트레스를 받을 줄 아는 사람이어야만 이 공부법이 제 기능을 할 수 있으므로 이에 주의한다면 계획표를 쓰지 않고도 시간을 효율적으로 쓸 수 있을 것이다.

¨ 공부가 너무 하기 싫을 때

학교생활을 하다 보면 유독 공부가 하기 싫은 날이 있다. 나는 그럴 때 주저하지 않고 그냥 쉬었던 것 같다. 이렇게 공부하기 싫은 날이 있을 것을 예상해서 공부가 잘되는 날은 다음날 할당량의 일부도 미리 해두기도 했었기 때문이다. 앞의 공부법을 적용한 까닭에 나는 일주일에 해야 할 공부의 절대량이 정해져 있어서 이를 충족시킨다면 언제 어떻게 쉬든 괜찮았다. 대신 쉬기 전에 내가 오늘 쉰다면 남은 날 동안 할당량을 채우기 위해 하루에 얼마나 더 많은 공부를 해야 할지 계산하고, 계획을 수정하는 과정을 꼭 거쳤다. 그렇게 계산하는 과정을 거치면서 오늘 쉬면 내일 할당량을 제외하고 이만큼이나 더 해야 한다는 부담감을 몸소 느낄 수 있었고, 쉬다가도 미래의 나를 위해 다시 공부하기로 마음을 다잡을 수 있는 계기가 될 수 있었다. 하지만 쉴 때 항상 지켰던 중요한 규칙이 있었는데, 절대로 드라마나 웹툰과 같이 다 보려면 긴 시간을 할애해야 하는 것, 다음 내용이 궁금해서 끊을 수 없는 것들은 새로 시작하지 않는 것이었다. 앞으로의 공부 효율성을 위해 시작한 휴식인데, 그 휴식으로 인해 오히려 공부에 악영향이 된다면 그것만큼 최악인 휴식이 없다고 생각했기 때문이다. 그래서 이러한 것들만 주의한다면 공부 의욕이 떨어지는 날도 충분한 휴식을 통해 공부 효율을 늘릴 수 있는 좋은 기회로 변모시킬 수 있을 것이다.

¨ 나의 공부를 방해했던 인간관계는 어떻게 극복할까?

수험생활을 하면서, 공부에 방해되는 인간관계는 꼭 생기기 마련이다. 내가 내린 최선의 결론은, 마음에 두지 않고 자연스럽게 흘려보내는 것이다. 본인은 사교성이 좋아 친구들과 두루두루 친하게 지내는 편이었지만, 중·고등 학교 시절 꼭 한두 명은 이유 없이 나를 극도로 싫어하는 경우가 있었다. 그 갈등이 얼마나 심했는지, 전교생이 나와 그 친구의 사이를 알 정도였다. 하지만 나는 의도적으로 그 친구들을 신경 쓰지 않으려 노력했고, 실제로 그다지 신경 쓰이지도 않았다. 그들에게 감정을 쏟거나 지나치게 신경을 썼다면, 공부나 나를 아껴주는 친구들처럼 정말 중요한 것들에 집중하지 못하고 스트레스만 쌓였을 것임을 잘 알고 있었기 때문이다. 감정은 일시적이지만, 수험생활 동안 우리가 쌓아가는 경험과 성과는 평생을 간다. 모종의 이유로 나를 싫어하는 사람, 이유 없이 나를 싫어하는 사람 등 나를 향한 부정적 시선은 어디를 가든 항상 있으므로, 모든 사람에게 사랑받을 필요도 없고, 모든 관계를 붙잡을 필요도 없다. 이러한 갈등을 유연하게 넘기고 앞으로 나아갈 수 있다면, 그다음에는 한층 더 성장한 자신의 모습을 볼 수 있을 것이다.

공부할 때 가장 위로 되었던 한마디

> "네가 되고 싶은 사람이 될 거야. 그리고 가장 좋아하는 일을 하면서 살 거야.
> 열심히 하자. 파이팅!"

나에게 이 말씀을 해 주신 분은 중학교 수학 선생님이다. 스승의 날을 맞이하여 선생님께 장문의 편지를 써서 드렸는데, 답변으로 고맙다고 하시며 "설이 네가 되고 싶은 사람이 될 거야. 그리고 가장 좋아하는 일을 하면서 살 거야. 열심히 하자. 파이팅!"이라고 말씀해 주셨다. 당시 고등학교에 막 입학한 후 미래에 대한 고민이 많았던 때라서 굉장히 큰 위로가 되었다. 힘들 때면 이 말을 보기 위해 이때 카톡을 캡처 해서 저장해 놓고, 시간이 지나 노트북을 바꾸어도 배경화면 한쪽에 항상 이 사진의 자리를 마련해 놓았다. 공부가 힘들고 지쳐도 선생님이 해주신 말을 되새기며, 가장 좋아하는 일을 하는 내 모습을 떠올리며 앞으로 나아갈 수 있었다. 누구나 해줄 수 있는 말이지만, 진심이 담긴 말들은 이렇게 가슴을 울리고, 나중에도 큰 여운이 남는다는 것을 깨닫게 해준 선생님께 감사하며, 나 또한 다른 사람들에게 경험자로서 진심으로 힘이 되어줄 수 있는 사람이 되기 위해 더 노력하는 삶을 살 수 있었다.

고려대학교 사학과 ☆ 정중길

간단하게 저의 수험생활을 요약해보자면, 2020학년도 대학수학능력시험과 2022학년도, 2024학년도까지 총 3번의 대학수학능력시험을 치렀다. 2020학년도에는 경북대학교 통계학과에 학생부교과전형으로 진학했다. 수학을 좋아했던 저로서는 굉장히 메리트가 있는 과였다고 생각이 들었지만 막상 그곳에서의 공부는 저의 기대와는 동떨어진 부분이 많았다. 그래서 학교를 휴학한 후 2022학년도 시험을 준비하였고 목표하던 성적을 받지는 못해 그 후 바로 군대에 입대했다. 군대에서도 높은 학벌 및 다른 학문에 대한 탐구를 추구했었던 저는 꾸준히 군대 내에서 공부를 하였고 2024학년도 시험을 치른 후 고려대학교에 정시전형으로 입학하게 되었다.

¨ 나의 수능 국어 공부법

나는 특히 수능 국어 성적을 많이 올렸다. 고등학교 모의고사 때부터 국어는 만년 3등급이었지만 24학년도 시험에서는 백분위 99로 1등급을 받았다. 과거와 비교해서 지금 달라진 요인들을 살펴보자면, 첫 번째, 공부량이다. 국어라는 과목은 착각하기 쉬운 과목이다. 다들 "한글로 되어있는 텍스트를 그냥 읽고 푸는 거 아닌가?"라는 생각을 가질 텐데 대학수학능력시험이라는 굉장히 정형화된 시험의 1교시 과목인 국어는 그저 읽고 푸는 것에 지나치지 않는다. 많은 학생들이 그런 생각들로 인해 국어공부를 등한시하고 수학이나 과학 같은 어려운 과목에 투자를 더하게 된다. 게다가 국어는 성적이 눈에 띄게 향상되거나 하락되는 등 그 편차가 작기에 "국어는 타고나야 된다.", "국어는 공부를 해도 성적이 안 올라."와 같은 생각을 하기 마련이다. 그렇기에 국어 성적을 올리기 위해서는 절대적인 공부량이 뒤따라와줘야 한다.

나는 항상 매일 아침 시간에 구애받지 않고 최소 비문학 3지문 문학 3지문씩을 했다. 그리고 이 공부는 국어 공부시간에 포함시키지 않고 머리를 깨우는 용도 및 수능 당일 아침에 국어를 풀어야 하는 특성상 그에 익숙해지기 위한 방도로 사용했다.

그 후에 국어 인강을 듣거나 문제를 더 푼다는 등 국어 공부시간을 늘리기도 하고 다른 과목을 공부하다 다시 국어를 공부하기도 하며 능동적으로 공부량을 늘렸다. 보통 총시간은 1시간 30분에서 3시간 사이를 꼭 지켰다.

둘째, "생각하기"다. 단순히 문제를 많이 푼다고 해서 성적이 오른다면 고등학교 3학년 모두가 1등급을 맞을 수 있을 것이다. 그렇지 않은 대표적 이유가 학생들이 단순히 텍스트를 읽기 때문이다. 텍스트를 읽는 것뿐만 아니라 그것을 받아들이고 또 자신만의 언어로 저장까지 해야 한다. 먼저, 텍스트를 읽는다. 바로 다음 문장으로 넘어가는 것이 아니라 그 문장을 이해를 해야 한다. 그 이해를 바탕으로 자신만의 언어, 방식으로 기억까지 하는 것이 평가원에서 요구하는 능력이다.

나는 이 능력을 향상시키기 위해 문장 하나 하나를 분석해보았다. 일상생활 속에서 대화를 할 때 상대방 말의 숨은 뜻을 찾아내듯 국어 지문의 문장에서도 똑같이 찾는 연습을 했다. 예를 들어 "철수는 농구뿐만 아니라 축구도 좋아한다"라는 문장에서 보통의 학생들은 철수가 농구와 축구를 좋아한다고 한 번에 생각하는 경향이 있다. 하지만 이 문장에서 키 포인트는 철수가 축구도 좋아한다는 것이다. A뿐만 아니라 B도라는 문장형식을 통해 B를 강조한다. 또한 "여름에는 온도가 높고 습하다. 겨울은 그 반대이다"라는 문장에서 중요한 부분은 겨울은 온도가 낮고 건조하다를 능동적으로 찾아내는 것이다. 그저 겨울은 반대라고 생각하는 것이 아닌 여름과 어느 부분에서 대조되는지 어떻게 다른 지를 능동적으로 정리하는 능력이 필요한 것이다. 이 외에도 다양한 부분에서 능동적으로 생각하는 능력이 중요하다.

마지막, 대부분의 학생들은 선지, 문항에 대한 분석이 부족하다. 선지야말로 시험 출제진들의 의도를 파악하기에 가장 좋은 부분이기에 기출문제의 학습을 통해 그들의 생각을 읽는 것은 필수이다. 예를 들어, 어려운 선지 같은 경우에는 한 문장이지만 세세하게 보면 두 문장 혹은 그 이상으로 이루어져있다. "A를 활용하여 B를 나타내고 있다"라는 선지에서 우리는 먼저 A가 활용이 되었는지, 그다음 B를 나타내고 있는지 파악해야 하고 맞는다면 A와 B 간의 상관관계가 성립되는지를 파악해야 한다.

¨ 하루 공부 시간

나는 마지막 수능을 군대에서 2023년 1월부터 7월까지 공부를 하고 전역을 하여 나머지 시간을 사회에서 보냈다. 많은 일과와 변수들이 존재하는 군대에서 시험을 준비하기는 굉장히 어렵다. 하지만 난 알고 있었다. 만약 공부를 많이 하는 것이 성공을 보장한다면 기숙학원을 다니고 하루 공부시간이 10시간이 넘는 친구들은 항상 성공해야겠지만 실상은 그렇지 않다는 것을. 그것을 바탕으로 나는 공부의 질을 올리기로 결심했다. 나의 약점을 먼저 파악한 후 약점을 채우는 것에 집중했다. 약점 공부의 비율을 7~8정도로 설정하고 나머지 시간은 암기 등 일반적인 공부로 채웠다. 그리고 남는 시간 활용을 최대화 했다. 남들보다 기상을 일찍 하던지 야간 연등시간을 활용하던지 아침시간, 점심시간, 저녁시간을 활용하여 꾸준히 공부했다.

[군대 시간표]

6시 30분 기상

6시 45분~7시 점호

7시~8시 30분 아침 식사 및 일과 준비 시간

8시 30분 ~ 11시 30분 일과 시간

11시 30분 ~ 13시 점심시간

13시~16시 일과시간

16시~17시 30분 체력단련 시간

위의 시간표가 보편적인 육군 병사들의 시간표이다.

나는 최대한 비는 시간을 활용하기 위해 6시에 기상을 해서 아침 점호 전까지 약 30분 정도를 공부를 했다. 또한 7시 아침 식사를 최대한 빠르게 하고 일과가 시작되기까지 시간을 최대한 아껴 썼으며 일과도 열심히 참여했다. 그리고 점심시간도 마찬가지로 식사를 빨리하고 남는 시간 공부를 했으며 일과가 없을 때는 쉬는 것이 아닌 생활관에서 공부하는 노력을 했다. 개인정비시간 전부를 공부에 쏟아부었으며 2시간의 연등 시간도 활용하여 공부했다. 이렇게 공부했을 때 약 6~7시간의 순공시간을 확보할 수 있었다. 주말에는 일과가 없기 때문에 아무런 제한 없이 더 긴 시간 동안 공부를 할 수 있다. 그렇기에 평일에 하지 못했던 것을 보충하거나 부족한 부분을 더욱 집중하는 시간을 가졌다. 군대에서의 유일한 장점은 휴대폰을 자유롭게 사용하지 못한다는 것이다. 이것을 활용하여 최대한 미디어의 영향 없이 자기주도적 학습을 진행할 수 있었고 더욱 높은 질의 공부를 할 수 있었다. 하지만 군대에서 공부를 하는 것은 결코 쉽지만은 않았다. 주변의 시선도 감당해야 되기 때문이다. 사회에서 우리의 주변에는 친한 사람들 및 본인을 응원해주는 사람이 많은 한편, 군대에서는 계급이 존재하고 그에 따른 불편한 시선들이 존재할 수밖에 없다. 왜 쟤는 일도 안 하고 공부를 하는 거지? 저렇게 공부한다고 성공할 거라고 생각하나? 등 다양한 부정적인 말들도 많이 들었었다. 그러나 이러한 주변 환경을 견뎌내고 본인의 꿈을 향해 나아간다면 반드시 좋은 결과가 따라오게 될 테니 모든 수험생들을 응원한다.

‥ 자주 활용한 공부법

나는 백지공부법을 주로 활용했다. 특히 암기과목에는 가장 효과적인 공부법이라고 생각이 든다. 먼저 새롭게 진도를 나가는 부분에 대해서 공부를 하고, 다음날에 백지에 어제 공부한 내용이 기억난 대로 써본다. 100% 다 기억하는 것은 불가능에 가깝다. 하지만 최대한 기억나는 만큼 적고 공부한 내용과 대조해보며 어느 부분이 취약한지 파악한다. 그렇게 공부를 하고, 그다음 날에도 백지공부법을 활용하며 본인 머릿속의 하얀색을 글자로 채워나가는 방식이다. 난 이 공부법을 통해 암기과목 성적 향상에 큰 성과를 거둘 수 있었다.

¨ 공부가 하기 싫을 때

나는 항상 6시에 기상했다. 그리고 헬스를 1시간~1시간 30분 정도 하고 독서실로 복귀했다. 하지만 그날 공부가 너무 안 되거나 하기 싫을 때 과감히 공부를 하지 않고 쉬었다. 그날 잠만 자기도 하고, 하고 싶었던 취미생활을 하는 등 다음 날의 공부를 위해 과감한 선택을 했다. 공부를 하면서 졸릴 때에는 잠시 하던 것을 멈추고 15~30분 정도 수면을 취하는 시간을 가지기도 했다. 다른 과목을 공부하다가 집중이 안 되는 경우에는 내가 좋아하는 수학 문제를 풀며 쉬기도 했고 차라리 암기과목을 하면서 집중력이 낮아도 할 수 있는 부분을 더욱 공부하며 순공시간을 늘려갔다. 또한 모의고사 전 과목 한 세트를 풀고 일찍 공부를 마치기도 했다. 집중이 잘되지 않을 때 굳이 앉아서 책을 들여다보는 게 굉장히 무의미하다고 생각했기 때문에 여러 가지 방법들을 활용해보며 나에게 맞는 방식을 찾았던 것 같다.

공부할 때 가장 위로 되었던 한마디

"너가 느린 게 아니라 사람마다 출발점이 다른 거야. 다 잘될 거야!"

한국외국어대학교 LD학부 ☆ 정한중

나는 올해 한국외국어대학교 LD학부에 합격했다. 일반적으로 다른 사람들에게 LD학부에 재학 중이라고 하면 정확히 과에서 어떠한 내용을 배우는지 감을 잡기 어려워한다. LD학부란 Language&Diplomacy의 약자로 언어 외교를 의미한다. 쉽게 말해 외교관 양성을 위한 학과이다. 외교관이 되기 위해 필수적으로 알아야 할 국제관계, 국제 외교, 국제기구 등 국제사회와 관련된 내용을 주로 배운다. 또한, 외교관은 외국에 주재하며 자국을 대표하여 외교 업무에 종사하는 직업이기에 수준 높은 외국어 실력을 기르기 위한 다양한 수업을 진행한다. 대학은 정시로 합격했고 LD학부는 한국외국어대학교에서 지원을 많이 해주는 학과인 만큼 다양한 혜택이 존재한다. 수시든 정시든 최초로 합격하면 4년 동안 학비의 50%의 장학금을 지급하는 큰 혜택이 존재한다. 기숙사 우선 배정의 혜택도 존재하고 이중전공을 선택할 시에 우선 배정된다는 혜택도 있다. 그뿐만 아니라 학교에서 주최하는 교환학생 프로그램이나 해외 인턴십에 지원할 시에 가산점을 제공한다.

¨ 공부 성장의 밑거름이다

나는 N번의 수능을 통해 한국외대에 합격했다. 수능을 준비하는 동안 경쟁에 대한 압박이 심했다. 학원 친구들이 모의고사를 잘 보거나, 좋은 대학에 가면 '잘됐다'라는 생각이 듦과 동시에, 부러움과 질투심이 생겨 타인의 행복을 진심으로 축복하지 못했다. 그러던 중 "인간관계를 경쟁으로 바라보고 타인의 행복을 '나의 패배'로 여기지 마라”는 글을 보게 되었다. 이 글에 대해 여러 번 읽고 생각해 보면서 타인을 내가 이겨야 하는 적이 아닌 도움을 주고받을 수 있고 진심으로 축하해 줄 수 있는 친구 관계로 바라보게 되었다. 그제야 타인과의 관계에서 부담감이나 스트레스를 받지 않고 진심으로 상대방을 대할 수 있었다. 이 말을 들으면 “다른 사람과의 경쟁에서 승리하는 것이 아니면 어떻게 성공할 수 있나요?”라는 의문이 들 수도 있다.

물론 나도 저 글을 읽고 같은 의문이 들었다. 저 글의 뒤편에 “지금의 나보다 앞서 나가려는 것이야말로 가치가 있다”는 문장이 있었고 공부는 타인을 이기기 위해 하는 것이 아닌 과거의 나보다 발전하기 위해서 하는 것임을 알게 되었다. 이러한 사실을 깨닫고 나는 공부할 때 상대방의 점수에 신경 쓰기보다는 지난달의 나보다 점수가 얼마나 오르고 얼마나 떨어졌는지에 집중하게 되었고 나와의 경쟁이라고 생각하다 보니 공부에 대한 스트레스도 덜 받게 되었다. 돌이켜 생각해 보면 공부는 나의 성장을 위한 것이라고 생각하며 공부한 것이 현재 한국외국어대학교 진학에 도움을 준 큰 원인이다.

끝으로 학교에서 친구들과 어울리며 놀고 공부하다 보면 경쟁이라는 생각이 드는 순간이 힘들고 지칠 때가 올 것이다. 그때 타인의 성공이나 실패에 연연하지 않고 친구들이 성공했다면 진심으로 축하해 줬으면 좋겠다. 또한 공부는 타인을 이기기 것에 가치 있는 게 아니

라 과거의 나보다 발전하는 것에 가치가 있음을 깨닫고 생활했으면
좋겠다.

공부할 때 가장 위로 되었던 한마디

"뿌리가 튼튼하면 거센 바람이 와도 신경 쓰지 않는다!"

연세대학교 언더우드학부 ☆ 조은수

필자는 연세대학교에 재학 중인 언더우드학부 23학번, 21살 조은수이다. 국내 일반고에 진학해 수시 내신 1.4로 특기자 전형에 입학하게 되었다. 현재 다니고 있는 언더우드학부는 국제학부와 비슷한 개념이라고 생각하시면 간단한데, 모든 수업이 영어로 진행된다는 게 특징이다. 하나의 신기한 점은 2학년 때 전공을 결정할 수 있다는 것인데, 1학년 때엔 common curriculum, 일명 cc라고 불리는 기초 과목들을 수강한 다음 2학년부터 세부 전공을 결정한다. ECON(economics), IS(international studies), PSIR(political science and international relationship), CLC(comparative literature and culture), 이렇게 네 개의 전공이 있으며, 필자는 경제학(ECON) 재학 중이다.

¨ 입시 이야기

일반고에 진학해서 수시로 대학교에 진학하였다. 고등학교에 와서는 일명 스카이, 서울대 고려대, 그리고 연세대를 목표로 공부했다. 이런 내 목표와는 다르게 1학년 때에는 원하는 만큼의 성적이 나오지 않았다. 모교 기준으로 안전하게 수시 내신 1.5 안에는 들어야 원하는 대학교에 지원해 볼만한 점수였기 때문이다.

고등학교 1학년 때, 스스로 열심히 공부했다고 생각했지만 1.7이라는 내신을 받았다.

이 성적이면 목표 학교와는 거리가 멀다는 담임선생님의 의견을 듣고 나서 "아, 더 열심히 공부해야겠구나." 하는 생각이 들었고, 그 후로 더 최선을 다했던 것 같다. 스스로를 한 번 돌아보니 공부할 때 집중을 잘하지 못한다거나 잡생각이 많아지는 등의 공부할 때 보완점이 필요하다는 것이 느껴졌다. 스스로 부족한 부분을 인지하며 고치려고 계속 노력하였다. 자기 전 플래너에 오늘의 공부 태도는 어땠는지, 생활 습관은 괜찮았는지 몇 줄 적으면서 내일의 방향성을 잡았다. 그렇게 차근차근 공부를 진행하였고, 2학년 때엔 1.4, 3학년 때엔 1.0의 내신을 받고 최종적으로 1.4를 받게 되었다. 수시 원서 지원 말에 생기부를 보았을 때, 목표에 도전해 볼만한 내신을 받게 되었던 것 같아서, 상당히 뿌듯했다. 1학년 때의 내 성적을 보며 안될 거라 생각하고 포기했다면 아마 이 글을 쓸 수 없었을 것 같다. 비록 1.0과는 상당히 먼 내신이지만, 입학사정관분들이 꾸준히 오른 성적을 보면서 성장 가능성을 봐주셨을 수도 있겠다.

그러니 혹여나, 첫 시험을 못봤다고 좌절했다면, "아 난 이제 내신 말고 정시 준비를 해야겠다"라고 생각했다면, 수능준비로 서두르기보단 다음 정기고사 시험 점수를 더 올려야 겠다고 하는 목표를 갖고 향해가는 것도 좋은 방향일 것 같다.

공부에 있어서 들이는 시간과 효율, 이 두 가지가 무척 중요하다고 생각한다. 일단 공부에 시간을 어느 정도 들어야 하고, 그 시간 내에 얼마나 효율적으로 공부할 수 있는지가 관건이다. 우선 필자는 공부 시간을 많이 확보하려고 노력했다. 내가 공부 시간을 잘 확보했는지 알아보려고 스톱워치를 활용했는데, 내 객관적인 공부량을 판단할 수 있기에 좋은 방법 같다. 스톱워치 사용 전엔 "이 정도면 많이 했을 것 같아"라고 생각이 들었는데도 그날의 피로도에 따라 그리 느꼈던지 많은 시간을 공부에 할애하지 못한 경험들이 많았기 때문이다. 공부가 다 끝난 후 그날의 공부 시간을 체크하면서 '내일은 더 열심히 해야지!', '혹은 오늘처럼만 계속 지켜가자!' 하면서 스스로 응원했던 것 같다.

시간을 확보했다면, 그 시간 동안 얼마나 배워가는지, 얻어가는지의 효율도 정말 중요하다. 필자는 잠이 너무 많아 공부할 때 효율이 꽤나 낮았던 것 같다. 아침에 일어났을 때나, 밥 먹고 난 후에 특히 잠이 쏟아졌다. 스스로 잠을 못 이기는 모습을 되돌아보고 이대로 하다가는 안 되겠다 싶어 관리형 독서실에 다니기 시작했다. 졸고 있는 모습을 보면 관리 선생님께서 깨워주셨고, 정해진 시간에 맞춰 공부했기에 과목마다 적절한 시간을 분배할 수 있어서 좋았다.

플래너에 시간 단위로 목표를 적어놓는 방법도 효율을 높일 수 있는 방법 같다. "이 시간까지 이 분량을 끝내겠다"라고 적어놓으면 시간 안에 목표를 지키지 못해 다음 공부 목표가 어긋날까 봐 집중력이 높아지는 나를 볼 수 있었다. 이때 자신의 공부량을 제대로 아는 것도 중요하다. 자신이 소화할 수 있는 양보다 더 많이, 혹은 너무 적게 목표를 세운다면 목표를 달성하지 못했다는 생각에 자책하거나, 안일해질 수 있다. 그러니 자신이 소화할 수 있는 양을 정확히 파악하는 것도 매우 중요하다.

공부할 때 가장 위로 되었던 한마디

> "항상 응원하고, 네가 꿈꾸는 삶을 살아라!"

엄마가 해주셨던 말들이 제일 기억에 남는다. 항상 응원하고 뭐든 꿈꾸는 삶을 살라고 해주셨다. 그 말이 동력이 되어 최선을 다해가는 하루하루를 살아가고 지금 목표 대학에 올 수 있지 않았나 싶다. 앞으로도 더 성장하고 멋진 사람이 되고 싶다.

연세대학교 생명공학과 ☆ 조현민

현재 연세대학교 생명공학과에 재학 중인 조현민이다.

¨ 중고등학생의 공부 특: 어렵지 않음, 대학을 위한 기초 학습

한국의 교육과정은 생각보다 합리적이다. 지금의 공부는 다음 단계의 공부를 하기 위한 예비 과정이므로 대학교 입시를 위한 고등학교 공부를 잘하기 위해서는 대학에서 어떤 공부를 하는지 대략적으로 알아야 할 필요가 있다. 나 또한 대학에 입학하기 전에는 알지 못했었다.

중학교 공부 → 고등학교 공부 → 대학교 공부 → 취업(further study)

대학교에서는 본인이 스스로 찾아서 하는 공부들이 주를 이룬다. 두꺼운 전공 서적도 처음부터 모든 내용을 암기하는 용도가 아니다.

교수님들도 모든 내용을 암기하고 계시지는 않는다. 다만 내가 원하는 지식을 곧바로 찾아낼 수 있고 정보를 빠르게 익혀낼 수 있는 능력이 요구된다. 이 맥락에서 대학 입시를 준비하게 되면 훨씬 수월할 것이다.

수능이란, 대학수학능력시험의 준말이다. 뜻풀이하자면 대학교에서 배우고 익힐 능력을 갖추었는지를 보는 시험이다. '너 대학 가서 잘할지 한번 보자'라는 의미인 것이다. 열심히 내신 준비를 하며 골머리를 앓고 있는 여러분에게는 미안한 말이지만 지금 배우고 있는 지식은 기초 중의 기초적인 지식이다. 수능은 '너 얼마나 많이 알고 있니?'를 물어보는 시험이 아니라는 것이다. 비단 수능뿐만 아니라 다양한 수시 전형들도 크게 다르지 않다. '얼마나 열심히 살았어? 대학교 와서도 열심히 할 수 있지?(학생부종합전형)'라던가, '너 논리력이 얼마나 강하니? 처음 보는 문제를 보고도 당황하지 않고 풀 수 있지?(논술전형)'라는 식이다.

국어와 영어는 대학에서 보게 될 다양한 교과서와 논문들에 대한 독해력, 수학은 다양한 문제들(수학 문제뿐만 아니라 사회, 과학, 철학 등)에 대한 논리적 접근력, 탐구는 특정 교과목(물리, 화학, 지리, 경제 등)에 대한 맛보기라고 생각할 수 있다. 그러므로 지금 하는 공부에 염증을 느끼지 말고 내가 원하는 대학 공부를 하기 위한 초석이라고 생각하자. 그러면 지금의 공부가 조금은 가볍게 느껴질지도 모르겠다.

·· 회독

° 1회독은 최대한 빠르게

1회독은 꼼꼼히 하면 안 된다. 뭐가 중요한지, 뭐가 안 중요한지 모르기 때문에 엄한 곳에 꽂혀서 시간 낭비할 수 있기 때문이다. (안 중요한 공부는 없다. 하지만 많은 시간을 투자해야 하는 부분과 상대적으로 적게 투자해야 하는 부분은 나뉜다.) 따라서 빠르게 훑어본 후 대략적으로 전체적인 맥락을 파악하고 다시 첫 장부터 읽어 나가기 시작해야 한다.

° 2회독은 찬찬히

1회독보다는 자세히 보되, 2회독에서도 면밀히 뜯어보려는 시도는 금지. 차근차근 읽어 나가며 이 부분에서 말하려는 것이 무엇인지, 근거는 무엇인지 이해하는 태도를 가지자.

° 3회독은 꼼꼼히

이제 여기서부터가 꼼꼼히 뜯어보는 단계이다. 1회독과 2회독을 거치며 어떤 부분에 힘을 써야 하고 어떤 부분에 힘을 빼야 하는지 대략 보일 것이다. 이때부터는 단권화를 진행해도 좋은 시기이다. 대략 시험에 어떤 부분이 나올지가 보이고, 외워야 하는 부분이 보일 것이기 때문이다.

사실 시험 기간 전까지 3회독이 끝나면 좋다. 하지만 이런 방식으로 처음 공부하는 학생들에게는 시행착오가 있을 수밖에 없음을 알고 있다. 시험 기간 전까지 2회독을 끝내고 시험 전까지 3회독을 끝내보도록 하자. 한 번 3회독 이상을 해 본 경험을 가진다면 그다음 시험 기간부터는 가이드라인 없이도 3회독 이상 척척 해내는 본인을 발견할 수 있을 것이다.

·· 회독의 적용

위 회독에 대하여 와닿지 않을 수도 있다. 많은 이들이 어려워하는 고등학교 수학에 대해서 알아보자.

1. 수열의 극한

(1) 수열의 극한

(2) 급수

2. 여러 가지 함수의 미분

(1) 지수함수와 로그함수의 미분

(2) 삼각함수의 미분

3. 미분법

(1) 여러 가지 미분법

고등 수학 미적분은 위와 같은 목차를 가지고 있다. 1회독에는 책 읽듯이 후루룩 읽어 나가보자. 그 과정에서는 다음과 같은 생각을 해볼 수 있다. 수열에 극한을 처리할 수 있구나. 급수는 뭐지? 다항함수뿐만 아니라 초월함수도 미분할 수 있네? 어떤 방식으로 하는 거지? 다항함수를 미분할 때와는 이런 점이 다르네. 초월함수를 미분하는 것에서 끝나지 않고 또 다른 미분법이 있다고? 도함수의 활용은 뭐지? 어떻게 활용하는 걸까? 이렇게 많은 미분을 배웠으면 또 그만큼 적분이 있겠지.

이 정도로 1회독은 가볍게 지나가는 것이다. 그렇다면 2회독에서는 무엇을 해야 할까? 조금 더 깊게 공부해 본다. 각 세부 파트에서 나오는 내용을 받아들이려고 하고 교과서 수준의 문제풀이를 시작하는 단계이다. 교과서마다 다르지만 '확인해 보기', '중단원 문제', '단원 총정리' 등 교과서에 수록되어 있는 문제들을 풀어보는 시기라고 할 수 있겠다. 이 시기에서 평균적인 학업 성취 수준을 얻을 수 있다고 생각한다.

마지막 3회독 이상에서는 깊이 있는 문제들을 풀어가는 시기이고 여기에서 얼마나 열심히 하느냐, 깊이 있게 하느냐에 따라 1등급이 될 수도 있고, 평균적인 학업성취에 남아있을 수도 있다. 문제를 풀어보되 이 문제에서 묻고자 하는 지점에 대해서 파악하려고 노력해야 하고, 2회독까지는 단순 암기로 넘어갔던 부분을 깊이 있게 구조를 파악하려고 노력해야 한다.

많은 학생들이 도움을 받는 인터넷 강의(이하 '인강')도 3회독부터 도움이 된다고 생각한다. 아무것도 모르는 상태에서 인강 선생님의 수업을 듣게 된다면 이는 실질적인 내 능력을 키우는 것이 아니라 지식을 잠시 가지고 있는 것밖에 안 된다. 나의 사고력을 높이고 싶다면 내가 노력해야 하는 것이다. 이에 관한 내용은 후술할 것이다. 이 문단에서 하고 싶은 말은 회독 메커니즘을 따르고, 3회독 이상부터 인강의 도움을 받으라는 것이다. 회독 메커니즘에 따른다면 인강의 도움이 그리 필요하지 않다는 것을 깨닫는 순간도 오게 될 것이다.

부디 매 단계의 학습을 소홀히 하지 말고 교과서를 꼭꼭 씹어 소화한다는 느낌으로 공부를 해 보길 바란다. 전교 1등이 괜히 교과서만 봤다는 이야기를 하는 것은 아니다.

¨ 무작정 외우기보다는 내용을 체득

자전거 타는 법을 하나하나 외우지 않는다. 오른쪽으로 기울면 손잡이를 오른쪽으로 회전시킨 후 페달을 조금 더 빨리 굴리고, 속도가 너무 빨라지면 브레이크를 어느 정도로 움켜쥔다고 하지는 않는 것처럼 공부 또한 외워서 하다 보면 어느 순간 꼬이는 부분이 오게 될 것이고 체득한다면 그 많은 내용을 손에 들고 있을 필요 없이 적재적소에서 필요한 내용이 떠오르는 경지가 오게 될 것이다.

° 모든 내용을 필기하면 안 됨: 당장 이해되지 않는 내용만 간단히 메모 후 복습

모든 내용을 필기해 둔 노트는 시험장에 들고 들어갈 수 없다. 위 회독 부분에서 이야기한 것을 따라 학습한다면 무슨 말인지 이해할 수 있을 것이다. 노트는 어느 부분이 체득되었는지, 어느 부분이 체득되지 않았는지 파악하고, 체득되지 않은 부분을 확실하게 얻어내기 위한 도구일 뿐이지 노트 자체가 목적이 되어서는 안 된다.

단권화 역시 어떻게 보면 마지막 수단이라고 이해할 수도 있겠다. 시험 기간까지 모든 내용을 체득하면 좋겠지만 현실적으로 불가능할 수 있다. 그런 부분을 마지막에 단권화하여 시험 직전까지 외워버리는 것이다. 암기를 경계는 하되 반드시 필요한 부분이기는 하다. 다만 이 파트에서 말하고자 하는 것은 '무작정' 외우는 것을 피하자는 것이다.

¨ 동기부여 영상 보지 마세요

역설적으로 이 책 또한 공부법 및 동기부여에 관한 책이다. 다만 경계해야 하는 것은 영상매체이다. 영상매체와 비교하여 문자매체는 독자가 주도적으로 참여하는 학습이다. 독자와 활자가 서로 유기적인 관계를 맺으며 이해하게 된다는 것이다. 비판적 독서라고 들어봤을 것이다. 이 글이 타당한지, 나는 이 책이 하는 말과 같은지 다른지, 내가 어떤 것을 고칠 수 있을지를 고민하며 읽는 것을 말한다. 하지만 영상매체는 일방적인 주입이다. 우선 정보의 속도가 내 이해의 속도와 다르다. 책은 내가 이해하는 속도로 정보가 들어오지만, 영상은 나의 이해 속도를 고려하지 않은 채 일방적인 속도로 정보를 주입한다. 즉 내가 이해하지도 못한 사이에 정보를 계속해서 꾸역꾸역 밀어 넣는다는 뜻이다.

영상매체가 문자매체보다 학습에 불리하다는 사실은 충분히 전달된 것 같다. 그렇다면 동기부여 영상은 왜 보지 말라고 하는 것인가? 공부한 것 같은 기분을 내기 딱 좋다. 첫째로, 내 공부에 도움이 된다는 착각으로 놀고 있음에도 공부하고 있다고 생각하기 쉽다. 둘째로, 동기부여 영상 자체도 마케팅이다. 다양한 인강 강사들의 화려한 언변은 그저 마케팅일 뿐이다. 강사들은 아닐지라도 학원(사이트)들은 어쨌든 돈을 벌어야 하는 장사치이고, 조회수가 높게 나오면 알고리즘의 영향으로 노출 빈도가 높아진다. 본인 학원(사이트)의 강사가 유명해진다는 것은 곧 매출의 상승으로 이어진다. 즉, 조회수를 높이기 위해 자극적인 멘트들로 영양가가 크게 없을지 모른다. 마지막으로, 이미 본인 스스로가 알고 있는 내용일 확률이 매우 높다. 동기부여 영상을 보고 동기를 얻어서 열심히 꾸준히 공부해 본 적이 있는가? 결국 스스로가 공부하게 되는 유인은 유명 강사들의 동기부여 일침 영상이 아니라 나를 침대에서 일으켜 내는 자신의, 단 한 번의 의지이다. 어느샌가 또 인강 강사들의 동기부여 영상이나 잡담 영상을 보고 있었다면 정신 차리고 단 한 번의 의지에 불을 붙여 보자.

그건 공부가 아니다. 공부는 내가 책상 앞에 앉아 머리 아파 가며 하는 것이다.

아래 영상을 참고한다면 더욱 좋을 것이다. 많은 학생이 동기부여를 해야 내가 공부할 것으로 생각하는데, 아래 영상은 이에 정면으로 반박한다. 그냥 하라는 것이다. 짧은 영상이니 한 번쯤 보는 것을 추천하지만 단순히 소비하여서는 안 된다. 책상에 반듯하게 앉아 노트를 펴 두고 떠오르는 생각이 있을 때마다 영상을 멈추고 끄적이며 한 번 보라. 머릿속이 깔끔하고 평온해지며 내용이 착착 정리되는 느낌을 받을 수 있을 것이다.

"동기부여 따위 없이 해내는 법." youtube, uploaded by '심리학 고양이: 새로운 마음의 습관', 2024.2.17., https://www.youtube.com/watch?v=MAM1T3MG3yo.

¨ 어휘력을 높여라

어휘? 모르는 단어가 있을 수 있다. 다만 '이 단어를 누가 쓰느냐'라는 태도는 지양하자. 어려운 단어들은 대부분 다양한 의미를 함축하고 있는 경우가 많다. 쉬운 단어로 충분히 바꿔 쓸 수 있지만 어려운 단어를 사용하는 이유는 쉬운 단어로 바꾸었을 때 의미가 변하거나 잘못 전달될 수 있는 가능성을 차단하기 위한 것이다. 작게는 학교 가정통신문부터 시작하여 회사의 공문, 학술지, 깊게는 법전까지 생각해 보면, 단어 하나 때문에 잘못 번역되거나 오해를 일으킬 수 있는 가능성을 미연에 차단하는 것이 중요하다. 판결문이나 법전에 한자가 많은 것이 그 때문이다. 그렇다면 지금 우리가 할 수 있는 것은 무엇일까? 활자에 대한 노출 빈도를 높이고 모르는 단어를 막연한 느낌만 든다기보다는 사전에서 찾아서 정확한 뜻을 체득하는 것이 중요하다. 한 문단밖에 되지 않는 나의 글이 우리 세대의 어휘력 문제가 잘 해결되는 초석이 되면 좋겠다.

서울대학교 ☆ 진태완

중학교 시절의 저자는 게임을 좋아하고 시험 기간에만 공부하는 평범한 학생이었다. 하지만 중3 여름방학 때 처음 친구를 따라 스터디 카페에 가본 뒤 공부를 열심히 하고 나왔을 때의 성취감을 알게 되었고, 그때부터 공부에 눈을 뜨게 되었다. 하지만 고등학교 생활은 생각보다 더 힘들었다. 압도적인 1등이 아니었기에 주변 친구들과의 치열한 경쟁도 많이 겪었고, 1등급이 하나둘씩 쌓여갈수록 걸어온 길에 대한 압박감이 더 커졌다. 그래도 우여곡절 끝에 수능과 면접까지 마무리하게 되었고, 운이 좋게도 제가 가고 싶은 학과에 합격하여 이렇게 글도 써볼 기회도 생기게 되었다.

⠈⠈ 고등학교 시절 좌우명 "자기 전에 후회하는 하루 만들지 않기"

항상 지침으로 삼았던 말이다. 고등학교에서 학년이 올라가면서 점점 철이 들수록 깨닫게 될 것인데, 중학교 때나 고1 때까지는 노는 것이 더 행복했지만, 고2, 고3 때는 하루를 놀면서 보내면 후회스럽고 오히려 공부만 하다가 보낸 하루가 더 편안하다.

¨ 나만의 공부습관

° 공부의 효율성

첫 번째 좋은 습관은 공부의 효율성에 관한 측면이다. 단기 계획을 세우고 그것을 성공적으로 실행에 옮기는 데 자신 있었고, 플래너를 따로 거창하게 만들지 않고 유연하게 그때그때 부족한 공부를 하였다. 대부분의 학생은 주 단위로 계획을 세우고 하루에 특정 과목을 열심히 공부하는 방식으로 계획을 짠다. 하지만 자신이 어떤 점이 부족한지 명확하게 알 수 있는 능력과, 적절한 시간 관리 능력이 뒷받침된다면 단기 계획으로만 공부하는 것은 시간의 효율성을 높여 남들보다 더 많은 양의 공부를 해낼 수 있게 도와줄 수 있다.

자신이 어떤 점이 부족한지 알 수 있는 능력은 다른 말로 메타인지라고도 하는데 이는 공부 자체가 아니라 공부하는 '나'를 관찰하는 하나의 또 다른 '나'를 만드는 것에 비유할 수 있다. 항상 공부 자체에 집중하는 것 이외에도 내가 어느 정도로 이해하고 있는지와, 혹시 미흡한 부분은 없는지 수시로 체크한 뒤 자기 전에 보완할 점을 생각해 두고 다음 날을 시작한다면 그나마 쉽게 따라 하실 수 있을 거로 생각한다.

시간 관리 능력에 대해서는 유연성과 융통성을 강조하고 싶다. 계획은 공부를 잘하기 위한 도구에 불과하지, 꼭 따라가야 하는 것은 절대 아니다. 따라서 만약 자신이 어떤 부분이 부족하다고 생각하면 유연하게 시험공부 계획을 바꿔나가는 것이 맞다.

이 능력들은 성공적인 벼락치기와도 관련이 있다. 벼락치기라고 하면 다들 공부를 하지 않다가 억지로 임박해서 공부하는 것을 떠올리는데 자신이 언제까지 이 일을 시작해야 끝낼 수 있는지 알고 있다면 벼락치기는 적절한 긴장감을 주어 작업의 능률을 높이는 좋은 방법의 하나이다.

실제로 저자는 이해를 크게 필요로 하지 않는 단순 암기 공부에 대해서 벼락치기를 자주 활용했다. 특히 수학 교과서 문제 외우기, 한국사 연표 외우기, 한자 단어 외우기 등의 내신 공부에서 자주 활용하였는데, 이러한 공부의 특징은 단순히 암기력만 사용하기 때문에 집중을 최대로 했을 때 속도를 확연히 올릴 수 있다는 점이다. 발등에 불이 떨어졌을 때 가장 행동이 빨라지는 법이다. 하지만 당연히 어느 정도 리스크를 감수하는 공부법이고, 벼락치기가 필요 없도록 하는 것이 이상적이기 때문에 정말 범위가 감당이 안 될 정도로 많을 때만 사용하시길 바라고, 또 수학이나 탐구 문제를 푸는 등의 머리를 사용하는 공부에 대해서는 벼락치기를 절대로 추천해 드리지 않는다.

° 공과 사를 구별하라

두 번째 좋은 습관은 '공과 사를 구별하라'는 명언으로 축약할 수 있다. 하지만 여기서 말하는 공은 공부의 공이다. 항상 어른들은 놀 때는 놀고 할 때는 하라고 말씀하신다. 이 말을 확실하게 실천한 저자의 사례를 소개하겠다. 고3 시절 고등학교 기숙사생이었던 저자는 평일에는 열심히 공부하고, 토요일 오후에 집에 돌아와서 일요일 저녁에 다시 기숙사로 복귀하기까지 전혀 공부하지 않았다. 하지만 평일에는 누구보다 열심히 살았다. 항상 기숙사로 복귀하면서 든 생각은 '일주일을 열심히 보내서 후회 없는 주말의 휴식을 즐기자!' 였고 이런 마음가짐으로 계속 공부한 결과 타격이 될 만큼의 슬럼프에 빠지지 않고 묵묵히 공부를 이어 나갈 수 있었다.

¨ 스트레스와 슬럼프에 대하여

먼저 전반적인 공부에 대한 스트레스를 관리할 때는 먹고 싶은 만큼 맛있는 음식을 먹는 것이 좋은 방법이라고 생각한다. 수험생 때는 몸무게를 신경 쓰지 않고 스트레스 해소용으로 많이 먹었던 것 같다. 인간은 먹는 행위로 충분히 행복해질 수 있다.

시험 기간 때는 대인 관계에 대해 주의해야 할 점이 있다. 특히 시험 기간에 친한 친구라 하더라도 시험공부에 대해서는 서로 많이 이야기하지 않는 것을 추천한다. 결과적으로 같은 내신을 나눠 먹기 때문에 서로에 대해서 예민할 수밖에 없고, 같이 곤경을 헤쳐 나가는 것도 좋지만 시험이 얼마 남지 않았을 때는 솔로 플레이가 해답일 때도 있다.

슬럼프 관리는 친하게 지냈던 선배님들에게 전화를 걸거나 문자를 하는 방식으로 해결하시길 추천한다. 저자도 정말 많이 활용한 방법이고 지금도 실제로 저에게 고민거리를 털어놓는 후배도 존재한다…. 자기가 걸어갈 길을 이미 걸어간 사람에게 듣는 말들은 생각보다 심적으로 도움이 많이 된다. 선배님들도 후배가 진심으로 고민을 털어놓는다면 마다하지 않고 진심으로 도와주실 것이다.

¨ 수시 합격을 위한 팁

우선 학교 수업 시간에 절대자면 안 된다. 무조건 선생님들의 수업 내용을 받아적고 외워 내신 따는 것에 집중해야 한다. 그리고 선생님들과 좋은 관계를 형성해야 한다. 선생님들은 수시로서의 입시에 정말 중요한 세부능력 특기사항을 작성하시는 분들이기 때문에 선생님들에게 잘 보이는 것이 정말 중요하다. 마지막으로 비교과(탐구, 보고서) 등등을 시험공부만큼 귀중히 여기고 시간을 투자해야 한다.

공부할 때 가장 위로 되었던 한마디

기숙사로 출발하기 전에 부모님이 건네주시는 인사와 포옹이 가장 위로 되었던 것 같다.

　　지금 몇 학년일지 모르겠지만 고등학교 생활은 가면 갈수록 점점 빨라지더니 고3 1년은 순식간에 지나간다. 그리고 같은 나이 또래 모두가 같이 겪는 입시이고, 주변의 어른들도 모두 이 과정을 겪어낸 사람들이라는 생각을 하면 나도 이겨낼 수 있을 것 같다는 생각이 들기도 한다.

한양대학교 도시공학과 ☆ 차지윤

도시공학과는 다양한 분야가 복합적으로 얽혀 있는 융복합 학과이다. 도시라는 공간은 결국 인간을 위해 만들어진 공간이기 때문에 공학적 관점에서 도시를 해석하고 분석하는 것도 중요하지만 가장 본질적인 것은 인간이라는 존재를 아는 것이다. 그렇기에 도시공학과에서는 도시와 인간을 분석하는 철학적 수업과, 도시 분석, 디자인, 도시 부동산, 법 설계 등 다양한 분야를 선택하며 수업을 듣게 된다. 나는 삼수 끝에 정시 전형으로 현재의 대학에 합격하게 됐다. 나는 학창 시절에 공부를 열심히 하는 학생은 아니었다. 재수와 삼반수를 하면서 공부에 흥미를 가지게 되었고, 지금의 대학교까지 오게 될 수 있었다.

¨ 나만의 공부법

공부를 진짜 열심히 해야겠다는 마음이 든 건 고등학교 3학년 수능이 끝난 직후였다. 고등학생 때의 나는 공부를 안 했지만 무슨 자신감인지 수능은 잘 볼 것만 같았다. 예상대로 수능이 끝나고 결과는 처참했다. 그때부터 나는 더 이상 자만하지 않고 진짜 열심히 공부 한 번 해보자. 내가 할 수 있는 만큼 해보고 내가 가고 싶은 대학교에 당당히 입학하자는 마음가짐을 가지게 되었고, 부모님께 재수를 해보겠다고 말해서 재수를 하게 되었다. 그 이후로는 몰두하는 것에 대한 즐거움을 느끼고 공부에 흥미가 붙어 이렇게 삼반수까지 하게 되었다. 결국 공부를 열심히 하게 된 건 나의 자만감과 현실 사이 간극에 대한 깨달음, 그리고 무언가를 열심히 해 본 적 없던 내가 열심히 해 증명해 보이고 싶은 열망이었다.

나의 가장 자신 있는 과목은 '수학'이다. 재수할 때까지만 해도 수능장에서 가장 떨렸고 불안했던 과목이 수학이었다. 하지만 원래 3등급이었던 수학 과목을 삼반수를 하며 나는 수능 날 수학 원점수 96점(백분위 99)을 쟁취할 수 있었다. 나의 공부법은 크게 세 가지로 정리할 수 있다. 이 방법은 수학 과목에 특히 효과적인 공부법이지만 다른 과목에도 역시 적용 가능한 방법이다.

°아이디어 노트 공부법

첫 번째 공부법은 '아이디어 노트' 공부법이다. 수많은 N제, 수많은 모의고사를 단순히 푼다고 성적이 오를까? 절대 그렇지 않다. 나 역시 재수 때는 수학만 모의고사를 100개 넘게 풀었다. 물론 양이 중요하지 않다는 것은 아니다. 하지만 얻어 가는 것 없이 문제 풀고, 채점하고, 오답하고 이 과정만 반복한다면 효율적인 성적 상승을 기대할 수 없을 것이다. 아이디어화란 한 문제를 풀 때마다 이 문제에서 얻어갈 만한 실전 개념이나, 사고 과정 등을 뽑아내는 것을 말한다. 문제를 풀고 그 위에 아이디어화한 것을 한번 써놓고, 따로 나만의 노트를 만들어서 그 노트에 계속 나의 구상을 추가하는 방식을 이용했

255

다. 오답을 한번 한다고 해서 다음에 그 문제를 또 풀 수 있을까? 문제에서 나온 중요한 그 아이디어를 절대 까먹지 않게 노트에 작성하고 수십 번 보는 것이 나의 첫 번째 공부법이다.

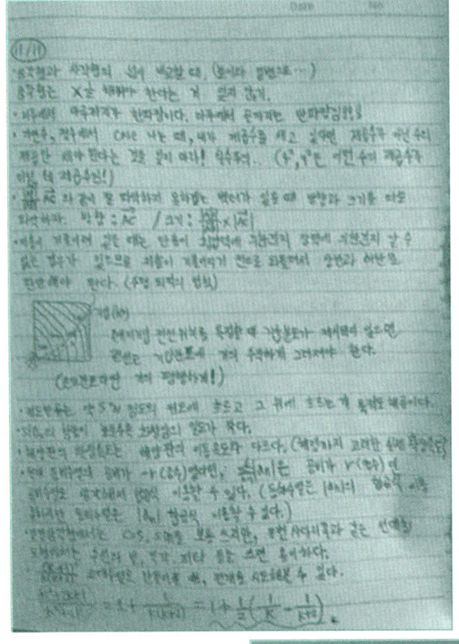

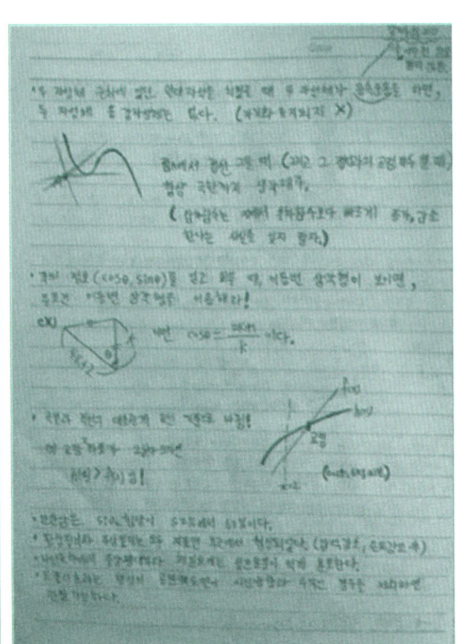

실제 사용한 아이디어 노트

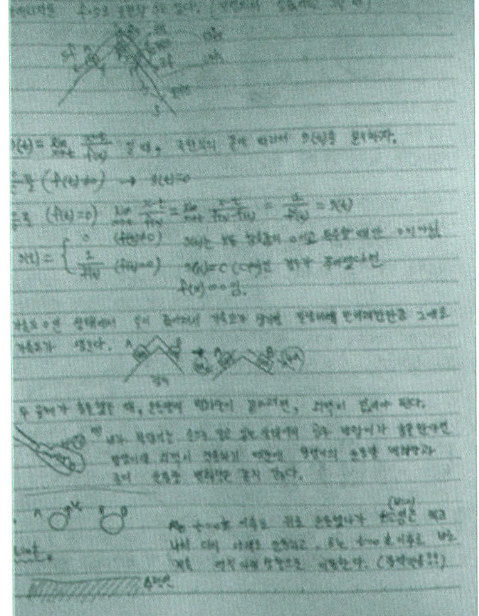

포스트잇 공부법

두 번째 공부법은 포스트잇 공부법이다. 먼저 자주 헷갈리는 개념을 포스트잇에 쓴다. 그리고 내가 공부하는 책상 위에 포스트잇을 붙여놓는다. 그 후에 매일 포스트잇을 자연스럽게 보게 되면서 헷갈렸던 개념을 확실히 기억하게 된다. 특히 영단어나 시각자료를 포스트잇 공부법에 이용하면 더욱 효과가 좋다.

규칙적인 복습 공부법

세 번째 공부법은 규칙적인 복습 공부법이다. 복습은 많은 사람들이 주장하는 가장 중요한 공부 방법 중에 하나이다. 나 역시 복습이 공부의 시작이자 완성이라고 생각한다. 아무리 효율적인 공부법을 찾았다고 하더라도 복습을 하지 않으면 결국에는 다 잊어버리게 된다. 진도와 문제 수에 집착해서 복습은 뒷전이고 앞으로만 나아간다면 자신의 약점을 극복하지 못하고 본인이 잘하는 유형만 계속 잘하게 될 것이다. 이제 복습이 중요하다는 것은 알았지만 '그럼 도대체 복습할 때 어느 정도까지 복습해야 되지?'라는 궁금증이 들 것이다. 복습법에 대한 최소한의 틀을 잡아주자면, 복습할 때는 틀렸던 문제 한 문제당 최소 3번씩은 다시 풀어봐야 한다. 또한 문제를 푸는 주기는 최소 1주일 이상은 되어야 한다. 나 같은 경우 내가 어려워했던 기출문제는 아예 문제를 외울 때까지 계속해서 반복했다. 물론 문제만 외우는 것이 아니라 문제에 담겨 있는 실전 개념, 사고 과정, 필연성,

아이디어까지 모두 다 외웠다. 결국 한 문제를 풀고 나서 그 문제에서 중요한 것을 뽑아낸 뒤에 아이디어 노트에 적어서 계속 반복, 복습함으로써 온전히 자신의 것으로 만드는 이 과정들이 내가 가장 성적이 올랐던 방법이라고 할 수 있다. 수학은 물론 공부법도 중요하지만 내가 성적을 올리기까지 인내심을 가지고 오랜 시간 여러 문제들을 푸는 것은 필수 불가결이다.

사실 나라고 해서 공부를 매일매일 즐거운 마음으로 한 것은 아니다. 아무리 공부를 좋아하는 사람이라고 해서 매일같이 성실하게 공부하기란 어려운 일이다. 공부가 너무 하기 싫을 때, 나는 네 가지의 방법을 통해서 최대한 그 상황을 극복해냈다. 내가 사용한 방법은 모의고사 풀기, 좋아하는 과목 하기, 커피 마시기, 휴식 취하기이다. 공부가 힘겨운 과정인 이유는 내가 못 하는 것을 계속해서 반복하며 나 자신의 약점을 이겨내는 치열한 과정이기 때문이다. 집중이 너무 안 될 때 모의고사를 풀면 시험을 풀고 있다는 마음에 순간적으로 집중력이 확 오르게 된다. 또한 좋아하는 과목을 공부하는 것도 집중이 안 되고 지치는 상황을 이겨내기에 좋은 방법이다. 나 같은 경우는 머리가 너무 아플 때는 머리를 비우고 수학 문제를 풀곤 했다.(수학 과목을 가장 좋아했다.) 커피나 맛있는 음료를 마시는 것도 많은 도움이 됐는데, 공부하다 잠깐 카페에 가서 커피를 테이크아웃하면서 바깥 공기도 쐬면 기분 전환도 되고 다시 집중할 수 있는 힘을 얻었다. 그러나 이 모든 방법을 해도 너무 힘든 날이 있을 것이다. 그런 날에는 깔끔하게 공부하던 것을 정리하고 집에서 휴식을 취하라고 말해주고 싶다. 공부하기가 너무 힘든 날 꾸역꾸역 버티면서 공부해도, 그다음 날 2시간 공부하는 것보다 효율이 떨어질 가능성이 높다. 차라리 하루를 편하게 쉬고 일찍 자서 그다음 날 1~2시간 정도 일찍 일어나 새로운 마음으로 공부를 열심히 하는 것이 나 자신에게도, 앞으로의 공부에도 훨씬 도움이 될 거다.

아마 이 책을 읽고 있는 독자들은 대다수 수능을 준비하는, 또는 공부법에 고민을 가지고 있는 고등학생일 것이다. 내가 가장 해주고 싶은 말은 공부를 하다 보면 지칠 때도 있을 것이고 내가 하고 있는 방법이 맞나 의심될 때도 있을 때, 가장 믿어야 할 건 자기 자신이라는 것이다. 당장은 성과가 보이지 않더라도 자신을 믿고 계속 하루하루 할 일을 해 나가다 보면 어느새 성적이 올라있는 자신을 발견하게 될 것이다. 매일 자신이 계획한 것을 해내며 성취감을 느끼고, 밤에는 '오늘 진짜 최선을 다했구나'라는 편안한 마음으로 잠에 들고, 아침에는 '오늘 하루도 어제처럼 최선을 다해보자'라는 활기찬 마음으로 매일매일을 살아가보자.

공부할 때 가장 위로 되었던 한 마디

"그렇다. 세상에는 내 맘대로 되는 게 아무것도 없다.

그럼에도 딱 하나 내 맘대로 되는 것이 있다. 바로 내 마음.

나는 나만이 바꿀 수 있다. 그것이 의지다.

그것이 열정이고, 그것이 변화다. 좌절하지 마라, 젊은이여.

태양은 언제나 너를 비추고 있다."

_메가스터디 명문대 선배 멘토링─야, 국어 어떻게 해? 본문 중

이 말을 듣고 나는 '맞아. 세상에 내 마음대로 안 되는 다른 많은 것과 다르게 공부는 내 마음대로 열심히 하고자 하면 열심히 할 수 있고, 나를 바꿀 수 있을 거야'라는 생각이 들었고 그 이후로 나는 정말 정말 최선을 다해서 노력했다.

　나는 이 글을 통해 여러분들의 가장 아름다운 10대가 답답하고 불안하기만 한 시절이 아닌 나 스스로를 멋지게 발전시키는 소중한 시절로 남을 수 있기를 바란다.

연세대학교 행정학과 ☆ 최유민

필자는 연세대학교 행정학과 23학번으로 재학 중이다. 행정학은 국가와 사회 각 부문의 관리와 발전을 도모하여 정부와 사회의 상호작용을 통해 정책대안을 형성하고 집행과 평가의 전 과정을 연구한다. 고등학교 3년 동안 사회문제의 구조적 해결책을 모색하고 싶다는 생각을 바탕으로 사회과학 계열을 지망하였고, 특히 사회구조와 정책 등 단편적인 이론을 넘어 사회 각 분야와 융합할 수 있는 행정학이 진로에 적합하다고 생각하였다. 연세대학교 학생부 교과 추천형으로 합격하였으며, 교과성적을 산출하여 2배수를 선발하고 제시문 기반 면접으로 최종 합격자를 결정하는 전형이다.

¨ 공부를 열심히 한 이유

특정 직업이나 캠퍼스라이프에 대한 엄청난 열정으로 공부를 한 것은 아니었다. 학생이라면 당연히 해야 할 일처럼 여겨지기도 했고, 당시에는 다른 분야에 도전할 의지나 수단이 없었기 때문에 자연스럽게 공부를 선택하였다. 고등학교 3년을 돌아보는 현재의 나는 후회하지 않기 위해 열심히 했다고 답하고 싶다. 특히 교과 내신과 생활기록부는 재입학 등의 예외적인 상황을 제외한다면 되돌릴 수 없는 결과이다. 수험생활을 하면서 게임, 연예인, 연애 등 다양한 관심사가 공부와 충돌하는데, 결과의 고정성과 지속성이 높은 일에 우선순위를 두어야 한다. 즉, 내 힘으로 지나간 결과를 바꿀 수 없고, 그 결과가 삶의 전반에 영향을 줄 것이라고 판단되는 일에 더 많은 에너지를 투자해야 한다. 그 일은 꼭 공부와 학업이 아닐 수 있다. 자신이 중요하다고 생각하는 일이라면 그게 무엇이든지 최선을 다하기를 바란다.

˙˙ 나만의 공부법

'이 과목만큼은 시험을 잘 볼 수 있다' 하는 과목은 없었다. 특히, 내신은 시험 기간에 시험 범위를 조금이라도 소홀히 한다면 성적을 유지할 수 없다. 가장 중요하게 생각한 것은 수업을 집중해서 듣고 중요한 내용을 빠트리지 않고 필기하는 것이다. 개인적으로 깔끔한 필기를 선호해서 수업 시간에는 연필로 설명을 받아적고 쉬는 시간과 점심시간을 활용하여 나의 언어로 수정된 설명을 볼펜으로 작성하였다. 두 번 필기하다 보니 자연스럽게 수업 내용을 복습할 수 있었고 나의 표현으로 정제하는 과정을 거쳐 시험 기간에 필기만으로 내용을 쉽게 이해할 수 있었다. 시험 기간에는 문제 풀이보다 필기를 중심으로 내용을 아는 상태가 될 때까지 교과서와 필기를 반복해서 읽었다. '안다'의 기준을 한 마디로 정의하기는 어렵지만, 확실한 것은 학습한 개념을 알고 있다면 시험에서 높은 성적은 보장된다. 내가 생각한 아는 것의 기준은 교과서나 필기를 가려둔 상태에서도 설명할 수 있는 것이다. 예를 들어 영어 과목에서는 본문 텍스트만 보고 해석과 문법을 말할 수 있어야 하고, 국어 또한 본문을 보고 문단별 내용과 각 문장에 대한 설명을 떠올리는 것이다. 수학과 같은 과목은 문제 풀이를 배제할 수 없지만, 이 경우에도 백지에 개념과 공식, 시각 자료를 정리하고 문제의 답과 풀이 과정을 쓰는 연습이 필요하다.

효율적인 학습과 필기 방식은 자신에게 편하고 가장 집중할 수 있는 형식을 택해야 한다. 다만, 개념에 체화되어 아는 상태에 도달하기 위해 노력하기를 바란다. 수업 시간에 들은 내용을 알고 있는 내용으로 전환하여 시험에서 좋은 성적은 받는다면, 이후에도 시험을 준비하는 과정에서 학습 방향성을 설정하고 보완점을 파악하기에 용이하다.

¨ 교과, 비교과, 수능 동시에 관리하는 방법

1학년 때는 세 가지를 모두 고려하고 2학년을 마무리한 시점에 학생부와 모의고사 결과를 분석하여 3학년 때는 선택과 집중이 필요하다. 다만, 우선순위를 명확히 해야 어느 것도 가져가지 못하는 최악의 상황을 피할 수 있다. 가장 중요한 조건을 다시 되돌릴 수 있는지 여부이며, 그 외 학교의 특성, 입시 제도의 변화 등을 고려해야 한다. 즉 교과에 가장 많은 투자가 필요하다는 것이 필자의 의견이며, 비교과와 수능은 교과 성적을 관리하는 것에 문제가 되지 않으면서도 교과 성적이 낮은 경우에 보완할 수 있는 수준으로 준비해야 한다.

1학년 때 진로를 결정하지 못하였다면, 가능한 다양한 활동을 하여 비교과 요소를 채워나가는 것을 추천한다. 2학년 이후에는 적어도 희망하는 계열을 선택하여 집중적인 탐구활동을 하는 것이 좋다. 2학년 때는 1학년 경험을 바탕으로 교내 프로그램과 지원 제도를 명확하게 이해하고 대략적인 진로를 정할 수 있다. 3학년 때는 자신의 진로와 1, 2학년 때 활동의 방향과 깊이를 분석하여, 약점을 보완할 수 있는 활동과 진로와 관련하여 심화한 탐구활동을 진행해야 한다.

학교에 따라 모의고사와 내신 성적의 차이가 상이하지만, 기본적으로 내신 성적을 관리하면서 수능의 밑바탕을 채울 수 있다. 이전 시험의 결과가 좋지 않더라도 교과 성적에 최선을 다하고, 수시만을 고려하고 있더라도 1년 동안 4번의 모의고사를 성실하게 푸는 것을 추천한다. 내신 성적을 안정적으로 확보하였고 선행학습과 수능 대비에 시간을 투자할 수 있다면 자신의 역량에 맞게 학습 범위를 넓히는 것이 좋다.

˝ 매력적인 생기부를 만드는 방법

생활기록부에 서술된 내용만큼이나 자신이 얻은 경험도 중요하다. 활동에 참여한 이후에는 활동명, 내용, 참여 동기, 성장한 역량 등을 간략하게라도 정리해야 한다. 추후 생활기록부를 확인할 때 나타나 있는 활동을 잊어버리지 않을 수 있고 면접에도 효과적으로 대비가 가능하다. 그뿐만 아니라 활동을 스스로 분석하는 시간을 가짐으로써 앞으로의 활동 방향성을 결정할 수 있다. 분기 또는 학기별로 선생님이나 비슷한 진로를 가진 친구들에게 피드백을 받는다면 다양한 정보를 얻어 구체적인 활동을 계획하고 미흡한 점을 보완해 나갈 수 있다.

학기 초와 말에 생활기록부의 방향성, 활동 등을 월별로 계획하여 하나의 캘린더를 만드는 것을 추천한다. 관심 있는 행사나 교과와 연계된 활동에 좋은 인사이트를 얻었을 때, 정리해 두지 않는다면 시험과 다양한 행사가 있는 학기 중에 잊어버리거나 실행할 여건이 되지 않을 수 있다. 대략적인 일정을 고려하여 남은 학기에 어떤 활동을 하고 어떻게 배분할 것인지 계획한다면 학기 중에 안정적으로 생활기록부를 구성해 나갈 수 있다.

¨ 공부가 너무 하기 싫을 때 집중력을 높이는 방법

하기 싫은 생각이 너무 강해서 집중할 수 없는 상태라면 스트레스를 받으며 책상 앞에 앉아 있기보다는 리프레시할 수 있는 시간을 보내는 것이 좋다. 책을 펼쳐두고 있기는 하지만 실질적으로 학습하고 있지 않다는 사실은 스트레스만 가져다줄 뿐 큰 동기부여가 되지 못한다. 영상을 보거나 게임을 하는 대신 본인이 정말 좋아하고 편안함을 느낄 수 있는 취미를 탐색하여 정기적으로 시간을 투자하는 것을 추천한다. 스트레스를 풀 수 있는 시간을 마련하는 것은 공부해야 할 때는 더 집중할 수 있는 계기가 된다. 시간을 소모하는 형태의 활동이 아닌 즐거움을 느낄 수 있는 활동을 하여 집중력을 회복하고 학업의 동기를 얻기를 바란다.

시험 기간이나 여가를 가지기 어려운 상황이라면 공간과 시간에 변화를 줄 필요가 있다. 학교, 집, 스터디카페 등 자신이 가장 잘 집중할 수 있는 환경을 찾거나, 순서를 정해두고 주기적으로 학습 공간을 이동하는 것도 방법이다. 마찬가지로 더 이르거나 늦은 시간을 활용하여 집중력이 높은 시간을 찾는 것도 좋다. 단, 너무 자주 공부 습관에 변화를 주지 않아야 하며, 시간을 유동적으로 활용하되 수면 및 등교와 시험 시간에 영향을 주지 않도록 주의해야 한다.

¨ 중고등학교 공부가 대학교에서 도움이 될까?

단순히 대학에서 배우는 전공과 교양 과목과 관련이 있을 뿐만 아니라 살아가면서 많은 부분에 영향을 준다. 우선 전공과 유사한 분야의 과목은 직접적으로 배경지식이 된다. 상관관계가 없는 과목이더라도 기본적인 상식을 풍부하게 하여 융합적인 사고를 하는 데 도움이 된다.

필자는 공부 내용보다는 학습 경험이 주는 영향을 강조하고 싶다. 어려운 내용, 하기 싫은 마음을 극복하고 최선을 다한 경험을 어려운 상황을 마주하였을 때 이겨낼 수 있다는 자신감과 회복 탄력성의 기반이 된다. 대학 생활에서 강의를 듣고 대외 활동에 참여하며 이후에 직업을 갖는 과정은 결코 쉽지 않다. 다양한 노력과 실패 과정을 수반하는데, 다시 도전하고 프로젝트를 완성해 나가는 동력은 노력으로 성취한 학창 시절의 경험이며, 새로운 성취로 연결되어 더 단단한 사람으로 성장할 수 있다.

¨ 진로가 명확하지 않을 때 학과 선택하는 팁

국내에서 여전히 학과 중심의 구조가 대부분이나, 최근 자율전공학부 등 특정 학과에 한정되지 않는 학부제 형태의 학제가 늘어나는 추세이다. 특별한 관심사가 없다면 전혀 흥미가 없는데도 다른 학생들이 많이 선택하거나 합격 가능성이 높다는 이유로 특정 과를 선택하는 것은 재고해 볼 필요가 있다. 추후 선택의 폭이 넓은 학부제를 선택하거나 다른 분야와 융합되기 쉬운 분야를 선택하는 것이 좋다.

반대로 명확한 진로를 가지고 있는 학생들도 다른 분야와 진로를 살펴보는 기회를 가지는 것을 추천한다. 대학에 와서 실제로 배우는 학문은 자신이 생각한 것과 큰 괴리가 있을 수 있고, 자신의 관심사가 바뀔 수도 있다. 진로에 대한 가능성을 열어두고 자신의 목표와 관심사를 충분히 고민해 보는 것이 좋다. 주변 선배 또는 온라인에서 얻을 수 있는 정보를 수집하여 다양한 분야를 탐색하고 자신이 희망하는 학과에 대해서도 구체적인 정보를 확인하며 도움을 얻을 수 있다.

¨ 벼락치기 공부는 도움이 될까?

벼락치기는 결국 시험에 필요한 지식과 응용 능력이 준비되지 않았다는 것을 의미한다. 3주 이상 복습과 문제 풀이를 통해 시험 범위를 학습해야 하지만, 단기간에 많은 양을 습득해야 할 때는 자신이 학습할 내용을 줄이는 것이 필요하다. 즉 시험 범위의 개념과 문제 유형을 분류하여 특히 난이도가 높거나 자신이 취약한 개념을 우선적으로 제외하는 것을 추천한다. 시험은 키워드 중심이 아닌 깊이 있는 내용과 다양한 학습자료에 대한 이해를 요구한다. 따라서 다른 단원과의 접점이 적은 소단원을 제외하는 것이 좋다.

벼락치기의 기댓값은 높지 않다. 자신이 주로 벼락치기로 시험을 준비한다면 공부하지 않았거나 할 수 없었던 원인을 정확하게 생각해 볼 필요가 있다. 특히 동아리나 외부 활동 등 교과 외의 영역으로 인해 공부할 시간이 부족했다면 자신의 우선순위를 명확히 하여 일정을 재구성해야 한다.

공부할 때 가장 위로 되었던 한마디

"행복하지 않은 삶은 죽은 삶과 같다."

이 말은 나중의 행복을 위해 열심히 공부할 수 있는 동기를 부여하는 한편, 당장의 행복도 놓치지 않으면서 수험생활을 이어갈 수 있도록 해주었다. 평소 재미있게 공부하던 과목도 시험 기간이 되면 부담감과 하기 싫은 마음이 앞서곤 했다. 그럴 때마다 다시 돌아오지 않는 매 시험이 미래에 원하는 것을 좌절시킬 수 있다는 점을 떠올리며 최선을 다하였다. 방학이나 시험 직후 비교적 여유가 있는 기간에는 영화를 보거나 야구장에 가는 등 하루 정도 좋아하는 것을 하며 즐겼다. 수험생활에서 공부를 스트레스 요인으로 받아들이면, 매 순간이 힘들고 앞으로 규칙적인 생활 습관을 지속하며 앞으로 나아가는 데 동력이 생기지 않는다. '노력하는 자는 즐기는 자를 이길 수 없다'는 말처럼, 현재 내가 마주한 상황을 최대한 즐길 수 있도록 공부라는 중심 활동에 취미와 여가를 적절하게 활용하기를 추천한다.

만족할 수 있는 수험생활을 보내는 것은 정말 어려운 일이다. 과정이 힘들어서, 결과가 부족해서 등 다양한 이유로 대부분의 수험생이 자책하고 후회한다. 결과가 어떻든, 스스로에게 부끄럽지 않을 만큼 노력한다면 적어도 후회는 남지 않으리라고 생각한다. 다만, 좋은 성적에 가장 중요한 밑바탕은 공부 시간이 아닌 건강이다. 건강과 체력을 바탕으로 공부에 투자할 수 있는 시간과 에너지를 확보해야 한다. 이 책을 읽는 모든 수험생이 꾸준한 자기관리와 자신의 학업 의지에 걸맞은 노력으로 원하는 결과를 얻어 꿈에 한 발짝 더 가까워지기를 응원한다.

이화여자대학교 체육과학부 ☆ 최은서

나는 2023년 이화여자대학교 체육과학부에 입학했으며 지금은 2학년 1학기를 마치고 휴학을 했다. 이화여대 체육과학부로 입학하면 1학년 때 스포츠과학의 이해, 스포츠산업의 이해 등의 강의를 듣고 2학년이 될 때 스포츠과학과 글로벌스포츠산업 중 세부 전공을 선택하게 된다. 체육교육과가 아니다 보니 교육보다는 재활 등의 분야를 공부하는 경우가 많다.

어느 정도 가고자 하는 길이 있는 사람들과 달리 나는 뚜렷한 목표 없이, 단지 운동이 하고 싶다는 이유로 무작정 체육대학에 왔다. 타교에서 국어국문학과로 재학 중에 입시를 다시 시작했으며, 수능 60%, 실기 40% 비율인 정시전형에 응시하였다. 반수를 시작할 때 성적에 걱정은 있었지만 내가 응시한 전형은 수능에서 모든 영역이 반영되지 않아 불리한 과목 하나를 제외할 수 있다는 이점이 있었다. 그리고 실기의 수준이 낮은 것은 아니지만 운동신경이 조금 있다면 수능 성적과 합산하여 지원해 볼만하다.

체대 입시에 관한 이야기를 잠깐 하자면, 정시로 체육대학에 진학하고 싶을 경우 고등학교 2학년부터 준비를 시작하면 충분하다. 성적이 잘 만들어져 있고 운동에 노력을 쏟을 자신이 있다면 3학년이 되고 나서도 가능하다고 생각한다. 나 역시 그랬으며 운동을 너무 잘해야만 체육대학에 갈 수 있는 것은 아니다.

·· 도전하고 싶은 분야가 있다면 아직 늦지 않았다

지금 학교에 오겠다는 결심을 굳힌 건 스무 살 4월 정도의 일이다. 그 당시 다니던 학교에 만족하지 못한 건 코로나의 영향도 컸는데, 그래서인지 상상하고 기대해 온 대학과 다르다는 느낌을 받았다. 그건 입시에서 벗어난 지 얼마 되지 않았던 나에게 가혹한 경험이었고, 나는 그 길로 당장 체대 입시 학원을 찾아갔다.

처음엔 이를 어른들에게 말하지 않았다. 그리고 언젠가 사실대로 말했을 때 돌아온 말들은 예상과 같았다. 대학은 중요하지 않다든가, 가서 잘하면 되는 거라든가, 반수 한다는 사람 치고 성공한 사람을 못 봤다든가 하는 말들을 꽤 들었다. 그때 내 자존감은 바닥을 쳤지만 그 속에서 어떠한 오기가 생겨났다. 타고난 반항심도 한몫을 하며 다소 사춘기다운 생각이 책상에 앉아서 버틸 촉매가 되었다. 좋은 계기라고는 못하겠지만, 덕분에 포기하고 싶을 때마다 '나는 포기하면 안 돼, 난 꼭 해내야 해'라고 생각할 수 있었기에 그때 그 말들에 조금 감사한 마음이 들기도 한다.

이 글을 읽는 학생들이 도전하고 싶은 분야가 있다면 늦었다는 생각을 하지 않기를 바란다. 뻔한 말인 것도 알고, 그게 가장 어렵다는 것도 알고 있다. 하지만 스무 살에 다시 입시를 시작하겠다고 마음먹었을 때, 그때가 늦지 않았다는 것도 알 수 있었다. 나 또한 아직 어리지만 조금이나마 더 겪어본 입장에서 열정을 가지게 만드는 것을 잃지 말라고 말해주고 싶다.

·· 내가 오늘 공부를 조금 못했어도 이건 해냈구나

공부에 도움이 되는 뻔한 팁을 적어 보자면, 나의 경우 운동을 하는 게 공부에 정말 도움이 되었다. 체력이 좋아지는 등의 흔한 이점도 물론 있을 테지만 그저 하루하루의 '기분'이 가장 중요했던 입시 시절 나에게 체대 입시 학원에서의 주기적인 운동은 큰 영향을 주었다. 솔직히 힘든 운동을 하다 보면 차라리 공부하고 싶다는 생각이 드는 순간도 있었다. 그럼에도 운동을 하면 기분을 환기함과 동시에 '내가 오늘 공부를 조금 못했어도 이건 해냈구나' 하고 생각할 수 있었다. 그런 자그마한 성취감들이 쌓여 목표를 향해 나아갈 원동력이 되었다. 운동이 아니더라도, 성취감을 얻을 수 있는 활동적인 무언가를 루틴으로 삼으면 공부가 훨씬 수월해질 것이라고 생각한다.

덧붙여 철없는 말도 조금 적어 보자면, 나에게 특별한 시간 관리법은 없었다. 오히려 관리를 전혀 하지 못했다. 공부 시간은 대부분 새벽이었고 규칙적인 생활과는 거리가 멀었다. 수능 시간에 맞춰 일어나고 시간에 맞춰 각 과목을 공부하는 일은 상상 속에서나 있을 법할 정도였다. 그래서 내가 집중이 잘 되는 시간에 공부하는 것이 더 도움이 될 것이라고 생각했다. 정말 철없어 보이지만 수능 땐 집중이 잘될 거라는 알 수 없는 자신감도 가지고 있었다.

시간 관리라는 말 자체에 부담을 느끼는 학생이 많을 것이라는 생각이 든다. 부담을 덜면 더 잘할 수 있다는 말을 괜히 하는 것이 아니다. 공부에 어려움을 겪고 있다면 시간 관리라는 관념에 너무 얽매이지 않고 자신이 집중력을 발휘할 수 있는 시간을 찾아 짧고 굵게라도 공부하는 것이 하나의 방법이 될 것 같다.

¨ 사실 그거 별거 아냐

끝으로 나의 경험을 빌려 학생들에게 응원의 말을 전하고 싶다. 대입을 준비하면서 스스로에게 던지는 말이 참 많아질 거라 생각한다. 그만큼 주변의 말이 신경 쓰이고 예민해지는 것도 당연한 일이다. 나는 입시를 하며 말의 의미가 그 말 자체보다 말을 하는 사람에게서 온다고 생각하게 되었다. 무슨 말을 들었느냐보다 누구에게 들었느냐가 나에게 어떤 영향을 줄지, 어떤 의미가 될지 결정한다. 내가 한계에 부딪혔을 때, 그 고비를 넘은 사람이 "사실 그거 별거 아냐"라고 말하면 나는 그게 별거 아니라고 생각하게 될 것이며, 내가 힘들 때 찾게 되는 사람의 조금만 더 힘내라는 말이 누구의 응원보다도 힘이 될 것이다.

반대로 위로받고 싶은 사람에게 상처받았을 때는 특히 힘들겠지만, 치기 어린 감정과 함께 넘겨버린 나처럼, 손에 박힌 가시를 뽑듯 그 말들을 내다 버릴 수 있었으면 좋겠다. 내가 갈 길과 관련 없는 사람에게서 상처받지 말고, 때로는 다른 사람의 말에 위로도 받으며 각자의 고비를 조금씩 넘을 수 있기를 바란다. 그리고 스스로에게 던지는 말이 많아지는 때일수록 나에게 따뜻한 말을 해줘야 하는 사람은 바로 나이다. 입시뿐만 아니라 어떤 때에도 주변의 응원을 발판 삼아 스스로를 응원할 수 있는 사람이 되기를 바라며, 일면식 없는 우리라도 같은 길을 가고 있는 모두를 응원한다.

서울대학교 수의예과 ☆ 최은선

나는 서울대학교 수의예과에 재학 중인 최은선이다. 나는 정시 전형으로 학교에 입학하였다. 나는 삼수 생활을 끝으로 대학에 입학하게 되었는데, 사실 나의 목표는 수의대가 아니었다. 나의 본래 목표는 전염병, 바이러스에 관해 연구를 하는 것이었다. 그래서 의대에 들어가야 한다고 생각을 하고 공부를 했다. 고등학교에 다닐 때는 비교과 활동에 신경 쓰면서 공부를 하였지만 나의 목표를 이루기에는 부족한 성적이어서 고등학교 2학년 때 정시로 가야겠다고 마음을 먹고 공부의 방향을 잡았다. 그러나 내신을 포기했어도 시험 볼 때는 모의고사 보는 것처럼 열심히 봐 생명과학도 1등을 한 적이 있다. 지금 생각해보면 정시, 내신 따로 공부하는 것이 아니라 같이 병행한다는 것을 알 수 있는 것 같다. 특히, 과학탐구나 수학 같은 경우에는 학교 시험이나 모의고사가 유사했기 때문에 도움이 더욱 되었던 것 같다. 현역이 정시로 의대를 가는 경우는 희박했기 때문에 나는 재종학원에 입학할 수 있는 성적을 받는 것을 목표로 수능을 봤고 실제로 그 학원에서 재수 생활을 시작했다.

¨ 성장할 수 있게 해준 재수생활

나의 재수생활은 나의 부족한 점을 채우기에 초점을 맞춰 공부했던 것 같다. 물론 나의 부족한 점을 채워 나가면서 점수가 올라갔지만 그것은 한계가 있었다. 부족한 것에 너무 집중한 나머지 나의 잘하는 점은 무시하고 계속 부족한 것만 생각하여 오히려 자신감도 떨어졌기 때문이다. 오히려 자신의 장점을 살려 약점을 보완하는 것이 중요한 것이다. 이러한 깨달음을 삼수 생활을 하면서 깨달았지만 그 때라도 깨달은 것을 다행이라고 생각한다. 예를 들어, 자신이 국어 문제 중 법 지문이 약하다면 무작정 법 지문을 독해하는 실력을 올리기 위해 문제를 푸는 것이 아니라 반대로 과학 지문이 강하면 과학 지문에 쓰는 시간을 줄여 법 지문에 더 쓰는 것 등이 있다. 사실 여기서도 정말 자신이 어떤 것에 강하다는 확신이 있어야 가능한 이야기이다. 그러나 나는 이러한 것을 늦게 깨달았기에 재수 생활로 나의 목표를 이룰 수 없었고 삼수 생활을 하게 되었다.

¨ 가장 행복했던 삼수생활

사실 삼수 생활은 나에게 가장 드라마 같은 순간들이 많았던 것 같다. 삼수 생활 중 정말 나에게 많은 위로가 되었던 선생님을 만나게 되었다. 그때 해주신 말씀들 중 한 가지는 '은선아, 너의 주변 사람들은 다 너를 믿고 있고 너가 성공할 수 있다는 것을 확신해. 너는 너만 믿으면 모든지 할 수 있는 친구야'라는 말이었다. 물론 '자신을 믿어라'라는 말이 식상하고 당연한 말이긴 하다. 그러나 나는 저 말을 듣고 '다른 사람들은 나를 믿을 수 있는 사람으로 생각하고 믿으니까 한번 나도 나를 믿어보자, 지금까지 나를 믿는 척 진정으로 나 자신을 믿지 않았던 것 같아'라는 생각을 하게 했다. '나를 진정으로 진심을 다해 믿어보자'라는 마음을 가지게 되는 계기였다. 이후 나는

6월 모의고사에서 전체 2개를 틀리고 이후 전액장학금을 받으며 공부하였다. 물론 나도 삼수생활을 하면서 흔들리는 순간들도 많았다. 킬러문항 배제, 서울대 투과목 폐지 등 고등학교 때부터 계속 투과목을 준비하던 나에게는 원과목을 다시 공부해야 하는지와 어떤 방향으로 공부해야 하는지 등과 같은 고민들이 많았고 흔들렸다. 그러나 그때마다 나는 생각했다. 나는 그 어느 누구보다 성공할 자신이 있다고 그리고 확신한다고 말이다. 남들이 '왜?'라고 물어보면 '그냥 나는 성공할 것 같은데'라고 대답했다. 물론 아무런 노력 없이 말로만 그러면 그저 허풍떠는 사람이지만 나는 그 대답을 할 수 있고 누구나 그 대답을 납득할 수 있을 만큼 노력하였다. 수능 보는 날까지 나는 나의 모든 것을 쏟아내기 위해 노력했다. 수능장도 첫 번째로 들어가 최대한 수능 보는 시간 내에 내가 마음껏 실력을 펼칠 수 있도록 환경에 적응하는 시간을 가졌다. 그렇게 나는 전 과목에서 4개를 틀리며 나의 마지막 수능을 끝냈다.

∵ 오로지 나를 위한 결정

'그럼 왜 의대를 안 갔냐?'라는 질문을 많이 받았었는데 사실 의대를 붙었다. 나는 의대, 약대, 수의대를 쓰고 모두 붙어 어디 갈지 많은 고민을 했다. 나의 어렸을 때부터 꿈이었던 서울대를 포기할 수 없었기에 그리고 의대 휴학으로 인해 나의 졸업이 힘들어질 수도 있었기에 많은 고민을 했다. 나의 목표는 전염병, 바이러스학에 관하여 연구하는 것이지 대학이 목표가 아니었다는 것을 다시 생각하게 되어 수의대에 들어가는 것이 오히려 나의 목표를 이루기 위해 유리하다는 것을 깨닫고 서울대 수의대에 입학하게 되었다. 나는 지금까지 나의 모든 선택들을 후회한 적이 단 한 순간도 없다. 지금의 나를 있게 해준 선택들이기 때문이다. 서울대에 들어가서 후회하지 않는 것 아니냐고 그럴 수 있지만 사실 그것이 아니라 바로 나의 마인드가 달라졌기 때문이다. 그 어떠한 선택이든지 나는 나를 위한 선택을 하기 위해 많은 고민을 하고 항상 최선의 선택을 하기 위해 노력하기 때문에 '내가 한 선택은 다 나를 위한 것이다'라고 생각을 하는 마인드를 가지게 된 것이 가장 큰 변화이다.

이 책을 읽고 있는 당신은 아직 고등학교에 입학하지 않은 중학생이거나 막 입학을 한 고등학교 1학년 혹은 정시와 내신을 고민하는 고등학교 2학년이거나 수능을 앞둔 고등학교 3학년일지 모른다. 내가 해주고 싶은 이야기는 똑같다. 그 어떠한 일을 하든 나를 진정으로 믿는 연습을 하라는 것이다. 나도 처음에는 겉으로만 나를 믿었다. 그저 다른 사람들이 나를 믿으라니까 믿는 것이다. 그러나 진정으로 나를 믿을 때는 그 어떠한 일이든 해낼 수 있는 초인적인 힘이 생긴 것 같은 느낌이 든다. 이 느낌을 당신도 경험해 봤으면 좋겠다.

이화여자대학교 국어국문학과 ☆ 허찬미

나는 현재 이화여자대학교 국어국문학과 21학번에 재학 중이다. 우리 학과는 말 그대로 '국어학'과 '국문학'을 배우는 과인데, 고등 과정에서 통합적으로 배우는 문법이나 문학 개념들을 화용론, 음운론, 고전 산문, 현대문학 등으로 세분화하여 전문적으로 다루고 있다고 보면 된다. 나는 국어국문학과에 논술 전형으로 합격하였고, 그렇기에 내신보다는 수능과 논술에 조금 더 초점을 두어 공부했다. 혹시 나처럼 논술 전형을 생각하고 있는 수험생들이 있다면 나의 이야기가 조금이나마 도움이 되었으면 좋겠다.

¨ 흔들리는 나를 단단하게 잡아줄 수 있는 것이라면

나는 원래 공부를 특출나게 잘하던 학생도 아니었고, 공부에 대한 동기부여도 크지 않던 평범한 학생이었다. 그러다 이루고 싶은 뚜렷한 목표가 생기자 확실한 동기부여가 되면서 열심히 하기 시작했고, 그에 따른 결과도 따라오기 시작했다. 나처럼 충분한 내적 동기가 생긴다면 분명히 여러분도 좋은 결실을 맞이할 수 있을 거라 확신한다.

수험공부를 하다 보면 어느 순간 나 자신이 공부하는 기계처럼 느껴지면서 의욕이 떨어지고 무기력해질 때가 많다. 그러면서 공부가 너무 하기 싫어지고 다 포기해 버리고 싶은 순간이 오는데, 그런 순간을 극복하기 위해서는 나의 긴긴 입시 마라톤을 큰 방황 없이 유지해 나갈 수 있는 하나의 "강력한" 동기가 있어야 한다. 흔들리는 나를 단단하게 잡아줄 수 있는 것이라면 무엇이든 괜찮다. 거창한 게 아니어도 좋다.

나의 경우 무슨 일이 있어도 재수는 하고 싶지 않았으므로 그게 '현역으로' 목표 대학에 들어가는 것이었지만, 꼭 대학과 관련된 것이 아니더라도 입시가 끝난 뒤 장기 여행을 위한 비행기표를 예약해 둔다던가, 좋아하는 아이돌 콘서트 티켓팅을 해두는 등의 방식으로 나에게 충분한 동기 부여가 될 수 있는 무언가가 있다면 장기전인 입시 생활을 큰 흔들림 없이 버텨낼 수 있을 것이다. 자신에게 그 "강력한" 동기가 무엇인지 충분히 고민해 보는 시간을 가지면 좋을 것 같다.

여러분은 모두 엄청난 잠재력을 가지고 있지만 아직 그것이 충분히 발휘되지 못한 것이다. 그러니 여러분은 모두 할 수 있다. 해낼 수 있다. 정말이다. 멀고도 험한 입시라는 그 길 끝에 여러분이 얼마나 멋진 모습으로 변해있을지 감히 상상조차 되지 않는다. 여러분은 분명, 지금도 너무 멋지고 예쁜 수험생이고, 이 모든 고난을 겪어낸 여러분은 지금보다 훨씬 더 대단한 사람이 되어 있을 것이다.

¨ 수능 시험 전략

내가 지금부터 설명할 이 공부법은 수험생들의 궁극적 최종 목표인 '수능'에서 최선의 결과를 내기 위한 방법이다. 실제로 나도 이 공부법을 활용해서 모든 학력평가와 모의평가를 통틀어 수능에서 가장 좋은 성적을 거둘 수 있었다. 바로 '모든 생활패턴을 수능에 맞추는 것'인데, 거창하게 들릴 수 있겠지만 사실 굉장히 간단하다. 우리가 치르는 입시는 잔인하게도 단 한 번, 하루의 시험 결과로 원하는 대학에 들어갈 수 있는지를 결정한다. 이 말인즉슨, 수능 공부는 철저히 수능 당일에 긴장하지 않고 최고의 결과를 만들어내기 위해 이루어져야 한다는 것이다. 이를 위해, 나는 '수능 일정에 맞추어' 공부 계획을 짰다.

우선, 수능 시험장에 8시 10분까지 입실해야 하므로 최소 7시 전에는 일어나는 것을 습관화했다. 7시 전에 일찍이 일어나서 아침을 든든히 먹고, 수능 국어 시험이 진행되는 8시 40분에서 10시까지는 무조건 국어 공부만 했다. 그게 꼭 모의고사 풀이가 아니더라도, 아침 시간에 복잡한 국어 지문을 읽어낼 수 있도록 뇌를 국어 과목에 최적화시키기 위해 아침에는 국어 관련 공부만 진행했다. 이와 같은 방식으로 수학 시험이 진행되는 10시 30분부터 점심 전까지는 수학 공부를 했고, 점심을 먹고 난 뒤 영어 공부를, 약 3시쯤부터 5시까지는 사회탐구 공부를 했다. 그 이후에는 부족한 과목의 보충 공부를 한 후 하루를 마무리했다.

★쉬운 이해를 위해 하루 공부 시간표를 첨부한다. 왼편에 적어둔 시간은 참고용으로 적어둔 것이니, 반드시 위 표에 적힌 시간대로 정확히 지킬 필요는 없다. 그 이유는 뒤의 내용을 읽어보면 알게 될 것이다.

6:30~7:30 기상 및 아침 식사

7:40~10:20 국어 공부

10:30~12:00 수학 공부

12:10~13:00 점심 식사

13:10~15:00 영어 공부

15:10~17:00 탐구 공부

17:10~23:00 자유 보충 공부

★고3 시절 사용했던 실제 계획표를 첨부한다. 나는 잠을 충분히 자는 것을 중요시했기 때문에 11시 30분이 되면 공부를 마쳤다. 만약 본인의 체력이 허용한다면 늦게까지 공부하는 것도 괜찮다고는 생각하나, 아침에 시작되는 수능 시험을 위해 아침에 뇌를 깨워야 하므로 아침 공부에 방해되지 않는 선에서 취침 시간을 조정하는 것을 추천한다.

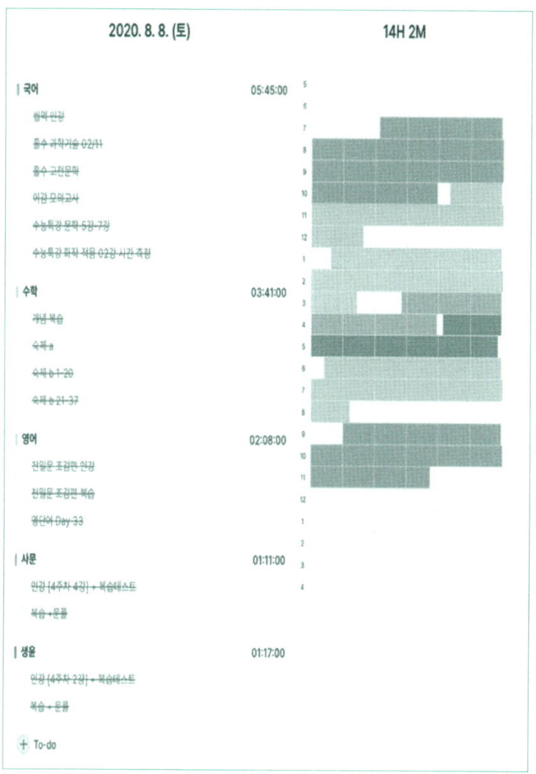

이 공부법의 핵심은 뇌의 시스템에 수능 시험 일정을 입력해 넣고 그에 맞추어 뇌가 알맞게 작동할 수 있도록 하는 것이다. 수능 시험은 누구에게나 가장 긴장되는 일이고, 너무 긴장한 탓에 온전히 실력 발휘를 하지 못하는 경우가 생길 수도 있다. 이를 방지하기 위해 우리의 몸을 수능 시험에 미리부터 적응시키는 것이다. 수능 100일 전부터 수능 시간표에 맞추어 공부하게 되면, 우리의 뇌는 자연스럽게 아침 8시부터는 국어 지문 읽기에 최적화되고, 아침 10시부터는 수학

문제 풀이에 최적화되며, 점심시간 이후부터는 영어 지문 분석에 최적화되게 될 것이다. 그뿐만 아니라, 우리의 생활 패턴을 수능 시간표에 맞추게 되면 우리의 몸은 그 패턴에 적응이 되어 수능 시험 당일에도 그러한 일정을 전혀 특별한 것으로 느끼지 않고 익숙하게 받아들이게 된다. 이런 식으로 긴장이 되거나 불안정해질 만한 요소들을 최대한 차단하는 것이다.

이렇게 우리 몸을 수능 시간표에 충분히 적응시켰다면 수능 2주 전부터는 이제 무한 시뮬레이션을 돌려볼 차례다. 나는 수능 날 음식이 맞지 않아 배탈이 나거나 속이 좋지 않을 경우를 대비해 수능 당일 점심으로 먹을 메뉴를 여러 개 정해 미리 먹어보고, 먹은 후 가장 속이 편한 음식을 수능 시험장에 싸 들고 갔다. 그리고 약 5일 전부터는 점심에 그 음식만 먹으며 몸에 적응시키려 했다.(사실 이렇게까지는 안 해도 된다…. 내가 좀 걱정이 많은 성격이라 이렇게까지 해야 안심이 됐었던 건데, 지금 와서 생각해 보니 좀 과했다는 생각이 들긴 한다….) 그리고 수능 시험 쉬는 시간에 무슨 간식을 먹을지, 무슨 공부를 할지 등도 다 시뮬레이션을 돌려봤던 것 같다.

¨ 논술 시험 전략

마지막으로 이야기할 부분은, 나와 같은 논술 시험 응시자들을 위한 팁이다. 사실 대부분의 학생이 수능이 끝나면 자소서를 쓰거나 면접 준비를 하거나, 혹은 노는 경우가 많기 때문에 교실이 굉장히 어수선하고 시끄러울 것이다. 이럴 때 우리는 주변 분위기에 휩쓸리지 말고 논술 준비를 해야 한다. 대부분의 논술 시험이 수능 1~2주일 뒤에 치러지기 때문에, 수능이 끝난 직후 논술 공부에 바로 돌입해야 한다. 수능이 끝난 뒤에는 쉬고 싶겠지만, 2주만 참으면 그땐 진정한 해방이니 조금만 더 참고 끝까지 최선을 다해보자! 고등 3년 내내 수능만 보고 달려왔기 때문에 수능이 끝나면 풀어지는 것은 너무나 자연스러운 현상이다. 그렇기에 나는 스스로 자극을 받기 위해 목표로 하는 대학 브이로그 영상을 찾아보거나, 대학 캠퍼스 사진을 책상 앞에 붙여두고 틈날 때마다 보며 힘을 내곤 했다. 사실 필자는 외부 환경의 영향을 굉장히 많이 받는 성격이라, 논술을 준비하는 2주 동안은 외부 환경에 휩쓸리지 않기 위해 친구들과의 차단을 거의 끊었었다. 혼자 독서실을 다니며 공부에만 집중할 수 있는 환경을 의도적으로 만들고자 했던 것 같다.

또 한 가지 팁을 주자면, 인문 논술이 자기 생각을 쓰는 서술식 시험이긴 하지만, 사실은 답이 어느 정도 정해져 있다.(자연 논술은 수식을 써내려가는 형식이므로 정확한 답이 존재하지만, 인문 논술은 어느 정도의 방향성과 흐름만 일치한다면 높은 점수를 가져갈 수 있다.) 물론 정답을 논하기 전에 가장 중요한 것은 당연 '지문 독해'다. 지문 독해가 제대로 이루어져야 출제자가 원하는 답을 써낼 수 있기 때문이다. 또 한 가지 중요한 요소가 '채점 기준'인데, 학교마다 요구하는 답안의 형식과 채점 기준이 굉장히 상

285

이하므로 이러한 기준들을 잘 파악하여 그것에 맞게 전략적으로 공부를 해야 한다. 내가 시험을 응시하던 당시, 그 학교에서 굉장히 중요하게 생각하던 글자 수 기준을 충족하지 못한 채 답안을 제출했던 적이 있는데, 답안의 내용 자체에 큰 문제가 없었음에도 글자 수 기준의 형식을 만족하지 못해 광탈한 경험이 있다. 이 정도면 채점 기준의 중요성이 느껴질 거라 믿는다. 채점 기준에 따라 글을 작성한 후, 학교에서 제공하는 모범 답안을 필사하고, 본인의 글과 비교해 보며, 본인의 글에서 부족한 점을 찾아 보완해 나가다 보면 어느 순간 모범 답안과 질적으로 크게 차이 나지 않는 글을 작성할 수 있게 된다. 채점 기준과 기출 문제 등은 대부분 학교 홈페이지에 가면 찾아볼 수 있어서 독학으로 공부해도 무방하지만, 더 확실한 대비를 위해서는 학원에 다니거나, 여건이 안 된다면 인터넷 강의를 들으며 목표 학교에 맞는 글을 작성하는 법을 배우는 것을 추천한다. 특히, 혼자서는 자기 글의 문제점을 객관적으로 바라보기 힘들기 때문에, 제삼자의 입장에서 문제를 짚어주고 피드백해 준다는 점은 논술 학원에 다님으로써 얻을 수 있는 매우 큰 이점이다.

위에서 설명한 방식으로 효율적이면서도 확실하게 준비해서 논술로 합격의 문을 활짝 열어보자. 수험생 여러분, 모두 파이팅!

고려대학교 컴퓨터학과 ☆ 호수빈

나는 고려대학교 컴퓨터학과에 재학 중인 호수빈이다. 2022년 정시 전형으로 합격해 고려대학교 정보대학에서 즐거운 학교생활을 보내고 있다.

❝ 흔들리는 나를 단단하게 잡아줄 수 있는 것이라면

나는 몸이 선천적으로 약하다. 특히 고3 때는 정상인의 8배가 넘는 염증 수치를 진단받아 2개월간 학교도 나갈 수 없었고, 수험 생활 내내 독한 약을 달고 살았다. 이러한 트라우마 때문일까? 학과 특성상 밤을 새서 공부하거나 코드를 짜는 일이 당연하다고 생각할 수 있지만, 나는 아침형 인간으로 살아가고 있다. 동기들과 함께 놀다가도 11~12시가 넘어가면 몰래 빠져나와 집으로 도망가곤 한다. 그렇기에 수험생활 때도 밤을 새우거나 새벽까지 공부하는 삶은 꿈도 꿀 수 없었다. 그렇다면 나는 어떻게 다른 친구들만큼의, 어쩌면 다른 친구들보다 많은 공부량을 채울 수 있었을까?

공부할 시간도, 체력도 부족했던 내가 선택한 한 가지의 방법이 있다. 바로 '선택과 집중'이다. 커피 사러 나가며 수다 떠는 시간, 식당에서 저녁 먹으며 이야기하는 시간, 모두 친구들과 함께하는 소중하고 즐거운 시간이었지만, 아픈 몸으로 2개월의 시간을 누워있던 나에게는 이마저 아깝게 느껴졌다. 그래서 버리는 시간을 곰곰이 생각해보고, 그 시간을 아끼기 위해 노력하였다. 도시락을 싸 오거나, 친구와 같이 식당에 갈 때는 시간을 정해두고 빠르게 움직였다. 친구들과 길게 이야기하지 못하는 것은 아쉬웠지만, 독서실에서 나눠주는 초콜릿 하나, 마주쳤을 때 잠깐 나누는 대화만으로도 서로 응원하고 함께하는 기분을 느낄 수 있었다. 나는 샤워를 마치고 나와 머리를 말리며 유튜브를 보는 습관이 있는데, 여기서 낭비되는 시간이 30분이 넘는다는 것을 깨달았다. 그래서 유튜브 시청 시간이 5분이 넘지 않게 관리하거나, 과탐 인강 등을 틀어놓고 머리를 말리는 등 시간을 효율적으로 사용하기 위해 노력하였다. 처음에는 시간을 줄이는 것이 어렵고 수험생활의 유일한 낙을 빼앗기는 기분이었지만, 10시간 혹은 12시간씩 채워진 공부시간을 볼 때면 뿌듯함이 들었고, 과거의 나를 이기기 위해 공부시간을 늘려가는 과정이 지루한 수험생활 속 하나의 즐거움 되었다. 이 습관을 통해 하루 10시간이 넘는 공부량을 채우고도 12시 이전에 잠에 들 수 있었고, 이는 다음 날 좋은 몸 상태로 다시 공부에 임할 수 있는 원동력이 되었다. 지금도 대학교 시험기간이 되면 이 습관을 기억하며 시간을 효율적으로 활용하기 위해 노력하며, 내가 이루고자 하는 목표를 위해 인내하는 습관은 앞으로도 내 인생에 많은 도움이 될 것이라 생각한다. 많은 사람들이 잠을 잘 시간이 부족하다, 공부 효율이 떨어져 어떻게 해야 할지 모르겠다는 말을 하곤 한다. 하지만 낭비하는 시간에 대해 고민하고 이를 줄여 나가면 많은 공부량을 따라갈 수 있다. 혹시 지금이라도 늦었다는 생각에 공부를 망설이거나 포기하는 사람이 있다면, 나를 떠올려주면 좋겠다. 남들보다 늦은, 불리한 출발이더라도 충분히 해낼 수 있다.

공부할 때 가장 위로 되었던 한마디

> "네가 무언가를 이루려 할 때, 온 우주가 너를 돕는 음모를 꾸미고 있단다."

내가 수험 생활 내내 가장 좋아했던 문구가 있다.

"When you want something, all the universe conspires in helping you to achieve it."(네가 무언가를 이루려 할 때, 온 우주가 너를 돕는 음모를 꾸미고 있단다.)

수험생활을 버티다 보면, 모든 일이 잘 안되는 것 같고 불안해지는 때가 있다. 지금 가고 있는 길이 맞는지, 꿈을 이룰 수 있을지 확신이 없는 순간이 한 번은 꼭 찾아온다. 하지만 여러분이 꿈을 위해 노력할 때, 여러분을 도울 수 있는 많은 사람들과 기회가 반드시 찾아올 것이다. 그때 그 도움을 받을 수 있는, 준비된 자세를 만들기 위해 지금 더 노력하고 공부하는 것이라 생각해보는 건 어떨까? 그렇다면 앞으로 나아갈 수 있는 조그마한 힘이라도 한 번 더 얻을 수 있을 것이라 생각한다.

사실 어떤 말을 해야 할지 고민이 많이 되었다. 힘든 여러분께 주제넘은 말이 될까? 혹은 너무 부담이 되는 말이 될까? 여러 말을 고르고 골랐지만 결국은 내가 겪었던 나의 경험을 얘기하는 게 가장 솔직한 응원과 위로가 되지 않을까 하는 마음으로 한 자 한 자 적어보았다. 현재도 언젠가는 과거가 된다. 과거가 되는 그 순간부터 모든 결과는 우리의 손을 떠나는 법이다. 그렇기에 현재를 살아가는 우리가 할 수 있는 것은, 과거가 된 시간에 후회를 남기지 않도록 최선을 다해 살아가는 방법밖에 없다고 생각한다. 누군가는 젊음, 또 누군가는 청춘이라 일컫는 지금의 순간을, 발걸음 따라붙는 무거운 미련 없이 밝은 인사와 함께 나아갈 수 있도록 최선을 다하시기를, 그 최선의 노력에 최고의 결과가 함께하기를 기도하겠다.

이화여자대학교 컴퓨터공학전공 ☆ 백소영

나는 이화여자대학교 컴퓨터공학전공에 재학 중인 백소영이다.

¨ 왜 공부하는가

중학교 2학년 때, 내 주변에는 외고, 과고, 자사고 등 특목고를 준비하는 친구들이 많았다. 특히 무언가를 간절히 바라고, 이를 위해 전념하는 그들의 모습이 멋있게 느껴졌다. 그래서 단순히 친구들처럼 되고 싶다는 마음에 나는 바로 외고 진학을 결심했다. 그날부터 부모님과 함께 입학 설명회를 다니며 준비해야 할 과목과 진학 방법을 알아보기 시작했고, 나름대로 목표를 이루기 위해 노력했다.

그러나 중학교 3학년이 되어 원서를 접수하려는 시점에 나는 갑작스럽게 외고가 아닌 다른 고등학교에 대한 관심이 생겼다. 해당 학교의 교복, 시설, 분위기 등 모든 것이 마음에 들었다. 하지만 새롭게 관심을 갖게 된 학교는 나의 성적으로는 안정적으로 합격할 수 없는 곳이었다. 이 사실을 깨달았을 때, 지금까지 16년의 인생에서 처음으로 큰 좌절감을 겪었다. 결국 나는 그 학교에 진학하지 못했지만, 처음 목표로 했던 외고에는 합격하며 새로운 환경에서 학업을 이어갈 수 있었다.

이 경험을 통해 나는 단순히 목표를 이루고 실패하는 차원의 이야기를 넘어 더 깊은 교훈을 얻었다. 무엇보다 학업의 본질을 다시 생각하게 되었다. 공부를 하는 것은 단순히 점수를 위한 것도, 부모님과 선생님께 칭찬받기 위한 것도 아니었다. 다른 누군가가 아닌, 바로 '나'를 위한 것이다. 공부는 선택할 수 있는 길을 넓혀 주고, 내가 꿈꾸는 미래에 조금 더 가까워질 수 있도록 도와주는, 어찌 보면 미래를 위한 투자였다. 인생은 마치 곱셈과도 같아서, 준비되지 않은 0의 상태에서는 어떠한 기회가 주어져도 의미가 없다. 하지만 다행히도, '준비'는 우리가 통제할 수 있는 요소이다. 목표나 기회는 예측할 수 없지만, 공부는 스스로를 준비된 상태로 만들어 준다. 준비된 상태에서는 어떤 기회가 와도 그 기회를 붙잡을 수 있다는 사실을 깨달았다.

당연히 목표는 언제든지 바뀔 수 있다. 하지만 그렇다고 해서 목표의 변화나 실패가 그간의 노력을 무의미하게 만든다고 생각하지는 않았다. 내가 외고를 선택하게 된 계기와 그 과정에서 쌓은 노력은, 비록 새롭게 생긴 목표를 이루지 못했더라도, 지금의 나를 준비된 상태로 만들어 주었다. 간략하게 예를 들어, 외고에 들어가기 위해 '영어'라는 과목에 미리 몰두하며 공부한 노력은 모의고사와 수능 영어 공부를 비교적 수월하게 할 수 있게 해주었다. 이 노력은 교환 학생이라는 나의 오랜 버킷리스트에 도전할 때에도 자신감을 주었다. 결국 그 시기의 노력들은 이렇게 현재까지도 나에게 여러 상황에서 도움이 되고 있다.

이는 단지 고등학교 입시에만 국한되지 않는다. 결국, 공부는 목표를 이루는 수단이자 나의 선택지를 넓히고 새로운 도전을 위한 자신감을 줄 수 있는 가장 강력한 도구이다. 고등학교 입시를 준비하며 얻은 이 깨달음은 왜 지금 공부를 열심히 해야 하는지에 대한 답을 주었고 이후 공부에 임하는 태도를 완전히 바꿔 놓았다. 지금도 여전히 목표가 흔들리거나 공부에 대한 의문이 들 때마다 이 경험을 떠올린다. 이 책을 읽을 고등학생 독자들 또한 공부를 통해 스스로를 더 나은 사람으로 만들어 갈 수 있었으면 좋겠다. 지금 당신이 쌓아 올리는 노력은 결국 당신의 미래 가능성을 확장하고, 예상치 못한 순간에 길을 훤히 밝혀줄 것이다. 그러니 자신을 믿고 오늘도 당신만의 미래를 위한 여정을 이어가길 응원한다.

¨ 나만의 공부법

나는 사회탐구 과목 중 '정치와법'과 '사회문화'를 선택했다. 두 과목 모두 헷갈리는 선지들이 종종 나와 비슷한 방법으로 공부했다. 그 중에서도 평가원 모의고사나 사설 모의고사를 풀 때, 한 모의고사에 3가지 방법을 활용했다.

★ 처음 모의고사를 풀 때는 실제 시험시간인 30분에서 5분을 뺀 25분 내에 풀고 마킹까지 완료하려고 했다. 실제 수능에서 어떤 변수가 나올지 모르기 때문에 최소 5분 이상은 남길 수 있도록 했다. 이렇게 한 번 푼 다음에는 바로 채점했다.(이후에 채점하면 풀면서 헷갈리거나 고민했던 부분들이 기억나지 않았기 때문에 푼 다음에는 쉬는 시간을 갖지 않고 바로 채점했다.) 채점을 한 뒤에는 틀린 문제들을 바로 다시 풀고 왜 틀린 선지를 고르게 되었는지에 대한 사고과정을, 헷갈렸던 문제에는 왜 헷갈렸었는지를 적었다.

★ 그다음에는 1번 문제부터 20번 문제까지 선지 하나하나 왜 틀리고 맞았는지를 살펴보았다. 해당 문제의 선지에서 틀린 부분은 어디이며, 어디를 어떻게 고쳐야 맞는 선지가 되는지를 모의고사 문제지에 적어놓았다.(보통 많이 풀어보면 나중에는 비슷한 선지들이 주로 나온다는 것을 깨닫게 된다. 그러면 온전히 숙달된 내용은 넘어가고 모르거나 처음 보는, 헷갈리는 선지만 확인하면 된다. 처음에만 시간이 많이 걸리고 많이 해볼수록 10분 안에 끝낼 수 있다.)

★ 그리고 오답노트에 다음에도 또 틀릴 것 같은 문제와 헷갈렸던 문제들의 선지를 적는다. 이때 선지의 내용을 정답으로 만들어서 적는 것이 중요하다.(추가로 선지들이 나온 단원들을 구분해 적어놓으면 내가 어떤 단원의 기본 개념이 부족한지도 알 수 있다.) 이 과정을 문제를 풀 때마다 반복하면 내가 헷갈렸거나 틀렸던 선지들을 이제 한눈에 볼 수 있다. '정치와법'

이나 '사회문화'에는 도표 문제가 꼭 나오기 때문에 틀렸던 도표 문제도 다시 풀어보고 노트에 잘라서 붙였다. 그럼 또 내가 어떤 종류의 도표 문제에 취약한지 볼 수 있다. 이제 이 노트를 매일 들고 다니면서 이동시간을 활용해서 보면 된다. 지하철을 타거나, 급식을 기다릴 때 등의 자투리 시간을 활용하는 것이다. 아니면 자기 전에 핸드폰을 보는 대신 이 노트를 한 번 쓰윽 보고 자는 것도 좋았다.

모의고사를 풀지 않고 문제집을 풀 때에는 2, 3번 과정을 반복했다. 이렇게 해서 문제를 풀었더니 어떤 선지를 마주하더라도 금방 틀린 선지와 옳은 선지를 구분할 수 있었다. 나는 이 공부 방법을 사회탐구 과목뿐만 아니라 역사, 중국어, 영어 등의 과목에서도 활용했는데 이 글을 읽는 학생들에게도 도움이 되었으면 좋겠다.

공부할 때 가장 위로 되었던 한마디

"게으름의 대가는 두 가지이다. 첫째는 나의 실패이고,
둘째는 내가 하지 않은 일을 해낸 옆 사람의 성공이다."

포항공과대학교 컴퓨터공학전공 ☆ 이재현

나는 포항공과대학교 컴퓨터공학과에 재학 중인 이재현이다. 컴퓨터공학과는 우리 삶의 일부가 되어버린 컴퓨터와, 이를 이용한 전산 논리를 배우는 학과다. 최근에는 높은 컴퓨팅 자원을 활용한 인공적 지능을 구현하는 방향으로 학문이 크게 발전하고 있다. 나는 지난 2022년 2월, 포항공과대학교에 수시 일반전형으로 합격 후 입학했다.

¨ 답지 보며 공부하기

일반적으로 전반적인 대입 과정에서의 공부는 '학습'과 '평가'의 두 단계로 이뤄진다. 어떤 개념을 열심히 학습한 후, 시험으로서 이를 평가받는 것이다. 보통 평가의 주체자, 즉 시험을 출제하는 사람은 학생들이 개념을 정확히 이해하고 응용할 수 있는지를 확인하기 위한 방향으로 평가 기준을 설정한다. 이들이 의도한 것은 학생들이 올바르게 개념을 이해하고 응용하는 방식을 익혀 시험에서 고득점을 얻을 수 있도록 하는 것이다. 하지만 맹점은 우리가 개념을 정확히 이해하지 못해도 평가에서 고득점을 얻을 수 있다는 점이다.

예를 들어 수학으로 가보자. 고교 내신 시험이나 모의고사 및 수능에서는 수학의 출제 방식이 천편일률적이다. 대개 ◆기본 개념을 확인하는 문제, ◆개념을 응용하는 문제, ◆다소 복잡한 발상이 필요한 문제 등으로 압축된다. 많은 학생이 여기서 갈피를 잘못 잡고선 시간을 크게 허비하고 공부 효율을 크게 떨어뜨린다. 어떤 학생은 교과서만 붙잡고 개념을 외우고 있기도 하고, 혹은 한 문제를 끝까지 파고들어 문제를 해체하다시피 하는 예도 있다.

물론 이와 같은 공부 방법이 틀렸다고는 할 수 없다. 살다 보면 정말 기본적인 개념이 중요한 순간도 있기도 하다. 하지만 고등학교 생활을 하면서 그만큼 시간이 넘쳐나는 사람이 몇이나 있을까? 수학뿐만 아니라 수많은 과목을 공부하고, 비교과 활동까지 챙겨야 한다. 즉, 우리는 평가 단계에서 고득점을 받기 위한 학습의 효율을 최대한 높여야 한다. 나는 그 방법으로 '답지를 보며 문제 풀기'라는 방법을 권하고 싶다.

일부 사람들은 이 말을 듣고선 바로 거부감이 들 수도 있다. 어디선가 "수학은 절대로 답지를 보면 안 된다.", "문제를 풀며 고전한 시간만큼 성장한다."와 같은 말을 수없이 듣고 자라왔기 때문이다. 하지만 이는 너무 원론적인 얘기다. 보통 학생들이 착각하는 것 중 하나가, 수학은 '개념'과 '문제 풀이'가 완벽히 분리되어 있다고 바라보는 것이다. 하지만 나는 오히려 그 반대로 공부해야 한다고 말하고 싶다. 개념의 범위를 문제 풀이까지 확장해서 생각하고 공부해 보는 것이 어떨까?

내 사례를 보며 한 번 내 공부법의 흐름을 따라와 보기 바란다. 먼저 나는 《수학의 정석》이라는 개념서로 첫 공부를 시작했다. 수학의 정석은 개념 부분과 예제 부분이 나뉘어 있어서 개념을 학습하고 문제를 풀며 개념을 잘 이해했는지 확인하는 용도로 확인이 가능하다. 나와 같이 개념서를 공부하는 학생 중 다수는 개념을 공부하고 예제를 풀며 턱턱 막히는 모습을 보았다. 어찌 보면 당연한 것 아닐까? 사실 어느 정도 기초적인 것들을 응용하는 것까지가 개념이라고 생각하면 한결 명확해진다. 그 학생들은 개념을 백지에서 만들어 내려고 하는 것과도 같은 것이다. 나는 기초적인 내용을 응용해서 푸는 예제의 경우엔 답지를 보며 사고의 흐름을 익혔다. 개념 부분이 어떻게 조립되고 활용되는지를 보다 보면, 추상적으로 보였던 것들이 점차 명확해진다. 아무래도 수학에서 '정의'나 '공식', '정리' 등은 다양한 상황 속에서 적용되는 것을 일반화한 것이라, 막상 첫 대면을 하게 되면 이해도 안 되고 막막한 경우가 많다. 이처럼 개념서의 예제를 공부하는 데 있어 답지 보는 것을 전혀 망설이지 말라고 권하고 싶다. 오히려 그 상황에서 답지를 보지 않고 술술 풀어낼 수 있다면 앞으로 수학 공부하는 데에는 문제가 없을 정도의 수재이니, 걱정하지 말고 정진해도 될 듯하다.

°응용 문제 풀기

다음은 개념 공부 이후다. 보통 개념서를 끝내게 되면, 여러 응용 문제를 푸는 연습에 돌입하게 된다. 수능에서 적당한 응용문제인 3점, 어느 정도 난도가 있는 4점 문제를 풀기 위한 공부를 하는 데에 있어도 답지 보기 방법은 동일하게 적용된다. 내가 추천하고 싶은 방법은 문제가 가득 있는 문제집 한 권을 구비해놓는 것으로부터 시작한다. 이전에 소개한 방법대로 개념서를 풀었다는 전제하에, 처음 문제집을 풀다 보면 어느 정도 풀리는 문제들도 있고, 막히는 문제들도 있을 것이다. 내 경험상 막히는 문제가 더 많았던 것으로 기억한다.

막히는 문제가 있을 때마다 바로 답지를 보고 문제 풀이, 즉 개념이 어떻게 응용되고 어떻게 사고 과정이 흘러가야 하는지를 파악하려 노력해 보기 바란다. 아마 비슷한 종류의 문제가 다시 나와도 금방 까먹고 다시 답지를 보게 될 것이다. 하지만 전혀 문제가 없다. 계속해서 보고, 반복적으로 학습하면 어느새 처음 봤던 문제도 쉽게 풀어내는 자신을 마주할 수 있을 것이다.

나는 아마 시중에 나와 있던 유명한 문제집은 거의 다 구매해서 이런 방식으로 풀어봤던 것 같다. 한두 권 풀다 보면 대개 비슷한 문제가 계속해서 나와 반복 학습이 되고, 그러다 보면 새로운 유형의 문제도 쉽게 풀게 된다. 여기까지가 흔히 쉬운 4점, 준킬러에 해당하는 문제까지 적용되는 방식이다.

그렇다면 킬러 문제는 어떻게 접근해야 할까? 최근 수능 경향이 달라졌다 하더라도, 보통은 고난도의 킬러 문제가 어느 정도 있기 마련이다. 킬러 문제의 풀이는 '발상'이 중요하다. 이때부터는 수많은 문제를 학습하면서 얻은 도구를 조립해서 정답까지 가는 길을 만들어간다고 생각하면 좋다. 가끔 킬러 문제를 풀다 보면 정말 생각하지도 못한 발상을 이용해서 문제를 푸는 경우가 있다. 공부하며 그런 것을 마주하는 순간마다 기록해 두고 나중에 어려운 문제를 마주했을 때 그동안 모아놨던 도구와 발상을 조립해서 접근하면 대부분의 문제는 시험 시간 내에 풀어낼 수 있다.

내가 너무 수학 얘기만 한 것 같은데, 수학 말고도 다양한 과목에서 해당 공부법이 적용할 수 있다. 특히 과학 탐구처럼 문제 풀이의 비중이 큰 과목의 경우, 학습 효율을 크게 높일 수 있다는 것도 장점이다. 하지만 무엇보다 공부 시간을 많이 쏟는 게 중요하다. 아무리 효율을 높여도 노력을 쏟지 않으면 결과는 나오지 않으니까.

¨ 대학의 입장에서 매력적인 생활기록부란

이제는 조금 결이 다른 얘기를 해보고자 한다. 바로 생활기록부(이하 생기부)다. 어쩌면 정량적인 점수는 학생을 일차적으로 거를 때만 사용되는 것에 그칠 수도 있다. 그때부터는 학생이 얼마나 학문에 열정이 있고, 배우자 하는 의지가 있는지, 대학이라는 바뀐 환경에서도 잘 적응해 나가며 주도적인 학습을 해낼 수 있는지를 중점적으로 볼 수 있다. 이를 위한 생기부는 어떻게 준비가 되어야 할지 조금 말하고 싶다.

먼저 자기 주도적이라는 것은 다른 것이 아니다. 내가 모르는 것을 알고자 하는 열정이 담겨있으면 된다. 가령 물리학에서의 예시를 들어보자. 물리학에서는 전류가 흐를 때 주위에 자기장이 형성되고, 이를 구하는 공식이 있다. 이 중 '직선 도선에 흐르는 전류에 의해 만들어지는 자기장을 구하는 공식'을 유도할 때, 직선 도선이 무한히 길다는 가정을 하게 된다. 이런 가정은 우리가 무시하고 넘어가는 경우가 많다. 현실에서는 가정이 지켜지기가 어렵다. 그렇다면 비현실적인 가정을, 현실적인 실험 조건과 비교해서 실험을 해보면 된다. 직선 도선이 무한히 길지 않으니, 공식으로부터 구한 예상값과 다양한 직선 도선의 길이로부터 측정된 실험값을 비교하고, 의미를 파악해 내는 것으로만 해도 훌륭한 탐구 정신이다.

다른 예시를 들어보자. 내 전공인 컴퓨터공학과 엮어보면 좋은 아이디어가 넘쳐날 듯하다. 예를 들어 다른 학생의 편의를 도울 수 있는 앱을 개발할 수도 있다. 아니면 단순히 교내 커뮤니티를 제작해서 의견을 수렴하고 이를 공론화해 볼 수도 있다. 이 경우 공학적 역량과 더불어, 사회 문제를 적극적으로 파악하고 해결하려는 역량도 드러낼 수 있다.

다른 교과목과 연결 지어 볼 수도 있다. 예를 들어 생명과학의 유전 문제를 주어진 제한 조건 속에서 손쉽게 풀어내는 도구를 개발할 수도 있다. 혹은 교내 인원을 대상으로 생활 패턴을 조사한 후 다른 지표와의 상관관계를 분석할 수도 있다. 혹은 특정 교과목의 학습을 도와주는 RPG 게임을 만들어보는 것도 좋다. 어떻게든 자신의 역량을, 학문을 향한 열정과 함께 엮어 드러내는 것이 중요하다.

너무 대학교에서 배울 법한 내용을 단순히 열거하며 공부했다고 말하는 것은 되레 독이 될 수 있다. 어차피 대학에서 다 배울 것을 어설프게, 대입을 위해서만 급조해서 준비해 봤자 티가 나기 때문이다. 그럴 바엔, 앞으로 대학에서 배울 내용을 잘 학습할 수 있는 역량이 이미 나에게 있음을 어필하는 것이 중요하다.

또, 질문이 나올 법한 생기부가 좋다. 생기부는 되게 한정적인 공간이다. 위와 같은 프로젝트를 수없이 해도 모자랄 판에, 굳이 상세한 수치까지 적을 필요는 없다. 예를 들어 어떤 실험이나 프로젝트를 했고, 특정 평가 지표를 활용해서 분석해 봤다고 하자. 그렇다면 굳이 정확도가 얼만지를 적을 필요가 없다. 대학 입장에서는 면접에서 물어봤을 때, 해당 실험에 대해서 신이 나서 떠들며 설명할 수 있는 사람을 원하지, 생기부에 상세한 내용까지 다 적어놓고, 이를 달달 외워 말하는 학생을 원하지는 않는다.

¨ 부담은 가지지 말고, 항상 성실히 한다면

많은 학생이 대입에 큰 부담을 느끼고 있는 것 같다. 사실 대학교 입학 후가 더 중요한데 말이다. 내가 드리고 싶은 조언은 뭐든지 가볍게, 부담을 느끼지 말고 해보라는 것밖에 없을 듯하다. 하지만 살다 보면 매사에 열심히 하는 것이 돌이켜봤을 때 큰 자산으로 남는다는 것을 깨닫게 될 것이다. 그게 물론 공부가 아니어도 좋다. 대입을 준비하고 있다면, 앞으로 겪어야 할 시험이 정말 많을 것이다. 자기 능력을 수없이 증명해야 할 것이고. 그런 측면에서 볼 때 대입은 수많은 시험 중 하나다. 다만, 대입에서 본인이 목표한 바를 이뤘을 때의 성취감은 앞으로의 인생에서도 큰 원동력과 자신감으로서 작동할 것이다. 앞으로의 많은 시련에 굴복하지 말고 항상 극복하기 위해, 매사에 최선을 다하려는 삶의 양식을 가꾸기를 바란다. 그것이 꼭 대입이 아니어도 좋다. 하지만 이번 기회로 본인의 삶에도 이정표를 세우는 것은 어떨까? 마지막으로 포스코의 박태준 회장님이 하셨던 말씀으로 맺으려 한다.

"태어나서 밥만 먹다가 죽을 수는 없는 것 아니냐!"

공부할 때 가장 위로 되었던 한마디

"안 된다고 포기하지 마라!"_청암 박태준

서울시립대학교 도시공학과 ☆ 이주환

나는 서울시립대학교 도시공학과 2학년에 재학 중인 이주환이다. 입시를 치르며 모두가 크고 작은 성장통을 겪으며 성장할 것이다. 나 역시도 나만의 방식으로 의미 있는 성장의 경험을 통해 대학에 입학했다. 이러한 소중한 경험은 나에게 주도적이고, 즐거운 대학 생활을 할 수 있는 기회를 제공하고 있다. 지금부터 전하는 나의 경험이 이 글을 읽는 당신에게 긍정적인 변화를 돕는 작은 성장의 불씨가 되길 소망하며, 나의 이야기를 시작한다.

·· 당신은 왜 공부하는가

나름대로 공부를 잘했다고 생각했다. 아니, 잘한다고 확신했었다. 중학교 때까지는 그 믿음에 한 치의 의심도 없었지만, 고등학교 입학 후 허상이었음을 깨닫는 데는 그리 오랜 시간이 필요하지 않았다. 입학 후 받은 첫 성적표는 낯선 숫자와 알파벳으로 나를 평가했고, 이것이 나의 대학 입시의 출발점이 되었다. 이 평가에 실망한 나에게 매체와 주변 사람들은 "내신은 상승곡선", "잘 준비한 생활기록부와 함께라면 4등급 대로도 인서울!" 같은 말로 동기를 부여하려 했다. 하지만 시간이 지나며 현재의 내신 성적으로는 원하는 대학의 입학이 문제가 아니라, 도전 조차 어렵다는 것을 깨닫게 되었다. 나름 노력했지만 나만 노력하는 것이 아니었고, 나의 내신성적은 오히려 제자리걸음이었다. 시간이 갈수록 지쳐갔고, 내신에 대한 의욕도 점점 줄어갔다.

그러나 내신을 포기했다고 해서 나의 미래까지 포기할 수는 없었다. 나에게는 대학에 입학하고 싶은 의지가 남아있었던 것이다. 1, 2학년 모의고사에서 일부 과목은 불안정했지만 의미 있는 결과를 얻었다. 그래서 수능에 관심을 갖게 되었고, 도전해보겠다는 의지도 갖게 되었다. 이러한 의지와 자신감은 내신에 대한 미련을 버리고 2학년 2학기부터 수능 공부를 시작하게 하였다. 하지만 곧 자신감만으로는 불확실성이 더 큰 수능에 도전하는 것이 어렵다는 것을 깨닫게 되었다. 모두가 알다시피, 수능은 변수가 많고 단 한 번의 시험으로 결과가 결정되기 때문이다. 계속되는 모의고사를 통해 수능은 내신과 달리 자신의 강점을 파악하고 주어진 시간 내에 전략적이고 효율적으로 준비해야 하는 시험이라는 것을 확인할 수 있었다. 나의 들쑥날쑥한 모의고사 시험 점수는 자기 불신과 자신감 사이에서 방황하게 하였다.

그러다 나는 시험의 결과와 나의 행동을 연결 지어 돌아보는 시간을 갖게 되었다. 돌아보니 나는 한 자리에서 꾸준히 학습하는 방식이 익숙하지 않았고, 효과적이라고도 생각하지 않는다는 것을 파악하게 되었다. 그래서 효율적으로 집중할 수 있는 학습 방법을 최선을 다해 찾기 시작했다. 특히 학습 방식, 학습의 강도, 나의 학습 태도에 대해 커뮤니티와 학습 관련 책, 유튜브 강의를 찾아보며 나를 돌아보게 되었고, 나 자신에게 많은 질문을 품게 되었다.

질문은 차츰 나는 '왜 공부를 하는 거지?', '왜 대학에 가야 하지?'라는 원론적인 질문으로 이어졌다. 처음에는 단순하게 '남들도 다 하니까'라고 내가 공부하는 이유를 정리했다. 하지만 질문이 계속되며 '남들이 다하니 나도 하는 것인가?'라는 이유를 스스로 납득할 수 없었다. 그래서 시간이 날 때마다 나 자신에게 물어보고 나의 생각을 되짚어 보게 되었다. 그리고 이러한 결론에 도달했다. 나는 누구보다도 "나를 증명하고, 떳떳해지기를 원하는 사람이고, 그 때문에 공부하겠다는 마음을 갖게 되었구나!"였다. 어릴 때는 자신 있게 확인할 수 있었던 나를 상징하는 여러 성과들을 통해 나에 대한 믿음이 있었다. 그러나 고등학교에 입학하며 확인한 점수들로 확인한 "나"를 확인하며 나는 스스로가 만들어 놓았던 믿음에 큰 상처를 받았던 것이다. 돌아보면 나의 성과들을 통해 나의 성공경험도 많았는데, 점수를 통해 믿음이 사라지고 있음을 깨닫고 다시 노력하려는 마음으로 되돌리게 되었다. 조금은 단순해 보이기도 하지만, 나는 이 문제를 해결하기 위해 나 스스로에게 많은 질문을 던졌고, 그 질문에 대한 해답을 찾고자 하였다. 문제의 해결은 나를 돌아보는 것이었고, 나의 상상이 현실이 될 수 있도록 변화하고 싶었다. 그 변화의 첫 시도로 'Show & Prove'라는 목표로 정리했고, 이 목표를 실천하기 위해 최선을 다했다. 말이 아닌 행동의 변화를 위해 노력하는 기회가 되었고, 나 자신과의 약속을 정하고 실천하기 위해 노력했다. 이를 통해 나는 작은 성공의 경험들로 성장한 사람이고, 앞으로도 할 수 있다고 자기 암시를 하였다.

나는 매 순간 'Show & Prove'를 잊지 않았고, 실천하려고 했다. 나의 행동이 변화하고 긍정적인 결과로 나를 증명하고 싶었다. 그리고 조금씩 변화한 나는 그것을 증명했다.

이제 이 글을 읽고 있는 당신에게 나는 이런 질문을 하고 싶다. 당신은 왜 공부를 하는가? 좋은 대학에 가기 위해서? 부모님께 인정받고 싶어서? 공부 말고 잘하는 일이 없어서? 좋아하는 친구의 대학을 따라가고 싶어서? 다른 사람에게 말할 수 없는 자신만의 이유라도 괜찮다. 만일 떠오르는 것이 없다면 그래도 괜찮다. 지금부터 스스로와 진지하게 대화를 시작하면 좋겠다. 결국 'Show & Prove'는 남이 아닌 나에게 내가 할 수 있음을 증명하는 것이라고 생각한다. 아주 작은 것이지만 이러한 성공의 경험을 가질 수 있다면 그 순간순간 느끼고 성장하게 된다고 확신한다. 이 질문을 통해 자기 자신과의 대화를 통해 왜 공부를 하는가에 대해 깊게 생각하고 정리하는 시간을 가지면 좋겠다.

입시, 그리고 수능이라는 긴 레이스는 깊은 고민이 없다면 좋은 결과를 내기도 어려울 뿐만 아니라 도전의 끝까지 버티는 것조차 힘들다. 그러니 자신과 외부의 어떠한 의심 속에서도 굳건할 수 있는 이유를 찾으면 좋겠다. 이유라고 표현한 그 작은 불꽃은 지친 당신의 동력이 떨어질 때, 강력한 구심점을 제공할 것이다. 이를 통해 당신이 공부하고자 마음먹었던 마음의 그 해답은 원동력이 되어 당신이 공부를 지속할 수 있게 도울 것이다.

누구나 알겠지만, 공부는 외로운 자신과의 싸움이다. 내가 혼자가 아님을 확인하고 감사하자.

나의 경우 부모님은 내게 단 한 번도 공부하라고 강요하지 않으셨다. 사실 과거 입시의 기간에는 우리 부모님이 공부에 대한 강요가 있는지 없는지 인식하지 못했다. 그러나 돌아보니 내가 'Show & Prove'라는 목표를 세운 것은 부모님의 영향이 컸다. 우리가 공부에 대한 인식이 있건 없건 간에 스스로의 행동을 돌아보면 불편함과 불만이 많지 않은가! 그러니, 작은 목표를 세우고 그 목표에 도달하는 성공의 경험을 나누자.

아주 작은 사소한 것이라도 괜찮다. 내가 누군가에게 증명하고 싶다면, 작은 목표를 세우고 실천하는 모습을 보여라. 나의 행동을 통해 부모님도 믿음이 생기실 것이다. 이러한 행동의 변화는 나의 주도적인 공부에 도움이 되는 것이 확실하다. 나 스스로 끝까지 문제를 해결할 수 있다는 믿음을 나 자신에게도, 부모님께도 전달할 수 있도록 작은 목표를 갖자. 그리고, 함께하는 친구들과 이러한 목표에 대해 이야기를 나누며 경험을 공유하자. 그것이 어렵다면, 나를 아는 사람이 없는 커뮤니티에 나의 작은 목표의 성취를 공유하는 것도 좋겠다. 또는 그것도 어렵다면, 일기나 메모에 기록하여 나를 되돌아보고, 나의 성취를 스스로 축하해주자!

그리고 가까운 선생님과도 많은 이야기를 나누며 나를 돌아보는 시간을 갖는 것도 추천한다. 나에게는 항상 내가 자만할 때마다 나를 침착하게 만들어 주셨던 영어 선생님이 계셨는데, 가까이에 멘토나 선생님과 마음을 열어보았던 것도 큰 도움이 되었다. 이러한 경험이 없이 혼자 공부를 했다면 중간중간 지쳐서 슬프고도 외로운 길이었을 것 같다. 돌아보니 감사한 분들이 너무 많다. 다시 한번 감사 인사를 드려야겠다.

¨ 준비는 끝났다, 공부하는 법

"수능은 단기 레이스가 아니다. 수능 전날까진 항상 겸손하고, 수능 날만큼은 본인을 믿고 자신감을 가져라." 내가 가장 존경하는 선생님께서 해주신 말씀이다. 수능을 치르고 돌아보니 더욱 공감되는 이야기다. 그러니 수능이 가까워졌다고 포기하거나 멈추지 말고, 수능 전날까지 지수함수처럼 열심히 공부해보자.

어떻게 공부할까? 과목별로 살펴보자. 먼저 국어는 크게 선택과목, 문학, 비문학으로 나뉘는데, 선택과목과 문학은 어떤 선생님께 배우는지가 매우 중요하다. 특히 문학은 선생님마다 가르치는 방식이 상당히 다르다. 그러니 공부를 시작할 때 여러 선생님의 수업을 들어보면서 자신에게 잘 맞는 방식을 체화하는 것이 좋다. 사실 공부해본 사람이라면 알겠지만, 국어 성적을 좌우하는 가장 큰 부분은 비문학이다. N수생이 가장 어려워하는 이 영역은 자신만의 학습법을 확립하는 것이 핵심이다. 비문학은 요령이나 편법이 통하지 않는다. 오직 누가 더 잘 이해하느냐의 문제라고 생각한다. 물론 어떤 선생님의 수업을 듣는지도 중요하지만, 그보다 내가 어떻게 이해할 것인지, 어떠한 전략을 통해 나의 이해도를 높일 것인지가 더 중요하다.

따라서 나는 비문학의 경우 스스로 분석하는 과정을 추천한다. 지문을 읽고 문제를 풀고 난 뒤, 정답과 오답에 상관없이 모든 문제의 선지마다 근거를 지문에서 찾아보는 것이다. 문제의 난이도에 따라 답이 지문에 직접 제시되어 있거나, 추론이 필요한 경우도 있다. 이런 과정을 통해 평가원이 선지를 구성하는 방식을 자연스럽게 터득할 수 있다. 혼자 공부하면서 이해가 안 되는 부분을 확인할 때는 '마닳(마르고 닳도록)'이라는 책을 추천한다. 비문학 해석이 명쾌하게 정리되어 있어서 스스로 분석하는 능력을 기를 수 있다.

수학은 강의를 듣는 시간보다 실제로 문제를 푸는 시간이 더 많아야 한다. 다른 과목은 개념이 더 중요할 수 있지만, 수학은 문제를 보고 어떤 개념을 적용하며 어떻게 사고해야 하는지가 핵심이다. 따라서 개념 강의를 빨리 마치고 기출문제와 심화 문제(N제)를 풀어나가는 것이 좋다. 수학 공부를 할 때는 두 가지 마음가짐이 특히 중요하다.

첫 번째는 문제 풀이 방식을 외우지 않는 것이다. 수학은 비슷한 개념이라도 어떻게 포장하느냐에 따라 문제 유형이 달라진다. 따라서 풀이 방식을 단순히 외우지 않고 제대로 이해한다면, 어떤 문제가 나오더라도 그 안에 숨어있는 핵심 개념을 찾아낼 수 있다. 두 번째는 성급하게 풀이를 보지 않는 것이다. 특히 공부 초반에는 한 문제를 충분히 고민할 시간이 있다. 모르는 문제라고 해서 바로 답지를 보며 '아, 이렇게 푸는 거구나.' 하고 넘어가지 말자. 다양한 관점에서 여러 번 고민해보면, 나중에 처음 보는 어려운 문제를 마주했을 때 해결할 수 있는 능력이 길러진다.

영어는 항상 자신 없던 과목이라서 한 가지만 조언하자면, 듣기 시험 중에 다른 문제들을 미리 풀어두어 시간을 효율적으로 활용하는 것이 중요하다. 지구과학도 마찬가지로 기본 개념이 가장 중요한데, 최근 수능에서 난이도가 높아지는 추세이므로 6월과 9월 모의고사 결과에 안심하지 말고 끝까지 높은 수준으로 공부하길 권한다.

나에게 물리학은 아픈 손가락이었다. 고등학교 2학년 때부터 물리학 1의 개념을 공부했음에도 불구하고 6월과 9월 모의고사 모두 4등급이었다. 문제를 풀 때 암기식 학습을 정말 싫어하는 나는 물리학, 특히 역학 부문에서 이해도 못하고 외우지도 못하는 애매한 상황에 처해 있었다. 이대로는 물리학 때문에 재수를 할 수도 있겠다는 생각에 9월 모의고사 이후 한 달 동안 《메카니카》라는 책으로 다시 개념 공부를 시작했다. 수능이 50일도 채 남지 않은 시점에서 개념 공부를 다시 시작하는 것이 두려웠지만, 그럼에도 매일 개념의 원리를 이해하려 노력했다. 결국 한 달 만에 섬세하고 훌륭한 《메카니카》라는 책과 함께 역학 파트를 완전히 이해할 수 있었다.

물리학 이야기를 하면서 두 가지를 말해주고 싶은데, 첫 번째는 본인에게 맞는 책과 인강을 찾으라는 것이다. 물론 이것이 수능 공부하는 동안 계속 교재를 바꾸라는 의미는 아니지만, '큰일 났다' 혹은 '이건 아닌 것 같다'라는 생각이 들면 과감하게 바꾸는 것도 좋은 선택이 될 수 있다. 두 번째는 '탐구는 늦지 않았다'이다. 뒤에서도 이야기하겠지만 국·영·수에 비해 탐구 과목은 짧은 시간 안에 반전을 만드는 것이 가능하다. 그러니 늦지 않았다면 개념부터 다시 시작해보라! 나도 했는데, 이 책을 읽고 있는 당신도 분명 해낼 수 있을 것이다.

대부분의 수험생이 수능에서 처음으로 예상 밖의 성적표를 받게 된다. 이를 방지하기 위해서는 실전 모의고사를 충분히 보고 실전처럼 공부하는 것이 중요하고 생각한다. 나의 경우 1년 동안 수학은 약 100개, 다른 과목은 최소 30개의 모의고사를 풀었다.

수능이 가까워지는 9월 모의고사 이후에는 매주 목요일마다 전체 모의고사를 치렀다. 물론 이는 일정 수준의 실력이 갖춰져야 가능한 일이다. 수능 한 달 전에는 유튜브 시청을 중단했고, 2주 전부터는 공부할 때 듣던 음악도 끊었다. 이처럼 모든 컨디션을 수능에 최적화하고자 노력했다. 특히 더불어 실제 수능에서는 시험 운용 방식에 대한 전략을 세우는 것이 매우 중요하다. 예를 들어 국어의 경우, 문학과 비문학 중 무엇을 먼저 풀 것인지, 시간을 어떻게 배분할 것인지 등을 수능 전에 충분히 시뮬레이션해야 한다. 나는 실전 모의고사, 교육청 시험, 그리고 평가원 모의고사 순으로 시뮬레이션을 진행했다. 그렇게 확립된 내 루틴은 국어의 경우 선택과목 → 문학 → 비문학 순으로 풀고, 시간은 12분, 25분, 37분으로 분배했다. 실제 수능에서도 이와 비슷한 시간 배분으로 문제를 해결했다. 수학은 모르는 문제는 넘기며 순서대로 풀었고, 영어는 빈칸 4개를 건너뛰고 풀었다. 지구과학과 물리학은 특별한 루틴은 없었지만, 두 과목 모두 과감하게 버릴 문제를 선택하는 전략으로 임했다. 국어·영어·수학은 시험 종료 10분 전부터, 지구과학·물리는 7분 전부터 답안 마킹을 시작했다. 마킹 실수도 충분히 발생할 수 있으므로, 이 시간도 미리 정해두는 것이 좋다.

특히 사설 모의고사나 교육청 모의고사에서 답안 작성이 밀리거나 끝내지 못한 경험이 있다면 더 큰 경각심을 가질 수 있다. 따라서 수능 전 실수를 하더라도 너무 염려하지 말자. 그것을 교훈 삼아 나의 실수를 개선하겠다는 마음가짐을 가져라! 개인마다 문제 풀이 속도와 사고방식이 다르므로, 충분한 연습을 통해 자신에게 맞는 시험 루틴을 반드시 찾아라. 그래야만 수능 당일 발생할 수 있는 변수를 최소화할 수 있다.

마지막으로 수능은 서술형이 아닌 객관식 시험으로, 5지선다형에서 하나의 정답을 고르는 방식이다. 따라서 모르는 문제를 만났을 때의 찍기 전략도 중요한 능력이라고 생각한다. 그래서 나는 수능 일주일 전, 최근 3개년 평가원 기출문제의 정답 패턴을 분석하는 시간을 가지기도 했다.

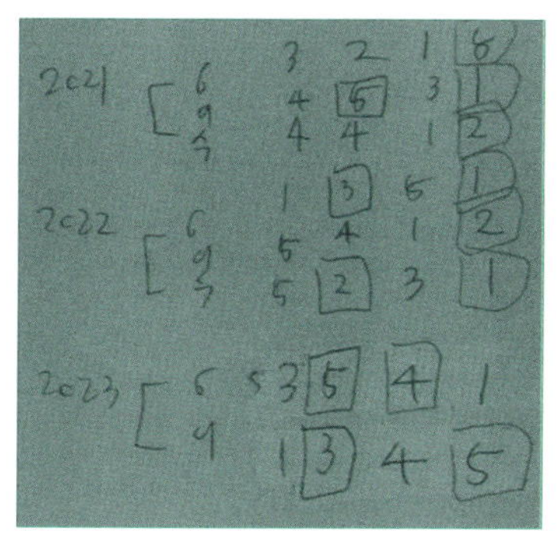

좌측 그림(물리학 3개년 마지막 페이지 답 분석)을 보면, 1번이 항상 존재하고 특히 내가 가장 취약했던 마지막 문제에서는 1, 2, 5번만 나오는 패턴을 확인할 수 있었다. 실제 수능 시험에서 이 답 패턴을 활용해 2번을 선택했고, 정답이었다.

이 방식으로 영어 등급이 향상되었고, 물리는 만점을 받게 되었다. 어떤 방법을 사용하든, 실전 시험의 기회에서는 최선을 다해 '단 한 문제만 더 맞히면 된다!'는 마음을 갖는 것도 추천한다. 시간이 오래 걸리지 않으니, 루틴에 내가 어떤 번호를 선택할지 미리 생각해두면 좋겠다.

★ 나만의 Tip_당신은 '평가원과 유사한 시험을 본다'(결국 핵심은 평가원 기출!)

교육청 모의고사와 사설 모의고사도 분명 좋은 시험이지만, 평가원의 퀄리티를 따라가기는 힘들다. 특히 국어 과목이 가장 큰 차이를 보이는데, 사설 모의고사는 지문과 문제의 연결성이 부자연스러운 경우가 많다. 게다가 6월과 9월 평가원 모의고사가 그해 수능의 기조를 결정하므로, 다른 시험 점수에 일희일비하지 말고 수능에만 집중하는 것이 좋다. 수능이 가까워질수록 새로운 문제를 풀기보다는 평가원 기출 지문과 문제들을 통해 자신의 취약점과 실수하기 쉬운 부분을 점검하며 수능을 준비하라.

¨ 잠깐, 고 3이 아니라고?

묻지도 따지지도 말고 내신을 챙겨라! 지금 이 순간이 고등학교 2학년 2학기라면 성적을 뒤집기는 쉽지 않겠지만, 그렇지 않다면 최선을 다해 내신 공부에 집중하라. 이는 수능 준비보다 훨씬 안정적인 방법이다. 내신 공부를 하면서도 여유 시간이 있다면 국·영·수 위주로 수능 공부를 병행하라. 특히 국어는 비문학 지문 독해력을, 영어는 전반적인 독해력을, 수학은 기초부터 차근차근 공부하라. 이 세 과목은 1년 안에 완성하기가 쉽지 않으니, 일찍 시작할수록 더 좋은 결과를 얻을 수 있다.

학부모님께서 이 글을 보신다면 꼭 드리고 싶은 말이 있다.

'자녀를 믿어주세요. 결국 그들은 그 믿음을 증명해낼 것입니다.'

학생들은 많은 고민을 하고 때로는 방황할 수도 있지만, 결국에는 스스로 길을 찾아갈 것입니다. 부모님의 강요로 하는 공부는 좋은 성적은 낼 수 있을지 몰라도 진정한 행복을 가져다주지는 못합니다. 그러니 '공부 열심히 해야 해'라는 말 대신 '넌 할 수 있어'라는 따뜻한 응원의 말씀을 해주길 바란다.

ˮ 후배들에게 꼭 해주고 싶은 말

교차지원이 당연시되는 요즘, 가장 의견이 갈리는 부분은 '원하는 학과냐 vs 높은 수준의 학교냐'에 대한 선택이다. 나는 학교 간 차이가 극단적이지 않다면, 원하는 학과를 선택하는 것을 추천한다. 대학 생활을 직접 해보니 전과와 복수전공은 생각보다 쉽지 않고, 설령 한다 해도 맞지 않는 전공을 공부하는 시간이 반드시 필요하다. 더구나 원치 않는 학과에 진학하면 기본적인 적응조차 힘들다. 그러니 지원하

기 전에 ‘내가 이 학과에서 즐겁게 공부할 수 있을까?’라고 진지하게
자문해보자. 또한 반수와 군수를 너무 쉽게 생각하지 않았으면 한다.
물론 시간을 아낄 수 있다는 장점이 있지만, 주변에서 안일한 마음가
짐으로 시도했다가 어중간한 결과를 얻는 경우를 너무 많이 봤다. 실
제로 쉬운 길이 아니니, 간절한 마음이 있더라도 충분히 고민한 후 결
정하기를 바란다.

물론 내 말이 모두 정답은 아니다. 이 책에서 어떤 조언을 하더라도
최종 판단과 그 결과는 온전히 여러분의 몫이다. 그래도 이 말만큼은
꼭 전하고 싶다. 행복하고 건강하게 살며, 자신의 선택을 증명해내라.
대학과 공부는 인생의 일부일 뿐이다. 대학 진학이나 학업이 전부가
아니라는 뜻이다. 다만 자신의 선택을 했다면, 그것을 자신만의 것으
로 만들기 위해 최선을 다해라. 어떤 선택을 하든 “Show & Prove” - 당
당하게 세상을 향해 “내 판단이 옳았다”고 외칠 수 있기를!

85명의 공부법 ❷

초판 1쇄 인쇄 2025년 11월 15일
초판 1쇄 발행 2025년 11월 24일

지은이 김유진 외 84명
펴낸이 곽유찬

이 책은 **편집** 손영희 님, **표지디자인** design_see님,
본문디자인 곽승겸 님과 함께 진심을 다해 만들었습니다.

마케팅 TF팀 배서진(이화여대), 신지민(고려대), 이영주(이화여대), 차지윤(한양대),
          여승리(고려대), 이건우(포항공대), 강유진(이화여대), 전설(이화여대),
          박나영(이화여대), 김유진(이화여대)

펴낸곳 레인북
출판등록 2019년 5월 14일 제 2019~000046호
주소 서울시 서대문구 홍은중앙로3길 9 102~1101호
이메일 lanebook@naver.com

ISBN 979-11-93265-65-9(43000)